改訂版

全国

通訳
案内士
試験 合格！対策

［著］安河内志乃　［監修］True Japan School

英語1次
［筆記］

三修社

JN012070

はじめに

「全国通訳案内士とは」

　「全国通訳案内士」とは、日本に来た外国人のお客様に付き添い、外国語を用いて旅行のご案内を行うということを報酬を得て―つまり職業として―行うことのできる人です。そして全国通訳案内士は「全国通訳案内士試験」という国家資格に合格した人たちのことを言い、高度な外国語能力と日本に関する豊富な知識（地理・歴史・文化・観光などに関する）を持つことを試験の合格により証明されています。そして、全国通訳案内士は都道府県の登録を受けた人たちでもあります。

「全国通訳案内士試験とは」

　「全国通訳案内士試験」とは、観光庁が主管する国家試験であり語学関連では唯一の国家資格です。そして、1949 年の通訳案内士法の施行当時から行われてきた本試験は、当初合格率は 3 ％程度で最も難しい国家資格の一つと言われていました。法律の施行から 70 年という時代の流れの中で、試験方法や形式も複数回にわたって見直しが加えられ、合格率自体は当初の 3 ％程度から 30％台にまで上昇したこともありました。

「通訳案内士法の改正について」

　日本に来た外国人のお客様に対する満足度の高い旅行の提供に貢献してきた通訳案内士制度ですが、近年の急増する訪日外国人旅行者数と、多様化するニーズに対応しきれない状況にありました（法改正の詳しい経緯は『全国通訳案内士試験「実務」合格！対策』をご確認下さい）。その状況を受け、2018 年に通訳案内士法は 1949 年の施行から初めて改正されることとなりました。

　この改正を受け、これまで「通訳案内士」と呼ばれていた資格は「全国通訳案内士」という名称に改められ、試験制度も大きく見直されることになりました。

「通訳案内士法の改正と試験（科目）の変化について」

　試験全体の変化としては、2018 年度の試験より 1 次試験の邦文科目に「通訳案内の実務」という科目が追加され、試験科目数が従来の 4 科目から 5 科目に増えました。

《英語科目の免除規定の変化》

　また、法律に明記されてはいないものの、2018年の通訳案内士法の改正に伴い試験のガイドラインにて英語科目の1次試験免除規定が見直されました。具体的には、従来の「TOEIC840点以上の取得（取得時期は問わない）で1次試験の英語科目が免除」という条件から、「900点以上の取得（取得期間に制限あり）」という条件に引き上げられました。こういった変化はインバウンド観光客の急増に伴い、さらに質の高い全国通訳案内士が求められている現状に合わせた見直しだと思われます。

《英語科目の出題傾向の変化》

　出題傾向を見てみますと、ここ数年はより観光目線に寄ってきた内容になっているといえます。従来の歴史に関する長文や日本人特有のふるまいや考え方などに関する長文と共に、いろいろなガイドブック、ジャパンタイムズなどからの情報など、最新コンテンツに基づいた観光目線の長文が出題されるようになっています。試験対策としても常に観光の最新情報に敏感になっておくことが求められます。

　本書はこういった新しい時代の全国通訳案内士試験の、特に1次試験の英語筆記試験に対応するために、日本最大の通訳案内士団体である新日本通訳案内士協会と、通訳案内士試験対策予備校であるTrue Japan Schoolがタッグを組んで執筆したものです。共著者であるTrue Japan School講師の安河内志乃先生は、毎年多くの受験生を合格に導いているガイド英語指導のプロであるだけでなく、現役の全国通訳案内士でもあります。

　本書でしっかりと解法の基礎を学んだら、True Japan Schoolの公開模試や各種eラーニング等を活用して本番の試験に対応できる力を身に付けましょう。

　合格まで、これから一緒に頑張っていきましょう。

新日本通訳案内士協会　会長
特定非営利活動法人日本文化体験交流塾　副理事長
山口和加子

本書の使い方

A

Chapter 1　長文穴埋め・内容一致問題

演習問題 1　制限時間内に辞書を使わないでやってみましょう！

次の英文を読み、以下の問いに答えなさい。（40点）［制限時間 35分］

The 16th-century merchant Sen no Rikyu is widely acknowledged as a pivotal figure in shaping the Japanese tea ceremony. This ritualistic practice involves a [A] of protocols carried out by the host to serve tea to guests. It requires （ ア ） meticulous arrangement of tea utensils and skillful tea preparation, accompanied by graceful movements. The tea ceremony is rooted in a unique sensibility known as "wabi-sabi," which permeates every aspect of it, including tea room architecture, the choice of tea ware, and adornment of the room with （ イ ） hanging scrolls and flowers.

Sen no Rikyu was born in the city of Sakai into a family involved in the warehousing business. At the age of seventeen, he began studying the art of the tea ceremony. During that time, the tea ceremony was immensely popular in Japan, ［ あ ］ that Christian missionaries from Europe recorded it as an essential social custom. [B] facing adversity following the early loss of his father, Rikyu eventually achieved success in his business endeavors. Furthermore, he devoted years to practicing Zen Buddhism, which ［ い ］ through the philosophy's emphasis on simplicity.

In his middle age, Rikyu served as one of the tea masters to Oda Nobunaga, a dominant feudal lord who had come to rule [C] Sakai. After Nobunaga's （ ウ ） untimely demise, he continued his service under ［ う ］ Toyotomi Hideyoshi, who succeeded Nobunaga as Japan's most powerful warlord. Rikyu brought [D] a revolution in the traditional style of the tea ceremony, leaving an indelible impact on its core values.

He redirected the focus [E] extravagant admiration of costly imported tea utensils to emphasizing the act of preparing and serving tea as a gesture of genuine hospitality. [1] He also introduced groundbreaking designs for tea rooms, crafting intimate spaces that resonated with the charm of commoner households. [F], the garden paths leading to the tea rooms were transformed into enchanting stages, seamlessly blending with the tea ceremony itself.

An anecdote from this period recounts an incident in which Hideyoshi, [G] learning of numerous magnificent morning glories blooming in Rikyu's garden, eagerly set out to attend a morning tea gathering. Much to his [H], however, he found that all the flowers had been picked, leaving [I] in sight. When the irritated visitor stepped into the tea room, his gaze fell upon a [J] morning glory placed in a vase, and he was struck by its simple beauty. [2]

[K] account describes an onlooker's amazement at the extraordinary tea-making skills of one of Rikyu's top disciples. [3] The observer was profoundly impressed by the master's effortless elegance and complete lack of pretense, which gave the impression that his actions were merely ordinary.

Rikyu's mastery earned him nationwide recognition, with many warlords becoming his disciples. ［ え ］ his talent, Hideyoshi generously provided him with a substantial salary and a large residence in Kyoto. [4] His role extended [L] that of a tea master, as he also served as Hideyoshi's trusted confidant, involving himself in political affairs. [M] due to displeasure with Rikyu's rising influence or for other reasons, he incurred Hideyoshi's wrath.

Ultimately, under suspicion of disrespectful behavior towards this supreme ruler, Rikyu was ordered to [N] ritual suicide, known as *seppuku*. Despite his tragic fate, Rikyu's spirit of art was carried forward by his disciple warlords, most notably Furuta Oribe. As the years passed after Rikyu's death, Hideyoshi （ オ ） would occasionally imitate his style when making tea, reminiscing about their shared experiences. In the [O] of time, Rikyu's stepson inherited his family name thanks to Hideyoshi's pardon, becoming the progenitor of tea ceremony schools that continue to thrive to this day.

20　21

A

問題のタイプ別に下記のような、5つの Chapter で構成されています。

各 Chapter には6つの演習問題があります。したがって、この演習問題だけで、実際の試験の4回分以上の問題練習ができるようになっています。制限時間の目安も書いてありますので、参考にして問題を解いてみましょう。

B

B

ひとつの演習問題が終わるごとに単語リストと正解と解説を載せています。そのため自分のやりたい問題タイプ (Chapter) の好きな演習問題から解いていくことができます。苦手とする分野からでも得意な分野からでもいいのでまず、問題にあたってみましょう。

演習問題の解説は、設問の順番 (1-1, 1-2, 1-3…) に沿って解説してあります。また、通訳案内士試験にも、ガイドになっても役立つ知識が楽しく学べる「コラム」をたくさん設けました。設問に挑戦する合間に少しほっこりして下さい。

試験概要

全国通訳案内士試験とは

「全国通訳案内士として必要な知識及び能力を有するかどうかを判定すること」
（通訳案内士法第五条）を目的とした国家試験。

■受験資格
　　不問。

■試験科目
　　第1次（筆記）と第2次（口述）に分かれて構成される。
　　第1次（筆記試験）★該当資格者は免除あり。
　・外国語（英語、フランス語、スペイン語、ドイツ語、中国語、イタリア語、ポルトガル語、ロシア語、韓国語、タイ語）
　・日本地理
　・日本歴史
　・産業・経済・政治及び文化に関する一般常識並びに通訳案内の実務

　　第2次（口述試験）
　　通訳案内の実務（筆記試験で選択した外国語による、通訳案内の現場で必要とされるコミュニケーションを図るための実践的な能力を判定するための面接形式の試験）。

　　2018年の法改正により、筆記（第1次）試験に「通訳案内の実務」が追加。

■試験日
　　第1次（筆記）：8月中旬頃
　　第1次（筆記）合格発表：9月下旬〜10月上旬
　　第2次（口述）：12月上旬頃
　　最終合格発表：翌年2月上旬頃
　＊例年のおおまかなスケジュールですが、毎年変動しますので、詳しくは日本政府観光局（JNTO）HPをご確認ください。

1 次試験 (筆記) とは

■**評価方法**

・ 試験は、全国通訳案内士の業務を適切に行うために必要な読解力、日本文化等についての説明力、語彙力等の総合的な外国語の能力を問うものとする。

・ 出題する外国語は、英語、フランス語、スペイン語、ドイツ語、中国語、イタリア語、ポルトガル語、ロシア語、韓国語及びタイ語とする。

・ 試験の方法は、多肢選択式 (マークシート方式) とする。

・ 試験時間は、90 分とする。

・ 試験の満点は、100 点とする。

・ 出題は概ね、外国語文の読解問題 1 題 (配点 40 点程度)、外国語文和訳問題 1 題 (20 点程度)、和文外国語訳問題 1 題 (20 点程度)、外国語による説明 (あるテーマ、用語等について外国語で説明する) 問題 1 題 (20 点程度) を基準とする。

■**合否判定**

・ 合否判定は、原則として 70 点を合格基準点として行う。

＊ 日本政府観光局 (JNTO) の HP をもとに作成しています (2023 年 12 月現在)。
　最新情報は HP をご確認ください。

詳しい 1 次試験の構成や戦略については、p.10 〜 17 をご覧ください。➡

目　次

Chapter 1　長文穴埋め・内容一致問題

Chapter 2　英文和訳選択問題

Chapter 3　和文会話英訳選択問題

Chapter 4　日本事象・選択問題

全国通訳案内士試験
英語1次筆記試験に
合格するために

試験で必要となる力

　皆さん、こんにちは。全国通訳案内士であり True Japan School 主任英語講師の安河内志乃です。どうぞよろしくお願いします。

　さて早速ですが、皆さんは1次筆記試験と2次口述試験を分けて考えていないでしょうか。

　実際に試験対策を始めてみると、表現形式が違うだけで、根っこは同じことを試されていることが分かると思います。その根っこのところとは「日本の文化・観光・事象に関する知識」および「英語力」。このふたつは車の両輪のように必要不可欠な要素です。これは1次筆記試験でも2次口述試験でも基本的には同じことが言えます。

　日本の文化・観光・事象に関する知識が必要なのはなぜでしょう。
数限りなくある、以下のような質問に、皆さんは英語で答えられますか。

　― 富士山が世界自然遺産ではなく文化遺産である理由は？
　― なぜ日本人は蕎麦をすするの？
　― 東京スカイツリーと五重塔の関係は？
　―「伏見稲荷」や「ふくろうカフェ」が外国人観光客に大人気なのはなぜ？
　―「和食」が世界無形文化遺産登録された理由は？
　― コンテンツツーリズムとはなんでしょう？

　英語力はもちろんですが、聞かれている内容に関する知識の有無が、1次試験でも2次試験でも合否を分けるのです。

「試験準備としてまずやるべきこと～必須語句を憶える～」

　筆記試験でも口述試験でも、まずは必要となる語句を憶えることが対策の第一歩です。

カテゴリー別に単語カードに書き写して常に持ち歩いて頭に叩き込みましょう。通訳案内士試験では、１次でも２次でも日本文化や観光に特化した用語を使います。その語彙を確実に自分の武器とすることが試験を攻略するための最初のステップです。

「１次試験突破に向けて必要な力を養うために」

　１次試験を突破するためには、英文法の力をアップすることと、観光地や日本事象に関する情報を得ることが重要です。それにはどうすれば良いのかをご説明します。

≪文法力をアップする≫

　重要構文や熟語などを強化したい場合は、大学受験用の文法演習集をお奨めします。選ぶ際には以下の３つのポイントを押さえましょう。

Point 1：書店に足を運び、実際に手に取って選ぶ
Point 2：なるべく難しそうなものを選ぶ
Point 3：なるべく薄いものを選ぶ（途中で挫折しないように……）

　自分に最適の一冊を選んだら、それを繰り返し行いましょう。何冊も手を出すのは百害あって一利なし！繰り返しの演習の方がはるかに効率的です。

≪観光地・日本事象の情報を得る≫

　英語のガイドブックを読むことは、コンテンツを入れつつ長文アレルギー対策になります。500 語くらいの英文を見て「うわっ！」と思わないように少しずつ慣れておけば、本番の緊張した場面でも怖くありません。
　以下にお勧めの書籍をご紹介します。
　・MICHELIN Green Guide Japan ★
　・True Japan Keywords 600 ※
　そして、英文を読む時には必ず音読するようにしましょう。
　１次試験が終わってから２次対策をするのではなく、同時進行が合格の鍵です！面倒でも一歩一歩の積み重ねがやがて実を結びます。" Slow but steady wins the race!"

★ あの有名なグルメガイド（赤）の観光地バージョンで緑色です。
　ガイドブックの中でも英語のレベルが通訳案内士試験向きで、おすすめです。
※ True Japan School から出ている、ありとあらゆるテーマ、伝統的なものから流行のものまで網羅したテキスト。ネイティブ音声もあり、口述試験用のバイブルですが、日本事象学習用に筆記試験にも効果的です。

英語１次筆記試験の構成

「試験は全問マークシート方式」

英語筆記試験は全ての設問がマークシート方式です。答えの番号とずれないように注意することが大変重要ですので、普段からマークシート方式に慣れておくことが必要です。True Japan School の公開模擬試験などで、マークシートに慣れておくと安心です。

「満点と合格点」

英語は 100 点満点の試験で合格点は 70 点です。

例年のガイドラインには「受験生の平均点が合格点から著しく乖離した場合は、合格点の事後的な調整が行われる可能性がある」と記載されてはいますが、2018 年以降点数調整が実施された年はないようです。

「問題構成の確認と各大問の解き方の基本」

2021 年から英語試験は制限時間が 90 分になりましたが 100 点満点は変わっていません。

大問	問題の種類	出題内容	配点	所要時間の目安
1	長文問題	総合読解問題	40 点	35 分
2		英文和訳選択	20 点	20 分
3	会話英訳問題	会話の日本語を最も適切に表現した英文を選択	20 点	15 分
4	日本事象問題	用語を最も適切に説明した英文を選択	20 点	15 分

※見直し時間５分

【大問１と２（長文問題）：時間を上手に割り振る！】

　長文問題に取り組む際に陥りがちなのが、内容を読み解くことにのめり込みすぎて時間の配分をうっかり忘れてしまうこと。常に時間配分を意識することが重要です。★

　長文大問２の英文和訳選択問題では、下線が引かれた部分の日本語訳を選択します。

　原文が正確に訳されているか、訳の漏れはないか、を原文と見比べながらしっかりチェックします。

【大問３：誤りを素早く見抜く】

　大問３は、短い日本語の会話内容の下線部分を最も適切に表現した英文を選択する問題です。この設問は端的に表現すれば「間違いさがし」の作業です。
正解以外の選択肢には何らかの誤りが含まれています。文法的な誤りのこともあれば、日本文の文意に沿わない英文になっていることもあります。こういった誤りを素早く見抜き、正確な英語表現を選択します。

【大問４：日本事象に関する知識が問われる】

　大問４は、用語を適切に説明する英文を選択する問題で、日本事象に関する知識が試される設問です。誤っている選択肢は全く別の事象を説明していたり、誤った情報であったりします。

　そのため練習問題を解くときは、誤った選択肢についても何のことを言っているのか、どこの話をしているのかという事を確認する必要があるでしょう。有名な観光地や建築物や世界遺産などについては平素から特徴をつかんでおきましょう。

★　大問１には「穴埋め選択問題」「下線部語句と同じ用法選択問題」「下線部分の日本語訳選択問題」「内容一致選択問題」などいろいろな設問が含まれます。苦手な人が多い「語句整序問題」は出題される年もあれば出題されない年もありますが、出題される場合には高配点となります。（2021年のケースでは、ＡとＢの両方を完答という条件で５点）慣れておいた方がいいので、この問題集ではいくつか入れておきました。

確実に合格点を取るための必勝戦略

「常に8割取れる戦略を立てる」

　ガイドラインの合格点は100点満点中70点です。満点で合格する必要はないのですが、ぎりぎりで合格を狙うのではなく、合格点というバーを余裕で越すという意識が大切です！

　2023年度を基準にすると、長文問題の大問1と2の合計点は60点です。ここで確実に8割の48点は取りたいところです。そのためには長文に慣れておくこと！　長文問題は300語から600語くらいの語数の英文が出題されてきました。みなさんはその長さの英文を見た瞬間に、どう感じるでしょうか。「げげっ！」と、思ってしまうようでは「慣れ」が不足しています。数をこなしましょう。p.11でご紹介したようなガイドブックやテキストを読むことで必ず慣れてくるはずです。速読と精読、長文を速く正確に読みとるためにはこのふたつが重要です。

　大問4は、各5点×4問＝20点という配点ですね。ここはぜひ5問正解を目指しましょう！　1問落としても15点は確保しましょう！　大問4も、各5点×4問=20点です。ここも1問落とすくらいで15点は確保したいところです。大問3と4をひとつずつ落とすくらいで留めておければ、30点≒8割を取れますので理想的です。演習問題をやる時も、「間違っていいのはひとつだけ！」を、強く意識することで、必ず結果が変わってきます。

　どんな問題も、慣れれば速く正確に解けるようになります。「数をこなして慣れる」ことが肝要です。

「練習問題は漫然と解かない！必ず時間を計りながら」

　通訳案内士試験の英語は時間との闘いです。漫然と解いていたのでは「気が付けば時間が足らなくなっていた」ということになりかねません。

　ですので、練習問題を解くときから必ず大問ごとに時間を計りながら取り組むようにしてください。そのため、本書に掲載してある全ての大問には所要時間を記載しています。

　最初は時間内に終わらないかもしれませんが、それでもしっかり時間を計りながら解く事を続ければ時間感覚が身に付きます。この時間を体で感じ取る感覚は時計を見ることができない2次口述試験では、さらに重要になってきます。

「長文問題を効率的に解く方法を身に付ける」

　英語の長文問題を解くときは、基本的に以下の２通りの方法があります。どちらも有効な方法ですので、問題を解いていく中でご自分に合った方法を身に付けていって下さい。

１：問題文である長文を先に全て読んでから設問にあたる方法

　　この方法の場合は長文を先に読むので、その内容がまず頭に入ります。ですので、その後設問を見た時に、どこにキーワードがあるのかなどが分かります。

　　しかしこの方法の場合、英語の長文を読むことに時間をかけ過ぎてはいけません。A4用紙１枚分程度の英文であればさらっと抵抗無く読める方におススメの方法です。

２：まず設問を見てから、長文中の該当箇所に戻る方法

　　この方法の場合は全ての設問と選択肢を最初にざっと読んでしまいます。そして設問から問題文の概要を把握します。概要が把握できたところで、その設問に該当するであろう部分を長文から見つけます。これを「スキャニング」と言います。

「分からない単語は文脈から意味を予想する」

　問題文を読み進める上で分からない単語に出会うこともあるかと思いますが、すぐ辞書に飛び付いてはいけません。なぜなら、試験本番では辞書の使用は禁止されているからです。

　分からない単語があったとしても、慌てず前後の文脈からある程度の意味を推測する力を養うことが重要です。ですので、本書の演習問題にはまずは辞書を使わずに取り組んでみましょう。

本書の特徴

　このテキストはこれらの戦略に基づいて、最短で最大の効果がでるように構成されています。

「本書の構成」

　本書の構成は以下のとおりで、Chapter 1 ～ Chapter 4 の 4 つの演習パートで構成されています。

Chapter 1	大問 1 対策 「長文穴埋め・内容一致問題」	演習問題 6 問
Chapter 2	大問 2 対策 「英文和訳選択問題」	演習問題 6 問
Chapter 3	大問 3 対策 「和文会話英訳選択問題」	演習問題 6 問
Chapter 4	大問 4 対策 「日本事象選択問題」	演習問題 6 問

「全く新しい解説法」

　各演習問題の後には解説を記載しています。この解説は、実際に受験生の皆さんが問題を解くときのプロセスをそのまま再現していますので、解説を読むこと自体が、問題解法のプロセス習得に繋がります。

―持っている知識をいかに活用して解くかを解説―

　試験においては全ての知識が完璧な状態で臨むのが理想ですが、そうはなかなかいかないものです。時に「自分が今持っている知識を総動員して4つの選択肢を2つに減らす」という作業が必要な場合もあります。本書の解説では、単語それ自体の意味を知らなくても、正解を導き出す方法も解説しています。

―コラムで日本事象のトリビアを学ぶ―

　学習をしていく上でモチベーションをどう保っていくか、がキーとなります。楽しくなければ憶えようとする気持ちも萎えてしまいます。この本を手に取ってくださった皆さまが、「知る楽しみ」を実感できるように、多くのコラムを設けました。世間では、いわゆる「トリビア」とされる知識ですが、ガイドの仕事で「トリビア」に助けられたことも多々あります。コラムを楽しみながら、日本事象の知識を入れていって下さい。

　それでは、これから合格に向けての勉強を一緒に開始していきましょう！

Chapter 1

長文穴埋め・内容一致問題
演習問題1〜6

演習問題 1 制限時間内に辞書を使わないでやってみましょう！

次の英文を読み、以下の問いに答えなさい。(40点) [制限時間35分]

The 16th-century merchant Sen no Rikyu is widely acknowledged as a pivotal figure in shaping the Japanese tea ceremony. This ritualistic practice involves a [A] of protocols carried out by the host to serve tea to guests. It requires (ア) meticulous arrangement of tea utensils and skillful tea preparation, accompanied by graceful movements. The tea ceremony is rooted in a unique sensibility known as "wabi-sabi," which permeates every aspect of it, including tea room architecture, the choice of tea ware, and adornment of the room with (イ) hanging scrolls and flowers.

Sen no Rikyu was born in the city of Sakai into a family involved in the warehousing business. At the age of seventeen, he began studying the art of the tea ceremony. During that time, the tea ceremony was immensely popular in Japan, [あ] that Christian missionaries from Europe recorded it as an essential social custom. [B] facing adversity following the early loss of his father, Rikyu eventually achieved success in his business endeavors. Furthermore, he devoted years to practicing Zen Buddhism, which [い] through the philosophy's emphasis on simplicity.

In his middle age, Rikyu served as one of the tea masters to Oda Nobunaga, a dominant feudal lord who had come to rule [C] Sakai. After Nobunaga's (ウ) untimely demise, he continued his service under [う] Toyotomi Hideyoshi, who succeeded Nobunaga as Japan's most powerful warlord. Rikyu brought [D] a revolution in the traditional style of the tea ceremony, leaving an indelible impact on its core values.

He redirected the focus [E] extravagant admiration of costly imported tea utensils to emphasizing the act of preparing and serving tea as a gesture of genuine hospitality. [1] He also introduced groundbreaking designs for tea rooms, crafting intimate spaces that resonated with the charm of commoner households. [F], the garden paths leading to the tea rooms were transformed into enchanting stages, seamlessly blending with the tea ceremony itself.

An anecdote from this period recounts an incident in which Hideyoshi, [G] learning of numerous magnificent morning glories blooming in Rikyu's garden, eagerly set out to attend a morning tea gathering. Much to his [H], however, he found that all the flowers had been picked, leaving [I] in sight. When the irritated visitor stepped into the tea room, his gaze fell upon a [J] morning glory placed in a vase, and he was struck by its simple beauty. [2]

[K] account describes an onlooker's amazement at the extraordinary tea-making skills of one of Rikyu's top disciples. [3] The observer was profoundly impressed by the master's effortless elegance and complete lack of pretense, which gave the impression that his actions were merely ordinary.

Rikyu's mastery earned him nationwide recognition, with many warlords becoming his disciples. [え] his talent, Hideyoshi generously provided him with a substantial salary and a large residence in Kyoto. [4] His role extended [L] that of a tea master, as he also served as Hideyoshi's trusted confidant, involving himself in political affairs. [M] due to displeasure with Rikyu's rising influence or for other reasons, he incurred Hideyoshi's wrath.

Ultimately, under suspicion of disrespectful behavior towards this supreme ruler, Rikyu was ordered to [N] ritual suicide, known as *seppuku*. Despite his tragic fate, Rikyu's spirit of art was carried forward by his disciple warlords, most notably Furuta Oribe. As the years passed after Rikyu's death, Hideyoshi (オ) would occasionally imitate his style when making tea, reminiscing about their shared experiences. In the [O] of time, Rikyu's stepson inherited his family name thanks to Hideyoshi's pardon, becoming the progenitor of tea ceremony schools that continue to thrive to this day.

Chapter 1

1-1 下線部（ア）はどのような意味だと推察されるか。最も近い意味を表す語を選びなさい。 (2点)

① monotonous　　② cheerful　　③ scrupulous　　④ mediocre

1-2 下線部（イ）は日本語ではどのような意味か。最も適切なものを選びなさい。(2点)

① 掛け軸　　② 浮世絵　　③ 絵巻　　④ 障壁画

1-3 空欄[あ]に入る最も適切な語句を一つ選びなさい。 (3点)

① for fear　　② to the extent　　③ on the condition　　④ in order

1-4 空欄AからEに入る語句の組み合わせとして最も適切なものを選びなさい。(3点)

① series	– In spite of	– on	– to	– for
② series	– Despite	– over	– to	– from
③ chapter	– Rather than	– within	– forth	– on
④ chapter	– Without	– on	– forth	– to
⑤ sequence	– Rather than	– in	– about	– for
⑥ sequence	– Despite	– over	– about	– from
⑦ passage	– Without	– within	– over	– on
⑧ passage	– In spite of	– in	– over	– to

1-5 空欄[い]に入る適切な英文となるように次の語句を並べ替え、下線部のAとBに来る語句の番号を答えなさい。 (4点)

Furthermore, he devoted years to practicing Zen Buddhism, which [A __ __ __ B __ __ __] through the philosophy's emphasis on simplicity.

① have　　② his　　　　③ believed　　④ influenced
⑤ to　　　⑥ aesthetics　⑦ is　　　　　⑧ tea ceremony

A____　　B____

1-6 下線部（ウ）はどのような意味だと推察されるか。最も近い意味を表す語を選びなさい。 （2点）

① expected ② irrational ③ accidental ④ premature

1-7 空欄［う］に入る最も適切な語句を一つ選びなさい。 （3点）

① the auspices of ② the banner of
③ the thumb of ④ the skin of

1-8 空欄FからJに入る語句の組み合わせとして最も適切なものを選びなさい。 （3点）

① However	–	of	–	delight	–	one	–	hidden
② However	–	with	–	delight	–	some	–	hidden
③ In addition	–	upon	–	disappointment	–	none	–	solitary
④ In addition	–	of	–	disappointment	–	any	–	solitary
⑤ Contrarily	–	with	–	confusion	–	one	–	modest
⑥ Contrarily	–	by	–	confusion	–	none	–	modest
⑦ Besides	–	upon	–	entertainment	–	some	–	single
⑧ Besides	–	by	–	entertainment	–	any	–	single

1-9 空欄［え］に入る最も適切な語句を一つ選びなさい。 （3点）

① In response to ② In recognition of
③ In regard to ④ In consequence of

1-10 空欄KからOに入る語句の組み合わせとして最も適切なものを選びなさい。 （3点）

① One	–	to	–	What	–	end	–	nick
② The other	–	to	–	Because	–	end	–	stream
③ Another	–	over	–	Whether	–	take	–	course
④ More	–	over	–	What	–	take	–	period
⑤ One	–	with	–	That	–	drive	–	nick
⑥ The other	–	with	–	Because	–	drive	–	stream
⑦ Another	–	beyond	–	Whether	–	commit	–	course
⑧ More	–	beyond	–	That	–	commit	–	period

1-11 下線部（オ）の would と同じ意味を持つものとして最も適切なものを一つ選びなさい。 (4点)

① He and I worked in the same office, and we would often drink together.
② You said that you would deal with the situation, didn't you?
③ It would be better if you told them the truth.
④ The members of the committee would have arrived by now.

1-12 次の英文を本文に入れる際に最も適切な場所を文中の［1］〜［4］の中から一つ選びなさい。 (4点)

This admiration was overshadowed when witnessing Rikyu himself making tea.
①［1］　　②［2］　　③［3］　　④［4］

1-13 本文の内容に一致するものを①〜④の中から一つ選びなさい。 (4点)

① 千利休は日本の茶道の創立者として重要な人物として広く認識されており、茶道の「わびさび」という独特の感性は茶室建築、茶器の作り方、部屋の装飾に浸透している。
② 千利休が生まれた頃には茶の湯は盛んで、キリスト教の宣教師も日本では社交の上で非常に重要な習慣であると判断していた。利休自身は16歳から茶道を習い始めた。
③ 千利休は高価な茶器よりももてなしを重視し、茶室の斬新な設計も取り入れたが、茶室へ続く茶庭の小径もまた茶の湯と一体となる魅力的な環境へと変貌させた。
④ 利休の死後数年経っても、弟子であった武将たちに彼の精神は受け継がれており、彼らは時折利休との思い出を懐かしみながら、彼の流儀で茶を点てることがあった。

✏ **正解**

| 1-1 | ③ | 1-2 | ① | 1-3 | ② | 1-4 | ⑥ | 1-5A | ⑦ | 1-5B | ④ | 1-6 | ④ |
| 1-7 | ① | 1-8 | ③ | 1-9 | ② | 1-10 | ⑦ | 1-11 | ① | 1-12 | ③ | 1-13 | ③ |

試訳

16 世紀の商人、千利休は、日本の茶道の形成において重要な人物として広く認識されている。この儀式的な慣習は、亭主が客に茶を振舞うために行う一連の手順を要する。入念な茶道具の配置や巧みな茶の点て方が求められ、優雅な所作を伴う。茶道は「わびさび」と呼ばれる独特の感性に根ざしており、それは茶室の建築、茶器の選定、掛け軸や花による部屋の装飾など、あらゆる面に浸透している。

千利休は堺の町で、倉庫業を営む家に生まれた。17 歳の時に茶道を習い始めた。当時の日本では茶道が非常に盛んで、ヨーロッパから来たキリスト教の宣教師たちはそれを社交上の不可欠な習慣と記録するほどだった。父親を早くに亡くして逆境に立たされながらも、利休はついに商売の取り組みで成功を収めた。また、何年にもわたって禅仏教の修行に励み、素朴さを重んじるその思想が彼の茶道の美学に影響を与えたと考えられている。

利休は中年期に、堺を支配するようになっていた有力な封建領主、織田信長に茶頭の一人として仕えた。信長の早すぎる死の後、国内最有力の武将として信長の跡を継いだ豊臣秀吉の庇護の下で仕え続けた。利休は従来の茶道の流儀に変革をもたらし、核となる価値観に消えることのない影響を与えた。

彼は舶来の高価な茶道具を過度に称賛することよりも、心からのもてなしを表すために茶を点てて振舞う行為を重視することに焦点を移した。斬新な茶室の設計も取り入れ、庶民の家庭の魅力に満ちたくつろげる空間を作り上げた。さらに、茶室へと続く庭の小径を、茶道そのものと一体となって融合する魅惑的な舞台に変貌させた。

この頃の逸話はこんな出来事を伝えている。利休の庭に見事な朝顔がたくさん咲いていると知った秀吉は、はやる思いで朝の茶会に出席することにした。だが、とても残念なことに花はすべて摘み取られ、一つも見当たらないことに気がついた。いらだったこの客が茶室に足を踏み入れると、花瓶に生けた一輪の朝顔が目に入り、彼はその素朴な美しさに心を打たれたという。

別の話が伝えるところでは、利休のある高弟の並外れた点前の技量に、脇で見ていた者が驚いた。この称賛の念は、利休本人の点前を目の当たりにすると見劣りした。師匠にはごく自然な気品があって全くわざとらしさがなく、その所作はごく平凡なものという印象で、目撃者は深く感銘を受けたという。

利休の名人ぶりは国中に知れ渡り、多くの武将が弟子入りした。その才能を認めた秀吉は気前よく高額の俸給と京都の広い邸宅を与えた。彼の役割は茶頭にとどまらず、秀吉が信頼する側近として仕え、政務に関与するようにもなった。利休の影響力が高まることへの不満のせいか他の理由からか、彼は秀吉の怒りを買った。ついには、この最高権力者に対する不敬行為の疑いで、利休は儀礼的な自害である切腹を命じられた。

悲劇的な運命にもかかわらず、利休芸術の精神は弟子である武将たち、とりわけ古田織部によって受け継がれた。利休の死から年月が経つと、秀吉は二人の思い出を懐かしんで、時には彼の流儀に倣って茶を点てることもあった。やがて、利休の義理の息子が秀吉の恩赦により家名を継ぎ、今日に至るまで興隆する茶道の流派の祖となった。

単語リスト

pivotal	中枢の、極めて重要な
ritualistic	儀式的な
a sequence of	一連の、連続した
protocol	手順、作法
meticulous	細部まで行き届いた、細心な
permeate	（思想などが）広がる、染み込む
adornment	装飾品
hanging scroll	掛け軸
immensely	非常に、大いに
to the extent that	that 以下の程度まで、that 以下の限りでは
adversity	逆境、不運
eventually	最終的に、結局、ついに
endeavor	（決然とした）努力
devote 〜 to ...	〜を…に向ける、あてる
aesthetics	美学、美意識、美的価値観
dominant	支配的な、有力な
untimely	時期の悪い、時期尚早な
demise	死亡、逝去、崩御
under the auspices of 〜	〜の後援・賛助・庇護を受けて
bring about	〜をもたらす、引き起こす
indelible	（絵・文字・記憶・痕跡などが）消せない、消去できない
extravagant	法外な、限度を超えた、極端な、行き過ぎた
costly	高価な、金のかかる
tea utensils	茶道具
genuine	本物の、偽物でない
groundbreaking	革新的な、画期的な
resonate with 〜	〜に反響する、〜の間で共感を呼ぶ
enchanting	心地よく魅力的な
seamlessly	縫い目がないかのように、途切れることなく、円滑に
anecdote	逸話、秘話、エピソード
recount	詳しく話す、物語る
upon 〜 ing	〜して
much to 〜	大いに〜なことに
irritated	いらいらして、怒って
gaze fall upon 〜	〜がふと目に入る
account	記述、報告、説明
onlooker	傍観者、観客
overshadow	〜を見劣りさせる、〜に影を投げかける
profoundly	大きく、非常に、深く
effortless	（技能が高いので）楽々とこなしているように見える
pretense	（行為や態度などの）わざとらしさ
merely	ただ単に、ただ〜しているにすぎない
mastery	熟達、精通、専門的技能
confidant	（秘密が打ち明けられる）友人、側近

incur	（好ましくないことを）招く
wrath	激怒、憤怒
ultimately	結局のところは、究極的に
under suspicion of ~	～の容疑で
disrespectful	無礼な、失礼な、軽視の
notably	特に、とりわけ
reminisce	～の思い出・追想にふける
in the course of time	そのうちに、やがて
progenitor	創始者、開祖
thrive	繁栄する、目標に向かって前進する

1-1　正解 ③ scrupulous

下線部 (ア) の meticulous は日本文化や芸術に関する文には頻出する語で「極めて注意深い、細部まで行き届いた」という意味。③の scrupulous は「細心の注意をはらった、入念な」で、最も近い意味。
① monotonous は「単調な、変化に乏しい」
② cheerful は「陽気な、快活な」
④ mediocre は「平凡な、可もなく不可もなく」

ヒント

もし③の scrupulous の意味を知らない場合、消去法で正解にたどりつこう。① monotonous を知らなくても monotone「一本調子」からの発想で「茶道具の用意」を修飾するには不適切だと分かる。② cheerful「快活な」は知っているはずの単語だが、もちろん不適切。④の mediocre は知らない単語だとしても medi-(中くらいの、中間の) から「茶道具の用意」を修飾するには適切ではないと推察できる。例) the Mediterranean Sea「地中海」の Mediterranean は medi-(中間の) ＋ terrane(大陸、大地) ＋ -an(～の)＝「大地の中間にある」
このように不適切に見える選択肢を消去していく方法で③ scrupulous が残る。

1-2　正解 ① 掛け軸

ヒント

床の間の装飾（床飾り）となるのは掛け軸、花、香合などの置物。hang は「掛ける」、scroll は「巻物」なので「掛け軸」。
② 浮世絵は woodblock print
③ 絵巻は picture scroll
④ 障壁画は paintings on the wall or fusuma sliding door of a building

Chapter 1

1-3 正解 ② to the extent (that ~)「(that 以下) の程度まで」の意味。

本文は「当時の日本では茶道が非常に盛んで、ヨーロッパから来たキリスト教の宣教師たちはそれを社交上の不可欠な習慣と記録するほどだった」という意味になる。
① for fear (that ~)「(that 以下) を恐れて、憂慮して」
③ on the condition (that ~)「(that 以下) の条件で、もし (that 以下) とすれば」
④ in order (that ~ may...)「~が…する目的で、~が…するために」

1-4 正解 ⑥

空欄 A

選択肢は①②が series、③④が chapter、⑤⑥が sequence、⑦⑧が passage。本文の This ritualistic practice involves a [A] of protocols carried out by the host to serve tea to guests. に入って意味を成すのは①② a series of ~ と⑤⑥ a sequence of ~、どちらも「一連の~」。この文は「この儀式的な慣習は、亭主が客に茶を振舞うために行う一連の手順を要する」。①②⑤⑥に絞ることができる。

空欄 B

絞った①②⑤⑥だけ見ていく。(もし途中でどれも当てはまらないということになったら、前のところに引き返して再度吟味)このように文脈に空欄がある場合は、必ずそれまでの文脈を確認。前の文脈に対して順接なのか、逆接なのか、それともまったく違う話が始まるのかを確認しておく。
前の文脈は「茶の湯がとても人気で欧州からの宣教師もそれを不可欠な社会慣習だと認めていた」という流れ。空欄 B に続く部分は「父親を早くに亡くして逆境に直面して」カンマの後ろは「利休は商売で成功した」という内容なので、空欄 B には逆接の語が適切。①は In spite of、⑤は Rather than、②⑥は Despite、In spite of と Despite は文法的にも適切で、意味を成すので、①②⑥に絞ることができる。

空欄 C

絞った①②⑥だけ吟味していく。①は on、②⑥は over だが、In his middle age, Rikyu served as one of the tea masters to Oda Nobunaga, a dominant feudal lord who had come to rule [C] Sakai. には over が適切。rule over ~ は「~を支配する」という意味。この文は「利休は中年期に、堺を支配するようになっていた有力な封建領主、織田信長に茶頭の一人として仕えた」という意味。②と⑥が残る。
☆「茶頭 (さどう)」とは「茶の湯のことにあたった者」。安土桃山時代には不住庵梅雪、千宗易 (利休)、今井宗久、津田宗及らが織田信長、豊臣秀吉の茶頭となった。

空欄 D

② は to、⑥ は about と分かれた。Rikyu brought [D] a revolution in the traditional style of the tea ceremony, leaving an indelible impact on its core values. に入れて意味を成すのは⑥の about。bring about ~ は「~をもたらす、引き起こす」
この文の意味は「利休は従来の茶道の流儀に変革をもたらし、核となる価値観に消える

ことのない影響を与えた」⑥が正解だろうと思われる。あとは空欄 E で最終確認。

空欄 E

⑥は from、本文に入れて吟味。He redirected the focus [from] extravagant admiration of costly imported tea utensils to emphasizing the act of preparing and serving tea as a gesture of genuine hospitality.

この文は redirect the focus from A to B「焦点を A から B に向け直す」という形。

A の 部 分 が extravagant admiration of costly imported tea utensils、B が emphasizing the act of preparing and serving tea as a gesture of genuine hospitality という部分。全体の意味は「彼は舶来の高価な茶道具を過度に称賛することよりも、心からのもてなしを表すために茶を点てて振舞う行為を重視することに焦点を移した」1-4 は⑥が正解だと確定。

1-5　正解は A ⑦　B ④

語句整序問題は 2021 年度本試験で数年ぶりに出題された。2022 年、2023 年には出題されなかったが、これから出題される可能性も考えて演習しておくと安心である。語句整序問題を苦手とする人が多いが、システマティックに解いていけば必ず正解に到達できるので、あきらめないこと。

ステップ 1

空欄の前の意味を掴む。「さらに、彼 (千利休) は禅の修行に何年も費やした」その後カンマがあり、which がある。which の先行詞は「禅の修行に何年もかけたこと」だろう。

ステップ 2

空欄の後ろの意味を掴む。「素朴さを重んじるその思想を通じて」

ステップ 3

与えられた語句の組み合わせ、文の構造を吟味。主語は which「利休が禅の修行に何年も費やしたこと」、動詞になり得るものは① have、③ believed、④ influenced、⑦ is の 4 つがあるが、このように動詞が多すぎる場合は動詞の組み合わせを考える。① have があるので＋ p.p. の完了形、⑦ is があるので受動態が考えられる。

時制を考えると is believed と have influenced を⑤ to でつなぐ形が定番。一応置いてみよう。which is believed to have influenced「そのこと (利休が禅の修行に何年も費やしたこと) が～に影響を及ぼしたと信じられている」となって、後ろの「素朴さを重んじるその思想を通じて」と相性がいい。何に影響をおよぼしたのか、残った語を組み合わせた② his ⑧ tea ceremony ⑥ aesthetics「彼の茶の湯の美学」である。これですっきりと意味の通る文になった。

Furthermore, he devoted years to practicing Zen Buddhism, which [⑦ is ③ believed ⑤ to ① have ④ influenced ② his ⑧ tea ceremony ⑥ aesthetics] through the philosophy's emphasis on simplicity.

「さらに、何年にもわたって禅仏教の修行に励んだが、そのことが素朴さを重んじるその思想を通して、彼の茶道の美学に影響を与えたと考えられている」

1-6 正解は ④ premature「時期尚早の、早すぎる」

下線部（ウ）untimely も「早すぎる、時期尚早の」という意味で④が最も近い意味。
① expected 「予期された」
② irrational 「不合理な」
③ accidental 「前触れのない、思いがけない」

1-7 正解は ①

① [under] the auspices of 〜は「〜の後援・賛助・庇護を受けて」、auspices は複数形で「庇護・援助・保護・後援」、他に「前兆、吉兆」の意味もある。
本文の After Nobunaga's untimely demise, he continued his service [under the auspices of] Toyotomi Hideyoshi, who succeeded Nobunaga as Japan's most powerful warlord.「信長の早すぎる死の後、国内最有力の武将として信長の跡を継いだ豊臣秀吉の庇護の下で仕え続けた」
demise の意味が不明でも、「豊臣秀吉が信長の後を継いだ」という部分で亡くなったことが分かる。その後の文でも利休が秀吉に重用されたと述べてあるので、秀吉の庇護を受けたことは想像できる。
② [under] the banner of 〜 「〜の旗印の下に」
③ [under] the thumb of 〜 「〜に支配されて、〜の言いなりになって」
④ [under] the skin of 〜（get を伴って）「〜の気に障る、〜をイライラさせる」

1-8 正解は ③

空欄 F
選択肢は①②が However、③④が In addition、⑤⑥が contrarily、⑦⑧が Besides だが、このように文頭に空欄が来る場合はその前の文脈を確認。逆接なのか順接なのか、あるいはまったく別の話が始まるのか。前の部分は「千利休が舶来の茶道具をほめちぎるよりも、茶を振舞う行為を重視するよう焦点を移し、庶民の家にもくつろげる空間を作り上げた」という流れ。空欄 F の後は「茶室へと続く庭の小径を、茶道そのものと一体となる魅惑的な舞台に変えた」という内容なので、「そのうえ、さらに」を表す③④の In addition、⑦⑧の Besides が適切だとわかる。③④⑦⑧に絞ることができる。
空欄 G
③⑦は upon、④は of、⑧は by だが、この部分は秀吉に関する逸話で、[G] learning of numerous magnificent morning glories blooming in Rikyu's garden, eagerly set out to attend a morning tea gathering.「利休の庭に見事な朝顔がたくさん咲いていると知って、秀吉ははやる思いで朝の茶会に出席することにした」③⑦ upon learning of 〜「〜を知って」は適切、⑧ by learning of 〜「〜を知ることで」は、見ない表現ではあるが意味は想像できる。しかし④ of learning of 〜とは言わない。③⑦と一応⑧を残す。

空欄 H

Much to his [H], however, に続く部分は he found that all the flowers had been picked「彼はすべての花が（すでに）摘み取られてしまっていることに気付いた」という意味。それを踏まえると③の Much to his [disappointment]「彼がとても失望したことには」が適切。⑦と⑧の Much to his [entertainment]「彼にとってとても面白いことには」では文脈と合わない。however が挿入されているのは、前文の「秀吉が利休の庭の見事な朝顔の話を聞き（それを見たいと思って）はやる思いで朝の茶会に出かけた」という文に対して「しかしながら、花はすべて（秀吉が到着する前に）摘み取られていた」ということ。③に絞ることができる。

空欄 I

③は none だが、文に入れて整合性を見てみよう。空欄 H で吟味した部分に続くところ。leaving [none] in sight.「すべての花が既に摘み取られていた」のであるから「何（の花）も見えなかった、残されていなかった」。空欄 J では③を入れて吟味する。

空欄 J

③の solitary を文に入れて整合性をチェック。When the irritated visitor stepped into the tea room, his gaze fell upon a [solitary] morning glory placed in a vase, and he was struck by its simple beauty.「いらだったこの客（秀吉）が茶室に足を踏み入れると、花瓶に生けた一輪の朝顔が目に入り、彼はその素朴な美しさに心を打たれた」

③が正解だと確認ができた。

☆　この逸話は有名なので、ご存じの方も多いかもしれない。利休が朝顔をすべて摘み取って茶室に一輪だけ飾ったのは、一輪を際立たせるという利休の美学を表しているのかもしれないし、秀吉に一輪だけを見せることにより、朝顔が咲き誇っていた庭を想像させるという意図があったのかもしれないとされる。

1-9　**正解は ②　In recognition of ～「～を認めて、たたえて」**

本文に入れると「彼の才能を認めて、秀吉は気前よく高額の俸給と京都の広い邸宅を与えた」

① In response to ～「～に応えて、～に反応（対応）して」
③ In regard to ～「～については、～に関して」
④ In consequence of ～「～の結果として」

1-10　**正解は ⑦**

空欄 K

選択肢は①⑤が One、②⑥が The other、③⑦が Another、④⑧が More、本文に入れて整合性を確認するが、このように文頭に空欄がある場合は必ず前の文脈を確かめる。前文は、秀吉がただ一輪の朝顔に衝撃を受けた逸話であった。[K] account describes an onlooker's amazement at the extraordinary tea-making skills of one of

Rikyu's top disciples.「K の記述は利休の一番弟子の並外れた点前の技量に対する脇で見ていた者の驚きを描写している」ここでは、一つの逸話を紹介し、その後もう一つの逸話を述べている。①⑤の One と④⑧の More は不適切だとすぐ分かる。なぜなら one であれば前文の逸話が紹介されていることと齟齬があり、more であれば account「記述（可算名詞）」が複数形にならないと整合性がないからである。

②⑥の The other と③⑦の Another が残ると思われるが、この二つは意味がちがうので確認しておこう。

the other は、何か一つ (one) の残りの「特定のもうひとつ」を指す。つまり one, the other の場合は対象物が２つしかないということになる）（ただし稀に、残りが複数あり、それがすべて特定されている場合の最後の特定のひとつを the other と表現する場合もある）

one, the other を使う場合は先に「これには２つある」のように述べてから一つ一つを描写することもよく見られる流れである。

another は、なにか一つの残り（複数）の中の「不特定のもうひとつ」を指す。one, another の場合は対象物が３つ以上ある場合の「ひとつ」と「不特定のもうひとつ」ということになる。常識的に考えて逸話がたった２つしかないはずはないので、③⑦のAnother に絞ることができる。

空欄 L

③は over、⑦は beyond である。前の文は利休が秀吉に召し抱えられた、と述べられている。His role extended [L] that of a tea master, と、あって、続く部分は as he also served as Hideyoshi's trusted confidant, involving himself in political affairs.「秀吉が信頼する側近として仕え、政務に関与するようにもなったので」という意味。③の over でも⑦の beyond でも茶の匠以上の役割を担ったことは表せるが、beyond の方が「範囲を超えて」のニュアンスがある。とりあえず③と⑦を残す。

空欄 M

③も⑦もどちらも Whether である。文に入れて確認。[Whether] due to displeasure with Rikyu's rising influence or for other reasons, he incurred Hideyoshi's wrath.「利休の影響力が高まることへの不満のせいか、他の理由からか、彼は秀吉の怒りを買った」whether A or B「A であろうと B であろうと」③か⑦か、まだ決められない。

空欄 N

③は take、⑦は commit である。Rikyu was ordered to [N] ritual suicide, known as seppuku.

suicide の動詞は commit、take は使わない。⑦に絞ることができる。

空欄 O

⑦の course を入れて整合性を確認する。In the [course] of time, Rikyu's stepson inherited his family name thanks to Hideyoshi's pardon,「やがて、秀吉の許しのおかげで、利休の義理の息子が家名を継いだ」という意味の通る文になる。1-10 は⑦が正解。ちなみに、今回は不正解だが①と⑤の nick を入れた in the nick of time は「ギリギリ間に合って、間一髪のところで」という意味の成句。例）I caught the 10:00 bus in the nick of time.「際どいところで 10 時のバスに間に合った」

1-11 正解は ①

本文 As the years passed after Rikyu's death, Hideyoshi would occasionally imitate his style when making tea, reminiscing about their shared experiences. の意味は「利休の死から年月が経つと、秀吉は二人の思い出を懐かしんで、時には彼の流儀に倣って茶を点てることもあった」この would は［過去の習慣・習性］を表す would である。

① ［過去の習慣・習性］「よく～したものだ」を表す would で「彼と私は同じ会社で働いていて、よく一緒に酒を飲んだものだ」
② ［時制の一致］意志未来、単純未来の will の過去形の would で、「その状況に対処するとあなたは言いましたよね」
③ ［条件文の帰結文］「(もし…であれば) ～するだろう」の would で「彼らに真実を話す方がいいだろう」
④ ［可能性・推量］「～かもしれない、～でしょう」の would で「委員会のメンバーは今頃はもう着いているだろう」

2021 年の本試験に「下線部の otherwise と同じ意味を持つものを選べ」というこの形式の設問が出たが、2022 年は出題されなかった。2023 年は「下線部の or と同じ用法を選べ」という設問が出題された。

☆助動詞 would の色々な意味

1. ［可能性・推量］「(ひょっとすると) ～かもしれない、～でしょう」過去形だが現在時の推量を表す。過去を表す文脈では過去時の推量を表すが、その場合は would have done を使うことが多い。
  　例 She left the office two hours ago. She would be at home now.
  　　「彼女は会社を 2 時間前に出た。もう家に着いているだろう」
2. ［時制の一致］意志未来、単純未来の will の過去形
  　例 He said he would do his best.
3. ［過去の習慣・習性］「よく～したものだ」
  　例 My father and I would often go walking on the riverbank.
  　　「父と私はよく堤防を散歩したものだ」
4. ［過去の能力］「…することができた」
  　もし過去を表す文脈でない場合は will よりも不確かなことを表す。
  　例 The container would hold ten liters.「この容器は 10 リットル入るだろう」
5. [過去における固執・拒絶］「どうしても…しようとした」
  　例 We tried to keep him from drinking so much, but he would have his way.
  　　「私たちは彼があまり飲み過ぎないようにさせようとしたが、彼はどうしてもやめようとしなかった」
6. ［条件文の帰結文］「(もし…であれば) ～するだろう」
  　例 A gentleman wouldn't do such a thing.

「紳士ならそんなことはしないだろうに」

7. ［wish, if only など願望・要請の名詞節で］「～する意思のある」

例 If only you would give up smoking.「あなたが禁煙してくれたらなぁ」

8. ［say, think, like, prefer, appear, seem などの動詞の前に置いて口調をやわらげたり、不確実などを表す］

例 It would seem that he did not understand what I said.

「彼は私が言ったことを理解できなかったようだ」

9. ［驚き・意外・いらだちなどを表して］「～するとは」

例 Oh, the bus would be late just when we are in a hurry.

「やれやれ、急いでいる時にかぎってバスが遅れる」

1-12 正解は ③

この文は「この称賛の念は、利休本人の点前を目の当たりにすると見劣りした」という意味。

＊overshadow「～を見劣りさせる、～に影を投げかける」

パラグラフ 6 の最初の文「別の話では、利休のある高弟の並外れた点前の技量に、脇で見ていた者が驚いた」と最後の文「師匠にはごく自然な気品があって全くわざとらしさがなく、その所作はごく平凡なものという印象で、目撃者は深く感銘を受けた」の間が最も適切な位置である。つまりは、利休の高弟の所作の素晴らしさに驚いた人がいたが、次に利休本人の点前を見ると高弟は利休には及ばないと思った、という内容である。

1-13 正解は ③

① 第一パラグラフの内容。「茶道の創立者として」ではなく「茶道の形成において」、「茶器の作り方」とは書かれておらず「茶器の選定」である。

② 第 2 パラグラフの内容だが、利休が茶道を習い始めたのは 16 歳の時ではなく 17 歳と述べられている。

③ これが正解。第 4 パラグラフの内容。ちなみに、利休が茶道を大成させる過程において「路地（露地）を通って茶室に向かう行為」も現世から離れた空間へ赴くという意味合いで、茶道体験の一部として組み込まれたとされる。石灯籠を茶庭に取り入れたのは利休とされる。茶室前には手水鉢と役石が組み合わされた蹲踞（つくばい）があり、手と口を清める。鹿威し、水琴窟なども茶庭に見られる要素である。

④ 第 8 パラグラフの内容。弟子たちの話ではなく、豊臣秀吉は利休の死後年月がたつと利休との思い出を懐かしみ、彼の流儀で時折茶を点てたものだった、と述べられている。

COLUMN

茶の湯について

茶の湯の歴史は、鎌倉時代に栄西という禅僧が中国から茶の種を持ち帰ったことから始まります。(それ以前にも茶は持ち込まれていましたが広まらず、一度廃れてしまいます)その種を京都栂尾にある高山寺の明恵上人(華厳宗の僧)が譲り受けて茶の栽培を始めました。その後他の寺でも茶の栽培を始め、禅寺で座禅瞑想を行う前に茶を喫するようになりました。この喫茶の習慣が武士階級にも広がり、社交にも利用されるようになったという流れです。ちなみに今のような緑色の「煎茶」が生まれたのは江戸時代です。

茶道で使う基本語彙

茶室	tea room	茶道具	tea utensils
躙り口	crawl-in entrance	茶碗	tea bowl
正座	sitting on one's heels	茶入	tea container
床の間	alcove	茶杓	tea scoop
床柱	lcove post	茶筅	tea whisk
掛け軸	hanging scroll	花入	flower container
釜	iron kettle	手前	tea making procedures

茶席の「なぜ？なに？」

・掛物(茶掛・軸)を拝見する時はなにを見ればいいの？

掛物は禅家で師の書を表装して拝んだことに由来するとされています。ですので、もし書の文字が読めず意味が分からなくても、書の力強さや美しさを感じ取ればいいのです。

・なぜお茶と一緒にお菓子を食べないの？

ひとつには、お点前の流れるような動作を妨げるようなことはせず、お菓子はお菓子、茶は茶と分けて専念するという理由で、この考え方には禅の影響があります。そしてお菓子をお茶の前に楽しむことで、よりお茶が美味しく感じられることも理由のひとつです。

・なぜ茶碗を回すの？

茶碗は、絵柄の最も華やかな正面を客に向けて出されます。客は茶碗を回し、その位の高い部分を避けてお茶をいただくことで、亭主への敬意を表します。お茶碗を返す時には再び正面が亭主側に向くように茶碗を回します。

演習問題 2　制限時間内に辞書を使わないでやってみましょう！

次の英文を読み、以下の問いに答えなさい。（40 点）[制限時間 35 分]

A theory posits that the origin of Japanese festivals can be traced back to the "Ama-no-Iwato" myth documented in the Kojiki (Record of Ancient Matters). Amaterasu, the sun goddess, was deeply upset by the continuous violent acts of her younger brother, Susanoo. One day, [あ] anger, Amaterasu retreated into the Ama-no-Iwato, a heavenly rock cave, plunging the world into darkness. To restore sunlight to the world, the other gods convened and strategized to (ア) entice Amaterasu out of her seclusion. [A] numerous unsuccessful attempts, one goddess began to dance and celebrate outside the cave. Intrigued by the commotion, Amaterasu emerged from the cave. [B] her emergence and the cave's subsequent closure, sunlight returned to the world.

The essence of this tale lies in the idea that the lively scene which lured Amaterasu out of the Ama-no-Iwato laid the [い] festivals that are still celebrated throughout Japan today. When thinking of festivals, one might immediately envision those held in summer. [C], festivals take place throughout the year, with each season lending its unique significance. [D], the Otaue Festival in the spring during the rice planting season is a ritual aimed at praying for a bountiful harvest. One particularly notable event is hosted at the Sumiyoshi Taisha Shrine in Osaka. In summer, a season [う] pests and natural disasters such as typhoons and floods, festivals are organized to ward off pests and provide protection against the wind. Autumn, the season of abundance, is the time for the Niiname Festival, celebrated to show appreciation for the harvest. [E] the belief that gods favor vibrant gatherings, music and dance become (イ) integral elements of these festivals, serving to entertain the deities. [F] during winter, the agricultural off-season, festivals persist. These ceremonies involve [G] tribute to the deities of the rice field and invoking blessings for the upcoming year. [H], these seasonal Japanese festivals of each season are closely tied to agricultural activities, providing social functions that bolster rural communities. Specifically, succeeding [I] rice farming demands large-scale coordination and synchronization, especially during limited periods of favorable weather. Festivals [J] a crucial role in promoting unity. Summer festivals, in particular, continue to be popular attractions that everyone looks forward to, drawing crowds from [K] within and outside Japan. Magazines and web publications frequently feature special sections on festival information, invariably highlighting the (ウ) ubiquitous presence of stalls. The simple act of strolling amidst bustling rows of open-air stalls, serenaded by festive music, can uplift one's spirits.

The tradition of setting up stalls around temples and shrines, as practiced today, is believed to [L] during the Muromachi period. The offerings at these stalls are diverse, ranging [M] food, toys, plants, and lucky charms to more intricate attractions like shooting games. Food stalls are often associated with popular items such as yakisoba, (エ) or fried noodles, and Takoyaki, or octopus balls, as well as cotton candy, and candy apples for those with a sweet tooth. In recent years, there has been an increase in stalls selling international foods like kebabs, tacos, and jeon, or Korean pancake. A noteworthy characteristic of these modern stalls offering international cuisine is that they are often operated by individuals from abroad.

[N] the fun and lively aspects of festivals, there is a profound interest in the traditional customs of visiting temples and shrines. To cater [O] this interest, many magazines and websites offer illustrated guides that detail the proper etiquette for worship. (オ) Standing respectfully before a temple or shrine, closing one's eyes in silence, and joining one's hands together, can be a deeply calming experience for those living in the modern world, where constant noise is prevalent and disconnection from smartphones is a rarity.

1-1 空欄 [あ] に入る最も適切な語句を一つ選びなさい。　　　　　　　（3点）

① at the mercy of　　　② at the expense of
③ in a fit of　　　　　　④ in spite of

1-2 下線部（ ア ）はどのような意味だと推察されるか。最も近い意味を表す語を選び
なさい。　　　　　　　　　　　　　　　　　　　　　　　　　　　　　　（2点）

① obey　　　② repel　　　③ shove　　　④ tempt

1-3 空欄 A から E に入る語句の組み合わせとして最も適切なものを選びなさい（3
点）

① With	At	Yet	In other words	For
② With	Despite	Therefore	In other words	So
③ Before	With	However	Having said that	If
④ Before	Upon	Hence	Having said that	Given
⑤ Without	At	Therefore	As a result	For
⑥ Without	Despite	Hence	As a result	So
⑦ After	With	Yet	For instance	If
⑧ After	Upon	However	For instance	Given

1-4 空欄 [い] に入る最も適切な語句を一つ選びなさい。　　　　　　（3点）

① groundwork for　　　　　② offerings of
③ birthplace of　　　　　　④ sacrifice for

1-5 空欄 [う] に入る適切な英文となるように次の語句を並べ替え、下線部の A と B
に来る語句の番号を答えなさい。　　　　　　　　　　　　　　　　　　（4点）

In summer, a season [_A_ __ __ __ _B_ __ __ __] pests and
natural disasters such as typhoons and floods, festivals are organized
to ward off pests and provide protection against the wind.

① suffering　　② by　　③ risks　　④ from
⑤ increased　　⑥ of　　⑦ marked　　⑧ crops

1-6　下線部（イ）はどのような意味だと推察されるか。最も近い意味を表す語を選びなさい。　　　　　　　　　　　　　　　　　　　　　　　　（3点）

① additional　　② essential　　③ peripheral　　④ dispensable

1-7　空欄 F から J に入る語句の組み合わせとして最も適切なものを選びなさい。（3点）

① Even	giving	Howeve	in	make
② As	paying	However	to	make
③ Possibly	having	Although	of	act
④ Rather	getting	Although	with	act
⑤ Even	paying	Thus	in	play
⑥ As	having	Thus	to	play
⑦ Possibly	giving	Even so	of	work
⑧ Rather	getting	Even so	with	work

1-8　下線部（ウ）はどのような意味だと推察されるか。最も近い意味を表す語を選びなさい。　　　　　　　　　　　　　　　　　　　　　　　　（3点）

① omnipresent　　② exuberant　　③ infrequent　　④ diligent

1-9　空欄 K から O に入る語句の組み合わせとして最も適切なものを選びなさい。（3点）

① each	be originated	by	Besides	of
② either	have been originated	over	Besides	in
③ both	have originated	from	Beyond	to
④ neither	having been originated	of	Beyond	with
⑤ each	be originated	by	Above	of
⑥ both	have originated	over	Above	in
⑦ either	having been originated	from	Rather than	to
⑧ neither	have been originated	of	Rather than	with

1-10　下線部（エ）の or と同じ意味を持つものとして最も適切なものを一つ選びなさい。　　　　　　　　　　　　　　　　　　　　　　　　（4点）

① We'd better be going now, or we'll miss our train.

② Which would you like, tea or coffee?

③ We are not supposed to take photos or movies in this museum.

④ This is a masterpiece of byobu or folding screen.

⑤ Come hell or high water, I'm determined to finish the race.

1-11 本文の内容を踏まえ、下線部 (オ) の解釈として最も適切なものを選びなさい。(4点)

① 寺社仏閣の前で静かに目を閉じて手を合わせる人々にとって、現代社会は年がら年中騒音が満ち、スマートフォンを手放すこともできないような環境であることは間違いない。

② 絶えず騒音が蔓延し、またスマートフォンを手放せない現代の世を生きる人々にとって、寺や神社の前に謹んで立ち静かに瞑目し合掌することは、心を深く落ち着かせる体験となるだろう。

③ 絶えず騒音が蔓延し、またスマートフォンを手放せない現代の世を生きる人々にとって寺や神社の前に謹んで立ち静かに瞑目し合掌することは、心を深く落ち着かせる稀な体験となるだろう。

④ 寺社仏閣の前に謹んで立って静かに目を閉じて手を合わせることは、スマートフォンを手放すことができないくらい忙しい現代人にとって、心を深く落ち着かせる稀な体験になるだろう。

1-12 本文の内容と一致するものを選びなさい。 (4点)

① 天の岩戸に隠れたアマテラスを外に出すために神々が踊り騒いだことが日本の祭りの源流ではあるが、夏祭りはむしろ仏教との関連性が強いと考えられている。

② 日本では、天気のいい限られた時期にみんなで一斉に農作業を行う必要があって、四季折々の祭りはその作業を行う共同体の結束を強めるという大切な役割を担っている。

③ 祭りの時に神社仏閣のまわりに屋台を出すという風習は鎌倉時代に始まったとされるが、縁起物、射的のような手の込んだものは室町時代に起源をもつと考えられている。

④ 神社仏閣に参拝するという伝統的な習慣より以上に、祭りの屋台が観光客を惹きつけており、屋台の中には外国出身の人たちによる国際的な料理を売るものもある。

正解

1-1 ③	1-2 ④	1-3 ⑧	1-4 ①	1-5A ⑦	1-5B ⑥	1-6 ②

1-7 ⑤	1-8 ①	1-9 ③	1-10 ④	1-11 ②	1-12 ②

解説

試訳

　日本の祭りの起源は、古事記に記された「天の岩戸」の神話にまで遡るとする説がある。太陽の女神アマテラスは、弟スサノオの相次ぐ乱暴な行いにひどく心を痛めていた。ある日、アマテラスは怒って天の岩戸に閉じこもり、世界は真っ暗になった。世界に陽の光を取り戻すため、他の神々が集まってアマテラスを隠遁生活から誘い出す戦略を練った。さまざまな試みが失敗した後、一人の女神が岩戸の外で踊り出し、お祭り騒ぎを始めた。その騒ぎに興味をそそられたアマテラスは岩戸から出てきた。アマテラスが現れ、続いて岩戸が閉じられると、世界に陽の光が戻った。

　この物語の核心は、アマテラスを天の岩戸から誘い出した賑やかな光景こそが、今でも日本中で行われている祭りの基礎を築いた、という考えにある。祭りといえば、真っ先に夏祭りを思い浮かべるかもしれない。しかし、祭りは一年を通して行われ、それぞれの季節が独特の意義を添えている。たとえば、春の田植えの時期に行われる御田植祭は、豊作を祈願するための儀式である。とりわけ有名なのが、大阪の住吉大社で催される行事だ。夏は、農作物が害虫や台風・洪水などの自然災害の被害を受けるおそれが大きい季節であり、虫送りや風除けの祭りが行われる。実りの季節である秋は、収穫への感謝を表す新嘗祭が行われる時期だ。神は活気のある集まりを好むと信じられているため、音楽と踊りはこうした祭りに不可欠な要素となり、神をもてなす役割を果たす。農閑期にあたる冬でも祭りは続く。冬の儀式では、田の神に敬意を表したり新しい年の恵みを祈願したりする。

　このように日本の四季折々の祭りは農作業と深く結びついており、農村を支える社会的な機能を果たしている。具体的に言うと、稲作を成功させるには、ことに好天の限られた時期に、大がかりな協調と一呼吸を合わせた作業が求められる。祭りは結束を促すという重要な役割を担っているのである。とりわけ夏の祭りは、誰もが楽しみにする人気の見世物であり続けていて、国内外から多くの人を集めている。雑誌やウェブは祭りの情報について頻繁に特集を組み、必ずと言っていいほど、おなじみの屋台の存在を強調する。祭囃子が奏でられる中、賑やかな露店の列の間をそぞろ歩きするだけでも、気分が高揚してくるものだ。

　現在行われているような神社仏閣のまわりに屋台を出す風習は、室町時代に始まったと考えられている。こうした屋台で扱うものは、食べ物・おもちゃ・植物・縁起物から射的のような手の込んだ呼び物まで、多岐にわたる。食べ物の屋台と言えば、焼きそば、たこ焼き、綿菓子、それに甘いもの好きにはリンゴ飴といった人気の品物が思い浮かぶ。近年では、ケバブやタコス、チヂミなど外国の食品を売る屋台も増えてきた。そういった国際的な料理を扱う現代の屋台の注目すべき特徴は、多くが外国人によって運営されていることだ。

祭りの楽しさや賑やかさより以上に、神社仏閣に参拝するという伝統的な習慣にも強い関心が寄せられている。このような関心に応えるため、多くの雑誌やウェブが参拝の作法を図入りで詳しく紹介している。お寺や神社の前に謹んで立ち、静かに目を閉じて手を合わせることは、絶え間ない騒音が蔓延し、スマートフォンを手放すことが稀な現代社会に生きる者にとって、心を深く落ち着かせる体験となるだろう。

単語リスト

posit	～を事実と仮定する、推測する
myth	神話
upset	気分を害する、動揺させる
in a fit of anger	腹をたてて
retreat into ～	～に逃げる、～に引きこもる
plunge	（急にある状況に）～に追い込む
convene	招集される
strategize	戦略を練る
entice	気をひく
intrigue	興味をひきつける、好奇心をそそる
commotion	騒音、騒動
subsequent	それに続く、その後の
lure	惹きつける、誘い出す
groundwork	基礎、本質、原理
envision	思い描く、想像する
lend	添える
significance	重要性、意義
bountiful	（物が）豊富な、（人が）気前の良い
notable	注目に値すべき、目立った
pest	（農作物に対する）害虫、有害生物
ward off ～	～を撃退する、避ける
given ～	〈前置詞〉～と仮定すると、～を考慮すると
vibrant	活気のある、力強い
integral	なくてはならない、肝要な
persist	存続する、持続する
pay tribute to ～	～に敬意／感謝を表する、～に捧げものをする
invoke	（神の加護などを）求める、祈願する
upcoming	もうすぐやってくる、次回の
bolster	鼓舞する、増強する
coordination	調整、協調
synchronization	同期、同調、呼吸を合わせること
favorable weather	好天
crucial	極めて重要な、決定的な
play a role in ～	～において役割を果たす、～に影響を及ぼす
promote	促進させる
look forward to ～	～を楽しみに待つ
invariably	いつも、常に、必ず

highlight	〜を強調する、〜を目玉にする
ubiquitous	偏在する、おなじみの
stall	露店、屋台
serenade	〜にセレナーデを歌う、演奏する
uplift	（人を精神的に）高揚させる
offering	捧げもの、奉納品
diverse	多様な
intricate	手の込んだ、複雑な
associated with 〜	〜と関係している、〜を連想させる
with a sweet tooth	甘い物好きの、甘い物に目がない
noteworthy	注目に値する、特筆すべき
characteristic	特徴、特質、特色、持ち味
profound interest	深い関心、大きな関心
cater	（要求などに）応じる
detail	詳しく述べる
calming	心を落ち着かせる、沈静する
prevalent	蔓延している、広まっている
disconnection	切断、分離
rarity	稀なこと、希少性

1-1 正解 ③

前文に「アマテラスはスサノオの乱暴に気分を害されていた」と述べられており、設問のある文には One day, ［あ］ anger, Amaterasu retreated into the Ama-no-Iwato, a heavenly rock cave...「アマテラスは天の岩戸にこもった」とあることから、

③ in a fit of anger「腹を立てて」が最も適切。

① at the mercy of 〜「〜の意のままに、〜の言いなりで」

　例）He was at the mercy of strange fate.「彼は数奇な運命に翻弄された」

② at the expense of 〜「〜を犠牲にして」

　例）The family flourished at the expense of individuals' freedom.
　　「その一族は一人一人の自由を犠牲にして栄えた」

④ in spite of 〜「〜にもかかわらず」

　例）In spite of all these services, the room charge was reasonable.
　　「これだけのサービスにもかかわらず、宿泊費は手頃だった」

1-2 正解 ④

下線部（ア）の entice は「気をひく、誘惑する、うまい話で釣る」という意味。④の tempt も同様に「誘惑する、惹きつける」という意味で最も近い。
① obey「従う、~の言うことを聞く」
② repel「遠ざける、拒絶する」
③ shove「押す、押しのけて進む」

1-3 正解 ⑧

空欄 A

選択肢は①②が With、③④が Before、⑤⑥が Without、⑦⑧が After だが、前文でアマテラスを岩戸から出そうと策を練ったことが述べられている。[A] numerous unsuccessful attempts,「数限りない失敗に終わった試み」one goddess began to dance and celebrate outside the cave.「一人の女神が岩やの外で踊り祭り始めた」という内容から①②の With あるいは⑦⑧の After が入る。

空欄 B

①②⑦⑧を見ていく。①は At、②は Despite、⑦は With、⑧は Upon である。文に入れて吟味する。[B] her emergence and the cave's subsequent closure,「彼女の出現とそれに続く岩屋の封鎖」sunlight returned to the world.「日光が世界に戻った」という内容から① At、⑦ With、⑧ Upon が残る。

空欄 C

①⑦⑧を見ていく。①⑦は Yet、⑧は However。前文で、祭りと言えば夏まつりを連想するかもしれないと述べられており、続く文では [C], festivals take place throughout the year, with each season lending its unique significance.「祭りは一年を通して行われ、それぞれの季節が独特の意味を添える」とあるので、逆接的な語が入ると分かる。yet でも however でも意味的に齟齬はない。カンマは通常 however には付き物だが、yet の後ろにもカンマが来る場合がある。

空欄 D

①⑦⑧を見ていく。①は In other words「言い換えれば、つまり」、⑦⑧は For instance「例えば」という意味である。[C] で確認したとおり、前文では「祭りは一年を通して行われ、それぞれの季節が独特の意味を添える」と述べられ、続く文で、[D], the Otaue Festival in the spring during the rice planting season is a ritual aimed at praying for a bountiful harvest.「春の田植えの時期に行われる御田植祭は、豊作を祈願するための儀式だ」と、具体的な例を挙げていることから、⑦と⑧が残る。

空欄 E

⑦は If、⑧が Given「〈前置詞〉~と仮定すると、~を考慮すると」である。[E] the belief that gods favor vibrant gatherings,「神々が活気のある集まりを好むと信

じられていること」music and dance become（イ）integral elements of these festivals, serving to entertain the deities.「音楽と踊りが、神々を楽しませる働きをすることで、これらの祭りのintegralな要素になる」に適切なのは⑧のGivenである。

1-4　正解 ①

groundwork for 〜は「〜の土台、基礎」という意味。 ... the lively scene which lured Amaterasu out of the Ama-no-Iwato laid the [groundwork for] festivals that are still celebrated throughout Japan today.「アマテラスを天の岩戸から誘い出した賑やかな光景が、今でも日本中で行われている祭りの基礎を築いた」
② offerings of 〜「〜の捧げもの、奉納品」
③ birthplace of 〜「〜の生誕地、発祥の地」
④ sacrifice for 〜「〜の捧げもの、犠牲」

1-5　正解 A ⑦　B ⑥

ステップ1

空欄の前の文脈を確認する。祭りは夏に限ったものではないこと、春の田植えの時期に行われる祭は豊作を祈願するための儀式で、有名なのが大阪の住吉大社で催される行事である、と述べられている。空欄 [う] の直前には「夏には、季節」という言葉が置かれている。

ステップ2

空欄の後ろの意味を掴む。pests とは「（農作物に対する）害虫、有害生物」のこと。「害虫や台風・洪水などの自然災害…害虫を追い払い、風からの防御を与える祭りが行われる」

ステップ3

与えられた語句の組み合わせ、文の構造を吟味。直前に In summer, a season とあることから、夏という季節を説明しているのだろうと推測できる。① suffering と④ from「〜で苦しむ」はすぐに組み合わせができる。何に苦しんでいるのか。設問直後にある pests and natural disasters「害虫と自然災害」だろう。であるならば、苦しんでいる主体は⑧ crops「農作物」以外にはない。[⑧ crops ① suffering ④ from] pests and natural disasters...という後ろの部分が出来る。

前の部分を構築する。② by は「〜によって」という意味で受け身を作るが、組み合わせられる語は⑤ increased と⑦ marked である。それぞれを組み合わせて意味を吟味。⑤ increased ② by 〜は「〜により増加した」、⑦ marked ② by 〜は「〜を特徴とする」という意味だが、夏という季節を説明している内容にふさわしいのは「〜を特徴とする」という意味の⑦ marked ② by の方である。a season [⑦ marked ② by…⑧ crops ① suffering ④ from] pests and natural disasters ができた。

残った語は③ risks、⑤ increased、⑥ of の3つである。⑤ increased「増加した、さらなる」は③ risks にかかる。⑥ of は⑤ increased ③ risks と⑧ crops をつなぐ。

Chapter 1

これで完成。

In summer, a season [⑦ marked ② by ⑤ increased ③ risks ⑥ of ⑧ crops ① suffering ④ from] pests and natural disasters such as typhoons and floods, festivals are organized to ward off pests and provide protection against the wind.

「夏は、農作物が害虫や台風・洪水などの自然災害の被害を受けるおそれが大きいことが特徴の季節であり、害虫を追い払い風からの防御を与える祭りが企画される」

1-6　正解 ②

下線部（イ）integral は「なくてはならない、不可欠な、肝要な」という意味で、② essential も同様の「必須の、絶対不可欠な」という意味。
① additional　「追加の、さらなる」
③ peripheral　「周辺的な、重要でない」
④ dispensable「なくても済む、重要ではない」⇔ indispensable は「必須の、欠かせない」

1-7　正解 ⑤

空欄 F
選択肢①⑤が Even、②⑥が As、③⑦が Possibly、④⑧が Rather である。前の部分では、祭りは春、夏、秋に行われる祭りに関して述べられている。それに続き [F] during winter、「冬の間」the agricultural off-season, festivals persist.「それは農業では閑散期だが、祭りは持続する」という内容なので「冬の間でさえ」という意味をつくる①⑤に絞ることができる。

空欄 G
①は giving、⑤は paying。These ceremonies involve [G] tribute to the deities of the rice field and invoking blessings for the upcoming year.「これらの儀式では、田の神に敬意を表したり、これから来る年の恵みを祈願したりする」という意味だろうと考えられる。pay tribute to ～は「～に敬意を表する、～に貢物をおさめる」という成句で、give tribute to ～ とは言わない。⑤に絞ることができる。

空欄 H
⑤の Thus「上に述べたように、このようにして」を入れて整合性を吟味する。[Thus], these seasonal Japanese festivals of each season are closely tied to agricultural activities, providing social functions that bolster rural communities.「このように、日本の四季折々の祭りは農作業と深く結びついており、農村共同体を支える社会的な機能を果たしている」意味の通る文である。

空欄 I
⑤の in を入れて吟味。Specifically, succeeding [in] rice farming demands large-scale coordination and synchronization, especially during limited periods

of favorable weather.「具体的に言うと、稲作を成功させるには、特に好天の限られた時期に大がかりな協調と呼吸を合わせた作業が求められる」succeed in ～ は「～に成功する」という意味。

空欄 J

⑤の play を入れて整合性をチェック。Festivals [play] a crucial role in promoting unity.「祭りは結束を促すという重要な役割を担っている」意味の通る文になる。play a role in ～ は「～において役割を果たす、～に影響を及ぼす」という成句。

1-8 正解 ①

下線部（ウ）ubiquitous は「偏在する、おなじみの」という意味。①の omnipresent も「同時にどこにでもある、偏在する」という意味。ちなみに ubiquitous には「誰でもいつでもどこからでも情報ネットワークにアクセスできる」という意味もある。
② exuberant 「熱烈な、豊富な、繁茂した」
③ infrequent 「不定期に起きる、めったに起こらない」
④ diligent 「勤勉な、入念な」

1-9 正解 ③

空欄 K

選択肢が①⑤が each、②⑦が either、③⑥が both、④⑧が neither。Summer festivals, in particular, continue to be popular attractions that everyone looks forward to,「特に夏祭りはみんなが楽しみにする人気の目玉であり続けている」drawing crowds from [K] within and outside Japan「日本の国内外から大勢の人々を引き付けて」という意味だと考えられるので「国内」と「海外」の両方を示す③と⑥の both が適切。

空欄 L

③も⑥も have originated、文に入れて整合性を確認する。The tradition of setting up stalls around temples and shrines, as practiced today, is believed to [have originated] during the Muromachi period.「現在行われているように、神社仏閣のまわりに屋台を出す風習は、室町時代に起源をもつと考えられている」という意味の通る文になる。

originate は自動詞の場合「〈物事がある場所や時期に〉起源がある、由来する」「〈物事がある人によって〉始められる、考案される」という意味。本文では自動詞。他動詞の場合は「〈物事を〉創出する、生じさせる」

空欄 M

③は from、⑥は over である。文に入れて吟味する。③の from を入れてみる。The offerings at these stalls are diverse,「これらの屋台が提供するものはいろいろである」ranging [from] food, toys, plants, and lucky charms to more intricate attractions like shooting games.「食べ物・おもちゃ・植物・縁起物から射的のような

手の込んだ呼び物まで」となって、意味が通る。range from A to B は「A から B まで及んでいる、多岐にわたる」という成句である。

range over A to B という表現はない。③に絞ることができる。

空欄 N

③は Beyond、本文に入れて整合性を確認する。[Beyond] the fun and lively aspects of festivals, there is a profound interest in the traditional customs of visiting temples and shrines.「祭りの楽しさや賑やかさより以上に、神社仏閣に参拝するという伝統的な習慣にも強い関心が寄せられている」意味がすっきり通る文になる。

空欄 O

③の to を入れる。To cater [to] this interest, many magazines and websites offer illustrated guides that detail the proper etiquette for worship.「このような関心に応えるため、多くの雑誌やウェブが参拝の作法を図入りで詳しく紹介している」という整合性のある文になる。

cater to ～ は「〈要求などに〉応じる、応える、対応する」

1-10 正解 ④

本文 such as yakisoba, or fried noodles は「焼きそば」を英語で言い換えている。

① 肯定命令文の後に置かれる or は「そうでないと」という意味。「今行った方がいい、そうしないと列車に間に合わない」

②「A あるいは B」の意味の or。「お茶かコーヒーのどちらがいいですか」

③ [否定語の後で]「…でも…でもない」という意味の or。「この博物館の中では写真も動画も撮ってはいけない」

④ [前言を補足・言い換えて]「すなわち、つまり」の or。「これは屏風、つまり folding screen の傑作である」このように日本語を言って、or の後にその英語表現を入れるのは定番。

⑤ [譲歩句を作って]「A でも B でも」という意味の or。「雨が降っても槍が降っても、私はこのレースを完走するつもりだ」

1-11 正解 ②

① この英文の主部は「（寺社仏閣の前に）立つこと」、述部は「（心落ち着く経験に）なりうる」であって、where 以下は the modern world を修飾し「絶え間ない騒音が蔓延し、スマートフォンを手放すことが稀な（現代社会）」。全体の意味が違う上に「手放すこともできないような環境であることは間違いない」という文言はない。

③ rarity「稀なこと」が指しているのは「スマートフォンから断絶すること」であって、「寺社仏閣に参詣する経験」ではない。

④ rarity「稀なこと」が指しているのは「スマートフォンから断絶すること」であって、「寺社仏閣に参詣する経験」ではない。「スマートフォンを手放すことができないくらい忙しい」という文言はない。「蔓延する騒音」が訳し入れられていない。

1-12 正解 ②

① 第1と第2パラグラフの内容だが、日本の祭りと仏教との関連性について言及はない。
② これが正解。第3パラグラフの内容である。
③ 第4パラグラフの内容だが、「屋台を出すという風習は室町時代に始まったと考えられている」と述べられている。
④ 第5パラグラフの内容。「祭りの楽しさや賑やかさより以上に神社仏閣に参拝するという伝統的な習慣にも強い関心が寄せられていて、多くの雑誌やウェブが参拝の作法を図入りで詳しく紹介している」と述べられている。

COLUMN

神様と相撲をとる祭り！

毎日どこかでお祭りが行われている印象があるほど、日本には数多くの祭りがありますが、なかでも稲作と祭りの深い結びつきを感じられる祭りがあります。場所は愛媛県今治市の大三島。ここに鎮座する「大山祇神社（オオヤマツミジンジャ）」は全国に広がる山祇神社、大山祇神社の総本社で、ご祭神は「オオヤマツミノカミ」です。この神様は古事記ではスサノオノミコトが八岐大蛇から護りその後結婚するクシナダヒメの両親、アシナヅチとテナヅチの親であり、また、天孫降臨の後にニニギノミコトが見初めたコノハナサクヤヒメの親でもある、国津神（クニツカミ）です。

この大山祇神社では、春の御田植祭と秋の抜穂祭で、「稲の精霊」と「一力山」という人間の力比べが行われますが、稲の精霊は目には見えませんので、この勝負は「一人角力（ひとりずもう）」と呼ばれます。三本勝負で行われ、必ず「稲の精霊」が2勝することになっていますが、これは春には豊作が約束され、秋には収穫への感謝をするという神事だからです。「一力山」役の若者が、目には見えない「稲の精霊」に足をとられたり、投げられたりする、この興味深い神事の様子はYouTube で見ることができます。

演習問題 3 制限時間内に辞書を使わないでやってみましょう！

次の英文を読み、以下の問いに答えなさい。(40点)[制限時間35分]

Onsen, the Japanese term for hot springs, are deeply ingrained in the country's culture, with their significance tracing back to ancient times. They play a vital role in Japanese leisure activities, with many families choosing to stay at hot spring inns for weekend [A] or holiday retreats. Additionally, some individuals (ア)punctuate their drives or motorcycle journeys with breaks to avail themselves [B] these rejuvenating geothermal spas.[1] Recognizing the cultural importance of the onsen tradition, the governors of 17 prefectures, [C] home to significant hot spring resorts, are collectively campaigning for Japan's onsen culture to gain [D] as a UNESCO Intangible Cultural Heritage.

The allure of onsen is not confined [E] just the local population; these hot springs also attract a (イ)substantial number of international tourists. Visitors from around the globe frequent popular onsen inns and [F] such establishments. A survey by the Japan Tourism Agency from the last quarter of 2022 revealed that an overwhelming 95.5 percent of international tourists who experienced a hot spring bath in Japan expressed [G] with their visit. [2]

An onsen is defined by Japan's Hot Spring Act as a natural source of hot water, mineral water, water vapor, and other gases (excluding natural gas with hydrocarbons as the major component) that originates [H] the ground. It must have a temperature of 25 degrees Celsius or higher or contain a specified amount of [あ] one designated substance, such as dissolved substances and hydrogen ions.

Japan is home to over 27,000 hot springs, which collectively expel approximately 2.6 million liters of water [I] minute. The majority of these hot springs are located along a volcanic belt, their water naturally warmed by magma pools. Water sources are replenished by heavy rainfall during the rainy season, typhoons, and melting snow in spring. [3] This can be attributed to the mixing of gaseous components of magma with the water, [い] the dissolution and melting of rock components as the water emerges. Bathing in an onsen is treated as a holistic experience that not only soothes the body and soul [J] is also popularly believed to augment skin health and aid in healing specific (ウ) ailments through the absorption of the water's minerals. Building on the allure and healing properties of hot springs, numerous communities that are home to onsen have transformed their areas into tourist hotspots for visitors to enjoy [K]. Japan boasts several famous onsen resort areas, [L] Hakone Onsen in Kanagawa Prefecture, Noboribetsu Onsen in Hokkaido, and Beppu Onsen in Oita Prefecture.

Visitors to these onsen resort areas can relish not only the hot spring experience but also the rich natural landscapes and hospitality of the local inns. Even day-trippers can [う] the hot springs. There are numerous onsen establishments that cater to such visitors without accommodation facilities. [4] Some expressway stops even feature hot spring baths, such as the ones at Ashigara on the Tomei Expressway and Suwako on the Chuo Expressway.

Outdoor baths, or roten buro, hold a special appeal, [M] fine views of the surrounding mountains or ocean. One [N] unique spot in western Japan is the riverside hot spring at Kawayu Onsen in Tanabe, Wakayama Prefecture. Digging anywhere on the bank of the Oto River, a tributary of the Kumano River, [え] water exceeding 70 degrees Celsius from the riverbed merges with the river water to create a pleasantly warm bath.

[O], onsens have a long-standing tradition as therapeutic retreats in Japan. Several medical institutions across the country offer hot spring therapy, showcasing the profound significance of these geothermal marvels to both culture and health.

1-1 下線部（ア）はどのような意味か。最も近い意味を表すものを選びなさい。（3点）

① abandon　　② launch　　③ suspend　　④ withdraw

1-2 空欄 A から E に入る語句の組み合わせとして最も適切なものを選びなさい。

（3点）

① crossways	by	all	tradition	of
② walkways	by	every	attraction	of
③ getaways	of	each	recognition	to
④ edgeways	of	one	suggestion	to
⑤ crossways	in	all	attraction	at
⑥ walkways	in	every	tradition	at
⑦ getaways	with	each	suggestion	for
⑧ edgeways	with	one	recognition	for

1-3 下線部（イ）はどのような意味か。最も近い意味を表すものを選びなさい。（3点）

① considerable　　② imaginable　　③ futile　　④ valuable

1-4 空欄 F から J に入る語句の組み合わせとして最も適切なものを選びなさい。（3点）

① more	irritation	on	by	yet
② more	frustration	on	at	yet
③ the other	satisfaction	in	as	such
④ the other	contentment	in	per	such
⑤ some	irritation	to	as	and
⑥ some	frustration	to	by	and
⑦ other	satisfaction	from	per	but
⑧ other	contentment	from	at	but

1-5 空欄 [あ] に入る表現として最も適切なものを選びなさい。　　（4点）

① no more than　　② at heart　　③ no less than　　④ at least

1-6 空欄 K から O に入る語句の組み合わせとして最も適切なものを選びなさい。

（3点）

① itself	such as	commanding	so	Having said that
② themselves	such as	affording	so	However
③ oneself	excluding	boasting	very	Furthermore
④ ourselves	excluding	ordering	very	Therefore
⑤ themselves	including	commanding	such	Furthermore
⑥ oneself	including	affording	such	However
⑦ itself	even as	boasting	quite	Having said that
⑧ ourselves	even as	ordering	quite	Therefore

1-7 空欄 [い] に入る表現として最も適切なものを選びなさい。 （3点）

① other than ② as well as ③ more than ④ except for

1-8 下線部 (ウ) はどのような意味か。最も近い意味を表すものを選びなさい。（3点）

① faults ② maladies ③ benefits ④ interests

1-9 空欄 [う] に入る表現として最も適切なものを選びなさい。 （3点）

① take advantage of ② look forward to
③ get the better of ④ make fun of

1-10 空欄 [え] に入る適切な英文となるように次の語句を並べ替え、下線部の A と B に来る語句の番号を答えなさい。 （5点）

Digging anywhere on the bank of the Oto River, a tributary of the Kumano River, [<u>A</u> __ __ __ <u>B</u> __ __ __] water exceeding 70 degrees Celsius from the riverbed merges with the river water to create a pleasantly warm bath.

① bath ② naturally ③ as ④ results
⑤ a ⑥ heated ⑦ in ⑧ open-air

A_____ B_____

1-11 次の英文を本文に入れる際に最も適切な場所を文中の [1] ～ [4] の中から一つ
選びなさい。 (4点)

Hot springs found near volcanoes make the most of their locations, as
they contain a diverse array of minerals and other substances.

① [1]   ② [2]   ③ [3]   ④ [4]

1-12 本文の内容に一致するものを①～④の中から一つ選びなさい。 (4点)

① 大規模な温泉地がある 17 の県知事は、日本の伝統文化における温泉の重要性
に鑑み、日本の温泉文化をユネスコ世界自然遺産に登録するために一緒に活動
を行っている。

② 温泉法によると、温泉とは地中から湧き出す温水、鉱水を指すが、温度が摂氏
25 度以上で、なおかつ指定されている物質を一定量以上含むものでなければ
ならないとされる。

③ 温泉地では、日帰り温泉を楽しむ観光客が年々増えているにも関わらず、日帰
り客に対応した施設が少ないので、日帰り客に対応した施設の増加が求められ
ている。

④ 温泉に入ることで心も身体も癒されるが、それだけではなく、お湯に溶けたミ
ネラルを肌が吸収することで肌の健康増進と慢性病の治癒にも役立つと広く
信じられてきた。

✎ 正解

1-1 ③	1-2 ③	1-3 ①	1-4 ⑦	1-5 ④	1-6 ⑤
1-7 ②	1-8 ②	1-9 ①	1-10A ④	1-10B ⑥	1-11 ③	1-12 ④

解説

試訳

　温泉は日本の文化に深く根づいており、その重要性は古くまで遡る。日本のレジャーにおいて温泉は大切な役割を担っており、週末の旅行や休日の保養で温泉旅館に宿泊する家族連れは多い。また、ドライブやバイクの旅の途中でひと休みして、この地熱の鉱泉を利用してリフレッシュする人もいる。大きな温泉地を抱える17県の知事は、温泉の文化的な重要性を認識して、日本の温泉文化をユネスコ無形文化遺産に登録するための共同活動をしている。

　温泉の人気は地元住民だけに限られたものではなく、数多くの外国人観光客もまた魅了している。人気の温泉旅館や温泉施設には、世界中から観光客が頻繁に訪れている。観光庁の2022年の最後の四半期の調査によると、日本で温泉の入浴を体験した外国人観光客の圧倒的多数である95.5%が「満足した」と回答している。

　日本の温泉法による定義では、温泉とは、地中からゆう出する温水、鉱水及び水蒸気その他のガス（炭化水素を主成分とする天然ガスを除く。）である。温度が摂氏25度以上であるものか、または溶存物質や水素イオンなど指定された物質のいずれかを一定量以上含有するものでなければならない。

　日本には27,000を超える温泉があり、全部で毎分約260万リットルの湯が噴出している。これらの温泉の大半は火山帯に沿った場所にあり、その水はマグマだまりで自然に温められる。水源は梅雨時の大雨、台風、春の雪解け水によって補充される。火山の近くにある温泉は、その立地を存分に生かして多様な鉱物などを含む。これはマグマの気体成分が湯と混ざっていたり、湯が湧出するときに岩石成分が溶解・融解したりするためだ。

　温泉に入ることは、心身を癒すだけでなく、湯のミネラルを吸収することで肌の健康を増進して特定の病気の治癒を助けるとも広く信じられている総体的な体験とみなされる。温泉の魅力と癒し効果を活かして、温泉を抱える多くの地域は、観光客が楽しく過ごせる人気の観光地に姿を変えてきた。日本は神奈川県の箱根温泉、北海道の登別温泉、大分県の別府温泉など、いくつもの有名な温泉地を誇っている。

　こうした温泉地を訪れる者は、温泉体験だけでなく、自然豊かな景色や地元の旅館のもてなしも楽しめる。日帰りでも温泉を利用することが可能だ。日帰り客に対応した、宿泊施設のない温泉施設も多い。東名高速道路の足柄や中央自動車道の諏訪湖など、高速道路のサービスエリアに温泉浴場が呼び物になっているところもある。

　露天風呂は特に魅力があり、周囲の山々や海を一望できる。西日本にある珍しいスポットは、和歌山県田辺市の川湯温泉にある川沿いの温泉だ。熊野川の支流である大塔川の川岸を掘ればどこでも天然の露天風呂となり、川底から湧き出る摂氏70度を超える湯が川の水と混ざり合って、心地よい熱さの風呂にしてくれる。

さらに、日本の温泉には古くから療養地としての伝統がある。全国には温泉療法を行う医療機関がいくつもあり、この地熱の驚異が持つ文化と健康の両方の大きな重要性を示している。

Chapter 1

ingrained	深くしみ込んだ、根深い
play a vital role in 〜	〜において決定的な役割を果たす
getaway	短期休暇、短期休暇で過ごす保養地
retreat	静養所
punctuate	〜を中断させる、〜を強調する
avail oneself of 〜	〜を利用する
rejuvenating	活力を呼び戻すような
geothermal	地熱の
intangible	無形の
allure	魅力、魅惑
confined to 〜	〜に限定される
substantial	かなりの、相当な
frequent	〜に足しげく通う
overwhelming	圧倒的な
water vapor	水蒸気
hydrocarbon	炭化水素
component	構成要素
Celsius	摂氏度の
hydrogen ion	水素イオン
home to 〜	（場所や地域などに）〜が存在している
expel	放出する、吐き出す
volcanic belt	火山帯
naturally	自然に、当然ながら
replenish	〜を（再び）満たす、補充する
make the most of 〜	〜を最大限に・存分に活用する
array of 〜	ずらりと並んだ、たくさんの
attributed to 〜	原因は〜にある
gaseous	ガス（状）の、気体の
holistic	全体的な、総体的な
soothe	安心させる、落ち着かせる、和らげる
augment	増大させる、増進させる、向上させる
ailment	（重度ではないが慢性的な）病気
popularly	一般に、広く
absorption	吸収
boast	誇りとして〜を持っている
relish	享受する、楽しむ、味わう
day-tripper	日帰り旅行客
take advantage of 〜	〜をうまく利用する、活用する
cater to 〜	（要求など）に応じる
feature	呼び物にする、特色となる
hold appeal	魅力的に思える、興味をひく
command	（位置が場所を）見渡す
tributary	支流
result in 〜	〜をもたらす、〜につながる

1-1 　正解 ③

下線部（ア）の punctuate は「〜を強調する」という意味もあるのだが、この文では対象が their drives or motorcycle journeys「車の運転やバイクの旅」であること、文脈から温泉に寄る流れであることから「〜を中断させる」という意味になる。③の suspend は「一時的に中断する」という意味で最も近い意味である。
① abandon は「断念する、中止する」
② launch は「始める、着手する」
④ withdraw は「（訴訟や要求を）取り下げる」

1-2 　正解 ③

空欄 A
選択肢①⑤が crossways【形容詞】「横に、斜めに、逆に」、②⑥ walkways が「歩道、渡り通路」、③⑦ getaways が「休暇、保養地、旅行先」、④⑧ edgeways は【副詞】「縁に沿って」である。本文は with many families choosing to stay at hot spring inns for weekend [A] or holiday retreats.「多くの家族が週末の A や休日の保養で温泉旅館に宿泊することを選択して」という意味のため、名詞が入る。意味的には③と⑦の getaways「休暇、保養地、旅行先」が適切。③と⑦に絞ることができる。

空欄 B
③は of、⑦は with であるが、avail oneself は必ず of をとる。avail oneself of 〜は「〜を利用する」という意味。③に絞ることができる。

空欄 C
③は each、本文に入れて整合性を確認する。Recognizing the cultural importance of the onsen tradition, the governors of 17 prefectures, [each] home to significant hot spring resorts,…「温泉の文化的な重要性を認識して、それぞれが大きな温泉地を抱える 17 県の知事は…」という意味が通る文になる。

空欄 D
③は recognition「認知、正しく評価されること」、本文に入れてみる。空欄 E で吟味する文に続く部分である。… are collectively campaigning for Japan's onsen culture to gain [recognition] as a UNESCO Intangible Cultural Heritage.「…日本の温泉文化をユネスコ無形文化遺産として認められるための共同活動をしている」という意味になり、整合性が確認できた。

空欄 E
③の to を本文に入れて吟味する。The allure of onsen is not confined [to] just the local population「温泉の魅力は地元住民だけに限られたものではない」、be confined to 〜は「〜に限られる」という意味。正解は③と確定。

1-3　正解 ①

下線部（イ）substantial には「本質的な」や「頑丈な」という意味もあるが、本文では a substantial number of international tourists、このように数量や程度を修飾する場合は「かなりの、相当な」という意味になる。①の considerable も「（数量・大きさ・程度が）かなりの、
相当な」という意味で最も近い。
② imaginable「考えられる、可能な」
③ futile「無駄な、効果のない」
④ valuable「高価な、有益な」

1-4　正解 ⑦

空欄 F

選択肢は①②が more、③④が the other、⑤⑥が some、⑦⑧が other である。Visitors from around the globe frequent popular onsen inns and [F] such establishments. に入れて意味が通るものは⑦⑧の other しかない。③④の the other とすると、特定の施設を指すことになるが、この文では「人気の温泉宿やそのような施設」と述べられていて、特定のどこかを意味しているわけではない。⑦と⑧が残る。

空欄 G

⑦は satisfaction、⑧は contentment であるが、両方とも「満足（感）、充足（感）」という意味。本文に入れて確認する。Tourism Agency from the last quarter of 2022 revealed that an overwhelming 95.5 percent of international tourists who experienced a hot spring bath in Japan expressed [satisfaction/contentment] with their visit. 「観光庁の 2022 年最後の四半期の調査によると、日本で温泉の入浴を体験した外国人観光客の圧倒的多数である 95.5%が満足感を表明した」という意味になり、齟齬がない。正解は⑦か⑧だろうと思われる。

空欄 H

⑦も⑧も from である。本文に入れて整合性チェック。An onsen is defined by Japan's Hot Spring Act as a natural source of hot water, mineral water, water vapor, and other gases (excluding natural gas with hydrocarbons as the major component) that originates [from] the ground.「日本の温泉法による定義では、温泉とは、地中から湧出する温水、鉱水、水蒸気その他のガス（炭化水素を主成分とする天然ガスを除く）である」意味が通る文である。

空欄 I

⑦は per、⑧は at である。Japan is home to over 27,000 hot springs, which collectively expel approximately 2.6 million liters of water [I] minute. の意味はおそらく「日本には 27,000 を超える温泉があり、全部で毎分約 260 万リットルの湯

が噴出している」という意味だろうと推測できる。このように「〜ごとに、〜につき」を表す場合は per を用いる。⑦が残る。

ちなみに、2.6 million liters of water a minute という表現もよく使われる。

空欄 J

⑦は but である。文に入れて吟味する。Bathing in an onsen is treated as a holistic experience that not only soothes the body and soul [but] is also popularly believed to augment skin health and aid in healing specific (ウ) ailments through the absorption of the water's minerals.

「温泉に浸かることは心身を癒すだけでなく、湯のミネラルを吸収することで肌の健康を増進して特定の ailments の治癒を助けるとも広く信じられている総体的な体験とみなされる」意味がすっきり通った。not only A but also B「A だけでなく B も」の文であるが、but と also の間に is が挟まっている形である。⑦が正解だと確定できた。

1-5 正解 ④

第 3 パラグラフの温泉の定義に関する文。1-4 空欄 H で確認したように前文は「日本の温泉法による定義では、温泉とは、地中からゆう出する温水、鉱水及び水蒸気その他のガス（炭化水素を主成分とする天然ガスを除く。）である」に続く文である。It must have a temperature of 25 degrees Celsius or higher or contain a specified amount of [あ] one designated substance, such as dissolved substances and hydrogen ions. 「温度が摂氏 25 度以上であるものか、または溶存物質や水素イオンなど指定された物質を一定量以上含有するものでなければならない」という意味だろうと推測できる。選択肢の④ at least「少なくとも」が最も適切である。

① no more than「たった〜、わずか〜」

② at heart「本心は、根は」

③ no less than「〜ほども多くの」

1-6 正解 ⑤

空欄 K

選択肢は①⑦が itself、②⑤が themselves、③⑥が oneself、④⑧が ourselves である。本文に入れて吟味する。... numerous communities that are home to onsen have transformed their areas into tourist hotspots for visitors to enjoy [K].「温泉がある多くの地域は、観光客が楽しく過ごせる人気の観光地に姿を変えてきた」という意味だろうと推測できる。ここは enjoy oneself「楽しく過ごす」という成句だろう。楽しむのは visitors であるので②⑤の themselves が正解。

空欄 L

②と⑤だけ見ていく。②は such as、⑤は including である。Japan boasts several famous onsen resort areas, [L] Hakone Onsen in Kanagawa Prefecture, Noboribetsu Onsen in Hokkaido, and Beppu Onsen in Oita Prefecture. この文

の [L] に、such as が入っても including が入っても意味は同じである。「日本は神奈川県の箱根温泉、北海道の登別温泉、大分県の別府温泉など、いくつもの有名な温泉地を誇っている。」②と⑤が残る。

空欄 M

②は affording、⑤は commanding である。Outdoor baths, or roten buro, hold a special appeal, [M] fine views of the surrounding mountains or ocean. この文の [M] に② affording あるいは⑤ commanding を入れたとしても、どちらも「露天風呂は特に魅力があり、周囲の山々や海を一望できる」という意味になる。command/afford/give/have a view of ～は「～を見渡せる、～を一望の中に収める」という成句。②と⑤がそのまま残る。

空欄 N

② は so、 ⑤ は such で あ る。One [N] unique spot in western Japan is the riverside hot spring at Kawayu Onsen in Tanabe, Wakayama Prefecture. の文には⑤ such が適切で「西日本にあるそのような珍しい場所は、和歌山県田辺市の川湯温泉にある川沿いの温泉である」という意味になる。②の so は【副詞】であるため、名詞を修飾できない。

空欄 O

⑤は Furthermore「さらに、なおその上に」である。このように文頭に空欄問題がある場合は前段も確認する。前のパラグラフでは川湯温泉について述べてあることを確認。そして、[Furthermore], onsens have a long-standing tradition as therapeutic retreats in Japan.「なおその上に、日本の温泉には古くから療養地としての伝統がある」と述べられ、「全国には温泉療法を行う医療機関がいくつもあり、この地熱の驚異が持つ文化と健康の両方の大きな重要性を示している」と続く。意味がすっきりと通るので⑤が正解。

1-7　正解 ②

This can be attributed to the mixing of gaseous components of magma with the water, 意味は「これはマグマの気体成分が水と混ざることによる」そして空欄[い]があり、the dissolution and melting of rock components as the water emerges.「湧出する時の岩石成分の溶解・融解」という意味の文言が続く。「マグマの気体成分が水と混ざること」と「湧出する時の岩石成分の溶解・融解」は、並列であり、どちらも be attributed to につながる。② as well as でつなぐと「これはマグマの気体成分が水と混ざることと、湧出する時に岩石成分の溶解・融解がおこることの両方による」という意味の通る文になる。A as well as B は「A も B も、B だけでなく A も」という意味。

① other than ～「～以外の」
③ more than ～「～を超える、～を上回る」
④ except for ～「～を除けば、～を別にすれば」

1-8　正解 ②

下線部（ウ）ailments は「（重度ではないが慢性的な）病気」である。② maladies は「病気、慢性病」という最も近い意味。
① faults　　　　「責任、過失、欠点」
③ benefits　　　「恩恵、利益、援助」
④ interests　　 「興味、趣味、利息」

1-9　正解 ①

前文 Visitors to these onsen resort areas can relish not only the hot spring experience but also the rich natural landscapes and hospitality of the local inns. の意味は「こうした温泉地を訪れる者は、温泉体験だけでなく、自然豊かな景色や地元の旅館のもてなしも楽しめる」。そして空欄［う］を含む文、Even day-trippers can ［う］the hot springs. の意味はおそらく「日帰りでも温泉を利用することが可能だ」という意味だろうと推測できる。しかも、続く文には「日帰り客に対応した、宿泊施設のない温泉施設も多い」と述べられている。① take advantage of ～は「～を利用する」という意味で、文意にぴったりである。
② look forward to ～　「～を楽しみにする」
③ get the better of ～　「～より優勢になる、～を負かす、～に勝つ」
④ make fun of ～　　　「～をからかう、～を笑いものにする」

1-10　正解 A ④　B ⑥

ステップ1
空欄の前の意味を掴む。Digging anywhere on the bank of the Oto River, a tributary of the Kumano River,「熊野川の支流である大塔川の川岸のどこでも掘ることは」その後カンマがあり空欄［え］が置かれている。

ステップ2
空欄の後ろの意味を掴む。water exceeding 70 degrees Celsius from the riverbed merges with the river water to create a pleasantly warm bath.「川底から湧き出る摂氏70度を超える湯が川の水と溶け込み、心地よい熱さの風呂を生み出す」

ステップ3
与えられた語句の組み合わせ、文の構造を吟味する。組み合わせられるものはないか。⑧ open-air と① bath を組み合わせると「露天風呂」になる。② naturally と⑥ heated の組み合わせは「自然に温められた」という意味になる。作った2つの組み合わせをさらに組み合わせると② naturally ⑥ heated ⑧ open-air ① bath「自然に温められた露天風呂」という意味になる。この文の主語は digging「掘ること」であるが、

与えられた語句の中に動詞は④ results と⑥ heated のふたつ。時制と意味から判断すると④ results が適切である。result の直後に⑦ in を置くと「(結果的に) ～をもたらす」という意味を作る。

今まで作ったものを仮に置いてみる。Digging anywhere on the bank of the Oto River, a tributary of the Kumano River, ④ results ⑦ in ② naturally ⑥ heated ⑧ open-air ① bath「熊野川の支流である大塔川の川岸のどこでも掘ることは、自然に温められた露天風呂をもたらす」となる。

残った語は③ as と⑤ a だが、⑤ a は② naturally の前に置く。③ as は最後に置くと as water exceeding 70 degrees Celsius from the riverbed merges with the river water to create a pleasantly warm bath.「川底から湧き出る摂氏70度を超える湯が川の水と混ざり合って心地よい熱さの風呂を生み出す」という意味の通る文になる。

Digging anywhere on the bank of the Oto River, a tributary of the Kumano River, [④ results ⑦ in ⑤ a ② naturally ⑥ heated ⑧ open-air ① bath ③ as] water exceeding 70 degrees Celsius from the riverbed merges with the river water to create a pleasantly warm bath.

「熊野川の支流である大塔川の川岸を掘ればどこでも天然の露天風呂となり、川底から湧き出る摂氏70度を超える湯が川の水と混ざり合って、心地よい熱さの風呂になる」

1-11 正解 ③

与えられた英文は「火山の近くにある温泉はその立地を存分に生かすが、それは多様な鉱物などを含むからである」という意味。最も適切な場所は③ [3] の Water sources are replenished by heavy rainfall during the rainy season, typhoons, and melting snow in spring.

「水源は梅雨時の大雨、台風、春の雪解け水によって補充される」という文と、This can be attributed to the mixing of gaseous components of magma with the water, as well as the dissolution and melting of rock components as the water emerges.「これはマグマの気体成分が湯と混ざっていたり、湯が湧出するときに岩石成分が溶解・融解したりするためである」の間である。ヒントは This can be attributed to... の This「このことは」の部分。「このこと」の内容は与えられた英文の「多様な鉱物などを含んでいること」である。続く文で、多様な鉱物を含んでいる理由が述べられているので整合性がある。

1-12 正解 ④

① 第1パラグラフの内容。「ユネスコ世界自然遺産」ではなく「ユネスコ無形文化遺産」。
② 第3パラグラフの内容。条件の両方ではなく、どちらかの条件を満たすこと、と述べられている。

③ 第6パラグラフの内容だが「宿泊施設のない日帰り客に対応した温泉施設も多い」と述べられている。
④ これが正解。第5パラグラフの内容である。

COLUMN

地獄谷野猿公苑のニホンザル

日本の温泉は世界中の観光客のあこがれの的です。有名観光地の宿には必ずと言っていいほど素晴らしい温泉が待っていますが、温泉が好きなのは人間だけではありません。もともと暖かい地域に住む猿の中でも北方地域に住むニホンザルが温泉を楽しむ様子は世界中に拡散されています。

長野県の地獄谷野猿公苑では、世界で唯一温泉に浸かるサルたちが見られますが、この地域は長野県の北部の渓谷に位置し、標高850メートル、冬は積雪が1メートル、気温はマイナス10℃にも下がります。ニホンザルの北限とされる青森県下北半島に劣らないほど厳しい環境の中、温泉に入ることはサルたちにとって厳しい冬をしのぐための手段なのです。初めて温泉に入ったのは一匹の子ザルだったそうです。そして、それが群れ全体に広まりました。宮崎県の幸島(こうじま)では、ニホンザルが芋を海水につけて洗うという「文化的」行動が見られますが、これも、ある一匹の子ザルが始め、群れ全体に広まりました。

演習問題 4　制限時間内に辞書を使わないでやってみましょう！

次の英文を読み、以下の問いに答えなさい。（40点）［制限時間35分］

Efforts are underway to leverage Japan's globally popular cultural [A], including manga and anime, to strengthen the nation's international brand and boost inbound tourism. Japan's rich culture has long been a [B] of global fascination, （ア）with manga and anime being prime examples. An extensive assortment of manga titles and animated films have been translated into a （イ）multitude of languages and marketed worldwide, with many earning international acclaim. [1]

[C], Eiichiro Oda's manga masterpiece, One Piece, gained global recognition in August 2022 when it surpassed the [D] of 500 million copies sold worldwide, cementing its status as the top-selling manga series of [E] time. Similarly, the popular manga series Demon Slayer: Kimetsu no Yaiba by Koyoharu Gotoge has sold over 150 million copies. Its anime film adaptation, Demon Slayer: Kimetsu no Yaiba – The Movie: Mugen Train, was released in 2020 and ended up claiming the highest worldwide box office （ウ）revenue for the year, amassing approximately 507 million dollars.

The world greatly values Japanese manga and anime [あ] their high-quality storytelling and artistry, their universal appeal to both children and adults, and their varied genres [F] from horror and romance to historical narratives and warfare. These media have inspired foreign interest in the Japanese language and culture, and have made many people keen [G] visiting Japan. This interest has provided a welcome boost to Japan's inbound tourism, particularly after the setback [H] the COVID pandemic. [2]

Anime and manga are essential components of the Japanese government's "Cool Japan" initiative. This strategy aims to enhance Japan's global brand by [い] aspects of Japanese culture that are or could be considered "cool" by the rest of the world. The strategy encompasses diverse areas, from food, pop culture, Shinkansen bullet

1章 長文穴埋め・内容一致問題 演習問題 4

trains, traditional crafts, popular tourist attractions, and bento [I] lunches, to the Shibuya Scramble Crossing, back-alley street scenes, and of course, manga and anime.

To advance this initiative in the long [J], the government established the Cool Japan Promotion Office within the Ministry of Economy, Trade, and Industry in 2010. It further partnered with the private sector to form the Cool Japan Public-Private Partnership Platform in 2015. In April 2023, (エ) the Japan Business Federation suggested designating five entertainment sectors – anime, games, manga, films, and music – as growth sectors under national policy. [3] The proposal was to [K] the export value of the related content, with a view to raising it from 4.5 trillion yen in 2021 to a target of 15 to 20 trillion yen by 2033.

To meet the rising [L] for skilled personnel in the manga and anime industries, more colleges and vocational schools, such as Kaishi Professional University in Niigata, Tokyo Polytechnic University in Tokyo, and Kyoto Seika University in Kyoto, offer courses to cultivate manga artists and animators. [う] Kyoto Seika University, the Kyoto Municipal Government [M] the Kyoto International Manga Museum to showcase Japan's manga culture to the public and the international community. The museum collects and preserves manga-related materials, conducts research, and assists in the development of human resources. [4]

[N] the Cool Japan strategy, the city has expressed dissatisfaction with the national government's efforts, deeming them inadequate. It has asked the central government to fully leverage the museum, located in an ancient capital where manga culture and the movie and game industries thrive, to [O] promote manga and anime as national policy, and to foster development of talent in media arts.

1-1 空欄 A から E に入る語句の組み合わせとして最も適切なものを選びなさい。(3点)

① assets	source	For instance	milestone	all
② jumbles	dozen	In addition	milestone	each
③ properties	queue	For example	embarkation	every
④ treasures	wellspring	However	embarkation	any
⑤ assets	dozen	For instance	signpost	all
⑥ properties	source	For example	signpost	each
⑦ jumbles	wellspring	In addition	maneuver	every
⑧ treasures	queue	However	maneuver	any

1-2 下線部 (ア) の with と同じ用法を含むものとして最も適切なものを選びなさい。(4点)

① He burst into laughter <u>with</u> the comedian's word.
② We prayed at the worship hall <u>with</u> our eyes closed.
③ I take a walk <u>with</u> my grandfather almost every day.
④ She cut the tomato <u>with</u> a sharp knife.

1-3 下線部 (イ) はどのような意味か。最も近い意味を表すものを選びなさい。(3点)

① whole   ② decimal   ③ host   ④ minority

1-4 下線部 (ウ) はどのような意味か。最も近い意味を表すものを選びなさい。(3点)

① profit   ② debt   ③ data   ④ tally

1-5 空欄 [あ] に入る表現として最も適切なものを選びなさい。(3点)

① entitled to   ② deprived of
③ in return for   ④ on account of

1-6 空欄 F から J に入る語句の組み合わせとして最も適切なものを選びなさい。(3点)

① covering	with	by	light	look
② covering	on	by	packed	look
③ ordering	about	in	midday	term
④ ordering	with	in	boxed	term

⑤ ranging	in	from	light	run
⑥ ranging	on	from	boxed	run
⑦ starting	in	over	packed	time
⑧ starting	about	over	midday	time

1-7 空欄 [い] に入る表現として最も適切なものを選びなさい。 （3点）

① putting aside　　② capitalizing on
③ looking out for　④ catching up with

1-8 下線部（エ）を日本語で表現する場合、最も適切なものを選びなさい。 （2点）

① 日本経済団体連合会　② 経済同友会
③ 日本商工会議所　　　④ 日本生産性本部

1-9 空欄 [う]

に入る表現として最も適切なものを選びなさい。 （3点）

① Having a lot in common with　② If it were not for
③ In collaboration with　　　　④ On behalf of

1-10 空欄 K から O に入る語句の組み合わせとして最も適切なものを選びなさい。（3点）

① octuple	stock	runs	Since	rather
② quintuple	stock	flees	While	rather
③ quadruple	demand	runs	Despite	further
④ double	demand	steps	Because of	further
⑤ octuple	supply	operates	While	whether
⑥ quintuple	supply	flees	Despite	whether
⑦ quadruple	request	operates	Because of	moreover
⑧ double	request	steps	Since	moreover

1-11 次の英文を本文に入れる際に最も適切な場所を文中の [1] ～ [4] の中から一つ選びなさい。 （4点）

Manga and anime have thus solidified their place as pillars of Japan's cultural brand, with cosplay of their characters gaining traction among young international fans.

① [1]　　② [2]　　③ [3]　　④ [4]

1-12 本文の内容に一致するものを①〜④の中から一つ選びなさい。　　（3点）

① 日本の伝統文化よりもマンガやアニメの方が海外では人気が高い。

② コミック「鬼滅の刃」は「ONE PIECE」の発行部数記録を 2022 年に破った。

③ 日本のマンガやアニメは多彩なジャンルで海外の大人にもファンが多い。

④「クールジャパン」とはアニメやマンガに特化した戦略構想のことである。

1-13 本文の内容に一致するものを①〜④の中から一つ選びなさい。　　（3点）

① 日本政府は速成的な結果を出すために「クール・ジャパン室」を立ち上げた。

② 2022 年にポップカルチャーの 5 分野を国家戦略の成長分野に指定するよう提言があった。

③ マンガ・アニメ業界では人材需要に対応するため外国人育成支援を行っている。

④ 京都市はさらなるマンガ・アニメの推進と人材育成を図るよう国に要望している。

正解

| **1-1** ① | **1-2** ② | **1-3** ③ | **1-4** ① | **1-5** ④ | **1-6** ⑥ | **1-7** ② |
| **1-8** ① | **1-9** ③ | **1-10** ③ | **1-11** ② | **1-12** ③ | **1-13** ④ | |

解説

試訳

　マンガやアニメなど世界的に人気の高い日本の文化資産を活用して、国際的な日本ブランドの強化やインバウンド観光の後押しにつなげる取り組みが進められている。日本の豊かな文化はかねてより世界を魅了する源となってきたが、マンガやアニメはその代表例だ。さまざまな種類のマンガ作品やアニメ映画がたくさんの言語に翻訳されて世界中で販売されており、その多くが国際的な高評価を得ている。

　たとえば、尾田栄一郎氏の名作マンガ「ONE PIECE」は2022年8月、世界の発行部数が画期的な5億部の大台を突破し、史上最も売れたマンガシリーズとしての地位を固めて世界的な注目を得た。同様に、吾峠呼世晴氏による人気漫画シリーズ「鬼滅の刃」は1億5000万部以上を売り上げている。アニメ映画化された「劇場版 鬼滅の刃 無限列車編」は2020年に公開され、約5億700万ドルを集めて、その年の興行収入世界一を獲得する結果となった。

　世界が日本のマンガやアニメを高く評価しているのは、物語性や芸術性が高く、子どもにも大人にも普遍的に訴求し、ホラーやロマンスから歴史物、戦争物に至るまで多彩なジャンルがあるからだ。これらの媒体は外国人が日本語や日本文化に関心を持つきっかけとなり、多くの人々が日本を訪れたいと願うようになった。このような関心は、特にコロナ禍による痛手の後では、日本のインバウンド観光に対するありがたい貢献となっている。こうしてマンガとアニメは日本の文化ブランドの柱としての地位を確立しており、キャラクターのコスプレも海外の若いファンの間で人気を博している。

　アニメやマンガは、日本政府の「クールジャパン」構想の重要な一部である。この戦略は、世界の人々が「クールだ」と思う、あるいは思う可能性のある日本文化の側面を活用することで、世界における日本のブランド力を高めることを目的としている。食、ポップカルチャー、新幹線、伝統工芸、観光名所、弁当から、渋谷スクランブル交差点、路地裏の街並み、そしてもちろんマンガやアニメまで、戦略は幅広い分野に及んでいる。

　この構想を長期的に推進するため、政府は2010年、経済産業省内に「クール・ジャパン室」を設置した。さらに2015年には民間と手を携えて、クールジャパン官民連携プラットフォームを設立した。2023年4月、日本経済団体連合会（経団連）はアニメ、ゲーム、マンガ、映画、音楽のエンタテインメント5分野を国家戦略の成長分野に指定するよう提言した。この提案は関連コンテンツの輸出額を4倍にするというもので、2021年の4.5兆円から2033年には15兆～20兆円に増やすことを視野に入れている。

　マンガ・アニメ業界での熟練人材の需要の高まりに対応するため、新潟の開志専門職大学、東京の東京工芸大学、京都の京都精華大学など、マンガ家やアニメーターを育成するコースを設ける大学や専門学校が増えている。京都精華大学と提携して、京都市は日本のマンガ文化を市民や国際社会に発信する「京都国際マンガミュージアム」を運営している。このミュージアムは、マンガ関連資料の収集と保存、調査研究、人材育成の支援を行っている。

　クールジャパン戦略にもかかわらず、国の取り組みが不十分だとして、同市は不満を表明している。マンガ文化や映画・ゲーム産業が盛んなこの古都にあるミュージアムを

十分に活用して、マンガ・アニメを国策としてさらに推進し、メディア芸術の人材育成を図るよう国に訴えている。

┃━━ 単語リスト

underway	進行中で、始まって
boost	強化する、促進する
prime	主要な、第 1 の
extensive	広範囲に及ぶ、豊富な
assortment	詰め合わせ、取り合わせ、仕分け
multitude of ～	多数の～
acclaim	絶賛、拍手喝采
surpass	～を上回る、超える
milestone	（歴史・計画・人生などの）画期的出来事、節目
cement	結合する、接着する
of all time	空前の～、史上～の
box office revenue	興行収入、興行売上
amass	蓄積する、ためる、築く
artistry	芸術性、芸術性才能
genre	分野、部門
range from A to B	A から B まで多岐にわたる
keen on ～	～に熱中している
setback	後退
thus	この結果として、ゆえに、このようにして
solidify	（契約・地位・体制などを）固める
traction	牽引すること、牽引力
component	構成要素
initiative	構想、戦略
encompass	包囲する、網羅する
back-alley	裏通りの
in the long run	長期的に見れば、結局は
partner with ～	～と提携する、～と組む
quadruple	4 倍に増やす
meet the demand for ～	～の需要に応える、～需要を満たす
vocational school	職業訓練学校、専門学校
cultivate	育てる、養成する
in collaboration with ～	～と連携して、～と協同して
showcase	見せる、展示する、紹介する
human resource	人材
deem	～とみなす、～と判断する
inadequate	不十分な、不適切な
leverage	～を利用／活用する、てこ入れする
thrive	繁栄する、目標を達成する、目標に向かって前進する
foster	育成する、発展させる

1-1　正解 ①

空欄 A

選択肢①⑤は assets「（狭義）財産、（広義）貴重なもの、宝」、②⑦は jumbles「不用品、がらくた」、③⑥は properties「財産、資産」、④⑧は treasures「宝物、貴重品」である。②⑦の jumbles 以外は cultural ～「文化財」に当てはまるので①③④⑤⑥⑧が残る。

空欄 B

Japan's rich culture has long been a [B] of global fascination「日本の豊かな文化は長い間世界を魅了する [B] であり続けてきている」の [B] に入って適切な意味を作るものは①⑥の source「源、もと」、④の wellspring「源泉」だけである。①④⑥に絞ることができる。

空欄 C

このように文頭に空欄がある場合は前の部分からの流れを必ず確認する。前のパラグラフでは「マンガやアニメは日本の文化遺産であり、沢山の言語に翻訳され、国際的な高評価を得ている」という内容だった。空欄 C は次のパラグラフの冒頭にある。

[C], Eiichiro Oda's manga masterpiece, One Piece, gained global recognition in August 2022「[C]…、尾田栄一郎氏の名作マンガ「ONE PIECE」は 2022 年 8 月に世界的な注目を得た」という内容、次に「鬼滅の刃」も言及されていることから、国際的な高評価を得ている作品の例ではないかと思われる。選択肢①は For instance、④は However、⑥は For example であるから、①と⑥に絞ることができる。

空欄 D

①と⑥だけ吟味する。①は milestone「画期的出来事、節目」、⑥は signpost「道標」である。先ほど確認した内容の「尾田栄一郎氏の名作マンガ「ONE PIECE」は 2022 年 8 月に世界的な注目を得た」に続く when it surpassed the [D] of 500 million copies sold worldwide, の [D] に①の milestone を入れると「世界の発行部数が画期的な出来事である 5 億部を突破した時に」という意味を作り適切である。⑥の signpost では意味をなさない。

空欄 E

①の all を入れて整合性を確認する。[D] で吟味した文に続く部分である。cementing its status as the top-selling manga series of [all] time. この of all time は成句で「空前の、史上最高の」という意味である。この文は「史上最も売れたマンガシリーズとしての地位を固めて」という意味の通る文になる。①が正解だと確認できた。

Chapter 1

1-2 正解 ②

Japan's rich culture has long been a source of global fascination.「日本の豊かな文化は長い間世界を魅了する源となってきた」（ア）with manga and anime being prime examples.「マンガやアニメはその典型的な例である」という意味で、この場合の with は [付帯状況]「〜した状態で」を表している（ちなみに、もし with がなければ独立分詞構文になる）。

② We prayed at the worship hall with our eyes closed.「我々は目を閉じた状態で、拝殿で祈りを捧げた」この with は、本文と同様に [付帯状況] を表す with である。

① [原因・理由]「〜のせいで、〜のために」を表す with、「彼はそのコメディアンの言葉にドッと笑い出した」

③ [随伴]「〜とともに」を表す with、「私はほとんど毎日祖父と一緒に散歩する」

④ [道具]「〜を用いて」を表す with、「彼女は鋭利なナイフでトマトを切った」

☆前置詞 with の色々な意味

1. [追加・随伴]「〜とともに」
    例）We visited the museum with our guide.
        「我々はガイドと一緒にその博物館に行った」
2. [所有・携帯・特性]「〜を持って」
    例）I'll take my umbrella with me just in case.
        「万が一のために傘を持っていくよ」
3. [道具・手段・材料]「〜を用いて」
    例）The walls of the building were paneled with cedar.
        「その建物の壁は杉材で仕上げてあった」
4. [原因・理由]「〜のせいで、〜のために」
    例）He trembled with fear when he saw a bear.
        「熊を見た時、彼は恐怖で震えた」
5. [付帯状況]「〜した状態で」
    例）You shouldn't speak with your mouth full.
        「口に食べ物がいっぱいの状態で話してはいけない」
        通例、with ＋名詞＋補語（形容詞・分詞・副詞辞・前置詞句など）の形を取る。

1-3 正解 ③

下線部 (イ)multitude は「多数、群衆」という意味で、文中の a multitude of 〜 は「多くの〜」だが、③ host にも「多数、大群」の意味があり、a host of 〜 は「〜の大群、多くの〜」。

① whole「全体、全部」

② decimal「小数」例）convert a decimal into a fraction「小数を分数に変換する」

④ minority「小数の物、少数派」

1-4　正解 ①

下線部（ウ）revenue は「収益、収入、（国家の）歳入」という意味があり、ここでは box office revenue「興行収入、興行売上」である。つまり「利益、収入」を意味する ① profit が最も近い意味である。
② debt 　「借金、負債」
③ data 　「事実情報、基礎資料」
④ tally 　「勘定、割り符」

1-5　正解 ④

The world greatly values Japanese manga and anime の部分は「世界は日本のマンガやアニメを高く評価している」という意味、[あ] に続く their high-quality storytelling and artistry は「それらの物語性や芸術性の高い品質」という意味なので、おそらく物語性や芸術性の高い品質のために世界が日本のアニメやマンガを高評価している、という意味だろうと推測できる。④ on account of ～は「～の理由で」という最も適切な意味。
① entitled to ～　「～を得る資格がある」
② deprived of ～　「～を奪われている」
③ in return for ～「～に対する返礼として、～の代償として」

1-6　正解 ⑥

空欄 F
選択肢は①②が covering、③④が ordering、⑤⑥が ranging、⑦⑧が starting だが、本文 their varied genres [F] from horror and romance to historical narratives and warfare. は、おそらく「ホラーやロマンスから歴史物そして戦争物にわたる色々な分野」という意味だろうと推測できる。[F] に入り、from A to B「A から B に及ぶ」という意味になるのは①②の covering と⑤⑥の ranging である。①②⑤⑥が残る。

空欄 G
These media have inspired foreign interest in the Japanese language and culture,「これらの媒体は外国人が日本語や日本文化に関心を持つ動機付けをしてきた」and have made many people keen [G] visiting Japan.「多くの人々を、日本を訪れたいという気持ちにさせてきた」
[G] には on が入る。be keen on ～ ing は「～することに夢中である、～したがっている」という意味の頻出表現。be keen about ～ ing も「～に熱心である」という意味だが、すでに消去した③と⑧であるので、②と⑥に絞ることができる。

空欄 H

②は by、⑥は from である。本文に入れて吟味。This interest has provided a welcome boost to Japan's inbound tourism, particularly after the setback [H] the COVID pandemic. 意味は「この関心は、特にコロナ禍による後退の後では、日本のインバウンド観光に対するありがたい貢献となっている」という意味だろうと思われる。この文は空欄 G で吟味した文「これらの媒体は外国人が日本語や日本文化に関心を持つ動機付けをしてきたし、多くの人々を、日本を訪れたいという気持ちにさせてきた」に続く文である。[H] には by でも from でも「(インバウンド観光の)コロナ禍による後退」という意味を作る。まだ②か⑥か決められない。

空欄 I

bento [I] lunches であるので「弁当」の英語表現が問われている。②は packed lunches、⑥は boxed lunches で、どちらも「弁当」の意味になる。

空欄 J

②は look、⑥は run である。ここは in the long run「長期的に見れば、結局は」が正しい。in the long look とは言わない。⑥が正解だと確定できた。

1-7 正解 ②

This strategy aims to enhance Japan's global brand「この戦略は世界における日本のブランド力を高めることを目的としている」by [い] aspects of Japanese culture「日本文化の側面を [い] することによって」that are or could be considered "cool" by the rest of the world.「(その日本文化の側面とは)世界の人々が「クールだ」と思う、あるいは思う可能性のあるものである」という流れから、by ② capitalizing on ～「～を充分に利用することで」が最適。

① putting aside ～ 　　「～を取っておくこと、～を無視すること、～を捨てること」
③ looking out for ～ 　　「～に注意すること、～の面倒を見ること」
④ catching up with ～ 　「～に追いつくこと、～と情報交換すること」

1-8 正解 ①

本文の the Japan Business Federation は「日本経済団体連合会」いわゆる「経団連」のこと。

② 経済同友会 　　Japan Association of Corporate Executives
③ 日本商工会議所 　The Japan Chamber of Commerce and Industry
④ 日本生産性本部 　Japan Productivity Center

1-9 正解 ③

[In collaboration with] Kyoto Seika University.「京都精華大学 [と提携して]」the Kyoto Municipal Government [M] the Kyoto International Manga Museum to showcase Japan's manga culture to the public and the international community.「京都市は日本のマンガ文化を市民や国際社会に発信する京都国際マンガミュージアムを [M]」。

① Having a lot in common with ～　　「～と多くの点で共通点がある」
② If it were not for ～　　　　　　「もし～がなかったら」
④ On behalf of ～　　　　　　　　「～の代理として、～の利益になるように」

1-10　正解 ③

空欄 K

選択肢は①⑤が octuple「8 倍にする」、②⑥が quintuple「5 倍にする」、③⑦が quadruple「4 倍にする」、④⑧が double「2 倍にする」。前文で「経団連がエンタテインメント 5 分野を国家戦略の成長分野に指定するよう提言した」ことを受けて、The proposal was to [K] the export value of the related content, with a view to raising it from 4.5 trillion yen in 2021 to a target of 15 to 20 trillion yen by 2033.「この提案は関連コンテンツの輸出額を [K] するもので、2021 年の 4.5 兆円から 2033 年には 15 兆～20 兆円に増やすことを視野に入れている」という内容である。単純に計算すると 15 兆円÷4.5 兆円＝3.333…であり、20 兆円÷4.5 兆円＝4.444…であるので、③⑦の quadruple「4 倍にする」が正しいが、もし octuple, quintuple, quadruple の意味が分からない場合は、ここに時間をかけすぎずに空欄 L に移って吟味。演習の時も本試験同様にタイムマネジメントを意識することが大切である。

空欄 L

もし、空欄 K で③と⑦に絞り込んでいれば、③ demand と⑦ request だけを吟味する。どちらも「要望、要求」という意味である。本文に入れて整合性を確認。To meet the rising [demand/request] for skilled personnel in the manga and anime industries.「マンガ・アニメ業界での熟練人材要求の高まりに対応するため」more colleges and vocational schools, such as Kaishi Professional University in Niigata, Tokyo Polytechnic University in Tokyo, and Kyoto Seika University in Kyoto, offer courses to cultivate manga artists and animators.「新潟の開志専門職大学、東京の東京工芸大学、京都の京都精華大学など、マンガ家やアニメーターを育成するコースを設ける大学や専門学校が増えている」という意味が通る文になる。

もし空欄 K で絞り込めなかった場合、この空欄 L での選択肢全部を吟味してみよう。①②は stock「在庫、備蓄」、③④は demand「要望、要求、需要」、⑤⑥は supply「供給」、⑦⑧は request「要望、要求」である。③④と⑦⑧に絞ることができる。

空欄 M

③と⑦に絞り込めていた場合、③ runs と⑦ operates だけ吟味。絞り込めなかった場合は④と⑧の steps もあわせて吟味する。本文は [In collaboration with] Kyoto Seika University,「京都精華大学と提携して」the Kyoto Municipal Government [M] the Kyoto International Manga Museum to showcase Japan's manga culture to the public and the international community.「京都市は日本のマンガ文

化を市民や国際社会に紹介する京都国際マンガミュージアムを「[M]」という意味だが、ここは「運営する」という意味だろうと推測できるので③ runs と⑦ operates が適切である。このように、途中で絞り込めない部分があっても次で吟味、そこで分からなければその次で、というように吟味を続けていけば、必ず分かる部分があるので、あきらめないこと!

空欄 N

③と⑦だけ整合性を確認する。③は Despite「〜にもかかわらず」、⑦は Because of「〜のために、〜のせいで」という全く違う意味である。文頭にある空欄なので、前の文脈を確認する。日本政府のクールジャパン構想のもと、マンガ・アニメ界の人材育成に取り組む学校が増え、京都市が京都国際マンガミュージアムを運営し資料の収集・保存・人材育成支援を行っている、という内容であった。空欄 N のある文は、[N] the Cool Japan strategy,「クールジャパン戦略」the city has expressed dissatisfaction with the national government's efforts, deeming them inadequate.「国の取り組みが不十分だとして、同市は不満を表明している」
という内容であることから、空欄 N には逆接の③ Despite「〜にもかかわらず」が適切である。

空欄 O

③ further を文に入れて整合性をチェックする。空欄 N で吟味した文に続く文である。It has asked the central government to fully leverage the museum, located in an ancient capital where manga culture and the movie and game industries thrive, to [further] promote manga and anime as national policy, and to foster development of talent in media arts.「マンガ文化や映画・ゲーム産業が盛んなこの古都にあるミュージアムを十分に活用して、マンガ・アニメを国策としてさらに推進し、メディア芸術の人材育成を図るよう国に訴えている」という意味の文になり、整合性が確認できた。

1-11 　正解 ②

与えられた英文は「マンガとアニメはこのようにして日本の文化ブランドの柱としての地位を確立しており、キャラクターのコスプレも海外の若いファンの間で人気を博している」という意味。キーワードは thus「この結果として、ゆえに、このようにして」。前文で、日本のマンガとアニメの物語性や芸術性のおかげで、大人を含め外国人が日本文化に関心を持ち、ひいてはインバウンド観光に寄与している、と述べられている。その流れの結果として、与えられた英文の内容につながっている。

1-12 　正解 ③

内容一致選択問題であるが、2023 年度の本試験では設問 1-13 と 1-14 が内容一致選択問題で計 10 問。また、それまでの比較的長い選択肢文ではなく、1 行の短い文であった。
① 誤り。第一パラグラフの内容だが「日本の豊かな文化はかねてより世界を魅了する源となってきたが、マンガやアニメはその代表例」と述べられていて、比較はされていない。

② 誤り。第 2 パラグラフの内容。「ONE PIECE」は 5 億部突破、「鬼滅の刃」は 1 億 5000 万部以上の売り上げと述べられている。

③ これが正解。第 3 パラグラフの内容。

④ 誤り。第 4 パラグラフの内容で「食、ポップカルチャー、新幹線、伝統工芸、観光名所、弁当、渋谷スクランブル交差点、路地裏の街並み、マンガやアニメまで幅広い分野に及ぶ」と述べられている。

1-13　正解 ④

① 誤り。第 5 パラグラフで「この構想を長期的に推進するため、政府は 2010 年、経済産業省内に「クール・ジャパン室」を設置した」と述べられている。

② 誤り。第 5 パラグラフの内容だが 2022 年ではなく 2023 年。

③ 誤り。第 6 パラグラフの内容だが「マンガ家やアニメーターを育成するコースを設ける大学や専門学校が増えている」とは述べられているが、外国人の人材育成に関する言及はない。

④ これが正解。第 7 パラグラフの内容。

COLUMN

マンガの起源とは？

「マンガ」という言葉は今では manga として、そのまま世界で通用します。もともと「漫画」という言葉は、江戸時代の浮世絵師・戯作者の山東京伝や浮世絵師の葛飾北斎が「絵による随筆」あるいは「戯画風のスケッチ」くらいの意味で使ったとされます。「富嶽三十六景」と共に西洋絵画に影響を与えた「北斎漫画」は、北斎による絵手本集です。

マンガのルーツはさらにさかのぼることができます。マンガ的な表現は、スペインのアルタミラ洞窟やフランスのラスコー洞窟の壁画にも見ることができます。走っている動物の脚が赤塚不二夫のマンガによく見られるように、何本も描いてあります。

日本では「鳥獣人物戯画」（12 世紀～ 13 世紀）が最古の例として挙げられます。同じく平安末期の「信貴山縁起絵巻」では、まるで SF マンガのように米俵や米倉が空を飛び、それを驚いて見上げる鹿たちや人々の表情やしぐさに、なんとも言えない可笑しみがあります。

絵巻物がマンガのルーツのひとつであることは確実ですが、もうひとつ、「ゆるカワ」なものを好む日本人の性質も日本にマンガが発展した土壌だろうと思います。世界最古の土器のひとつとされる縄文土器にはデフォルメされたオリジナリティがあります。この「ゆるカワ好き」は平安、室町の絵物語でも見られ、「鳥獣人物戯画」などは「ゆるカワ」表現の白眉とも言えます。また、現代でも人気の「妖怪や鬼」に関しても室町期に「百鬼夜行絵巻」が作られています。器や道具が妖怪化した「付喪神」などは怖いというより、可愛らしく描かれています。日本各地の「ゆるキャラ」もこの「ゆるカワ好き」の流れなのでしょう。

江戸期になると印刷・出版・販売という一貫した流れの出版文化が確立します。江戸初期にはすでにマンガ的な表現の特徴、たとえばコマ割りやセリフなどがみられます。文化・文政期（1804～1830）にはそうそうたる浮世絵の絵師たち、歌麿、北斎、広重、国芳などが活躍しました。国芳はダイナミックな構成の巨大骸骨、大クジラ、土蜘蛛、百鬼夜行などを描いていますが、悪政に対する風刺画にもなっています。実は、社会に対する「風刺」もマンガの特徴のひとつで、イギリスでは風刺マンガで有名な「パンチ」という雑誌が1841年に創刊されています。日本の明治期のマンガの呼び名「ポンチ絵」はこの「パンチ」に由来します。

明治には印刷方法も西洋から技術が入ってきて、新聞や雑誌の発行が相次ぎました。そして、第2次大戦後の日本のマンガとアニメの隆盛はご存じの通りです。特に、近年の「エヴァンゲリオン」、スタジオジブリの一連の作品、「君の名は。」「すずめの戸締まり」などの新海誠監督の作品群、社会現象となった「鬼滅の刃」、「呪術廻戦」などは「聖地巡礼」という新たなコンテンツツーリズムをも生み出しました。

絵巻にルーツを持つ「マンガ」、そこから派生した「アニメ」は今では日本を支える巨大産業であり、日本を世界に伝えるツールとなりました。私も「池袋アニメ・ラーメンツアー」をガイドした時に、初来日のブラジル人の若い女性が日本語を少し話せたのでびっくりしたのですが、「アニメでおぼえた」と言っていました。日本文化、そして日本に対する良い印象を世界に広げることに、マンガ・アニメは私たちが想像する以上の寄与をしているのは間違いないところです。

演習問題 5 制限時間内に辞書を使わないでやってみましょう！

次の英文を読み、以下の問いに答えなさい。(40点) [制限時間35分]

Ninjas, the covert agents who specialized in (ア) reconnaissance and espionage during feudal Japan, are globally renowned. Tourist attractions revolving [A] ninja culture have been experiencing a (イ) surge in popularity, attracting both local and international visitors. These [B] offer visitors unique opportunities to experience the life of a ninja.

Ninjas have become a staple of many samurai dramas broadcast by Japanese networks, [あ] novels, films, and manga. In these narratives, ninjas often don black costumes, leap over high fences, and engage in combat with the enemy, using their "shuriken" throwing [C] and demonstrating remarkable agility. [D], these depictions diverge from the historical reality of how ninjas made their living.

Ninjas were active from the Muromachi period to the Edo period. These covert agents were initially employed by feuding parties during a [い] of developments. The primary tasks of the ninja were espionage and reconnaissance, involving the infiltration of enemies' strongholds to gather crucial intelligence and relay it back to their masters. [1] They also carried [E] operations aimed at sowing confusion and disrupting enemy ranks. In extreme circumstances, they were called upon to perform assassinations and acts of sabotage.

They employed a diverse range of covert techniques, collectively known as ninjutsu, in their operations. Ninjutsu emphasized stealth and intellectual strategy [F] brute force. Ninjas used psychological manipulation and divination [G] also gaining knowledge in fields such as pharmacy, medicine, and astronomy to aid them in their missions. [2]

Ninjas utilized a variety of unique weapons to accomplish their missions. The [H] recognized among these weapons is the shuriken, a small knife that they skillfully hurled to wound enemy forces. [I], they employed the tekko-kagi, a hand-claw weapon designed to seize enemies' swords or launch direct attacks; the tekagi, a spiked iron band used to support their bodies while scaling great heights; the ninja-to, a distinctively shaped ninja sword; and the fukiya-zutsu, a blowpipe through [J] they would launch poison-tipped darts at their adversaries. Furthermore, ninjas were highly proficient in the use of gunpowder and firearms.

(ウ) In an era devoid of modern communication tools, ninjas had to rely on unconventional ways of exchanging information. [う] being detected by outsiders and to ensure the secrecy of their exchanges, they developed complex encryption techniques. These methods incorporated arrangements of pebbles to symbolize letters, distinct patterns of broken tree branches, and different combinations of color-coded grains of rice dyed in shades of blue, yellow, red, black, and purple. [K], specific knot configurations on ropes conveyed certain messages, such as "I will go ahead" or "I am heading north." [3]

Among the multitude of ninjutsu styles, two traditions stand out — the Iga-ryu tradition from the region around today's Iga City, and the Koga-ryu tradition from what is now Koka City. [4] For instance, in 2017, Iga's municipal government declared itself a "city of ninja" to draw in tourists. The International Ninja Research Center, situated in Iga and affiliated [L] Mie University, (エ) dedicates its efforts to studying the history and culture of ninjas, sharing its discoveries with the public. In Koka, an annual test of ninja skills is held every June.

In areas [M] Iga and Koka, there existed numerous "ninja houses" that were believed to have functioned as training grounds for ninjutsu. One of these houses has been replicated in Iga, now known as the Ninja Museum of Igaryu. Here, a performance group shows [N] various ninjutsu techniques and weapon handling, including the use of shuriken and swords. [O], another ninja house can be found in Koka, preserved in its original state and referred to as the Koka Ninja House.

1-1 下線部（ア）はどのような意味か。最も近い意味を表すものを選びなさい。(3点)

① swindle　②　survey　③　invasion　④　capture

1-2 下線部（イ）はどのような意味か。最も近い意味を表すものを選びなさい。(3点)

① collapse　②　descent　③　stumble　④　boost

1-3 空欄[あ]に入る表現として最も適切なものを選びなさい。　　　(3点)

① exclusive of　②　as well as
③ leaving out　④　such as

1-4 空欄 A から E に入る語句の組み合わせとして最も適切なものを選びなさい。

(3点)

① near	cities	gadgets	Nevertheless	on
② near	spots	tools	Nevertheless	out
③ about	venues	stars	Therefore	off
④ about	towns	hands	Therefore	over
⑤ in	cities	gadgets	As a result	on
⑥ in	towns	hands	As a result	off
⑦ around	venues	stars	However	out
⑧ around	spots	tools	However	over

1-5 空欄[い] に入る適切な英文となるように次の語句を並べ替え、下線部の A と B に来る語句の番号を答えなさい。　　　(4点)

These covert agents were initially employed by feuding parties during a [A ＿＿ ＿＿ ＿＿ B ＿＿ ＿＿ ＿＿] of developments.

① keep　②　era　③　wars　④　turbulent
⑤ civil　⑥　to　⑦　abreast　⑧　of

A＿＿＿＿　　B＿＿＿＿

1-6　空欄FからJに入る語句の組み合わせとして最も適切なものを選びなさい。（3点）

① less than	without	well	Additionally	that
② more than	during	well	Even so	that
③ across	but	most	Consequently	which
④ over	while	most	Additionally	which
⑤ less than	without	best	Even so	where
⑥ more than	while	best	Furthermore	where
⑦ across	but	least	Consequently	what
⑧ over	during	least	Furthermore	what

1-7　下線部（ウ）の日本語訳として最も適切なものを選びなさい。　　　　　（4点）

① 近代的な通信手段がなかった時代であったため、忍者は情報交換をするのに不確実な方法に頼らざるを得なかった。

② 近代的な通信手段がなかった時代に、忍者は型破りな方法で情報をやりとりしなければならなかった。

③ 近代的な通信手段がなかった時代ではあったが、忍者は情報交換をするのに便利なやり方を工夫した。

④ 近代的な通信手段がまだない時代に、忍者は型にはまらない方法で情報をやりとりすることを考え付いた。

1-8　空欄[う]に入る表現として最も適切なものを選びなさい。　　　　　（3点）

① In order of　　② At the risk of

③ For fear of　　④ On ground of

1-9　下線部（エ）はどのような意味か。最も近い意味を表すものを選びなさい。（3点）

① devotes　　② deliberates　　③ neglects　　④ venerates

1-10　空欄 K から O に入る語句の組み合わせとして最も適切なものを選びなさい。

（3点）

① Besides	of	such as	up	Thereafter
② Besides	with	including	up	Thereafter
③ Yet	by	as well as	of	Hence

④ Yet	at	even as	of	Hence
⑤ Moreover	with	such as	off	Meanwhile
⑥ Moreover	at	as well as	off	Meanwhile
⑦ However	of	even as	over	Whereas
⑧ However	by	including	over	Whereas

1-11 次の英文を本文に入れる際に最も適切な場所を文中の［1］～［4］の中から一
つ選びなさい。　　　　　　　　　　　　　　　　　　　　　　　　　　　（4点）

These regions leverage their historical connections to ninjas to
promote themselves.

①［1］　　　②［2］　　　③［3］　　　④［4］

1-12 本文の内容に一致するものを①～④の中から一つ選びなさい。　　　（4点）

① 忍者は封建時代の日本で活躍した隠密諜報員のことで、世界的に人気があるた
め、日本政府は海外からの観光客を惹きつけるために忍者体験施設の後押しを
している。

② 忍者は、総称して忍術と言われるさまざまな隠密術を作戦に用いたが、忍術で
は知略よりも確実な結果をもたらす武術の方がより重要であるとされた。

③ 室町時代から江戸時代にかけて活躍した忍者の主な任務は偵察だったが、時に
は敵陣営を混乱させたり、破壊工作、暗殺などの作戦を実行したりすることも
あった。

④ 忍者が使った暗号の中には、小石を並べることで文字を表したり、米粒を色々
な色に染めて方角を表したり、縄の結び目で特定のメッセージを伝えたりする
ものがあった。

✎ **正 解**

| 1-1 ② | 1-2 ④ | 1-3 ② | 1-4 ⑦ | 1-5A ④ | 1-5B ③ | 1-6 ④ |
| 1-7 ② | 1-8 ③ | 1-9 ① | 1-10 ⑤ | 1-11 ④ | 1-12 ③ | |

解説

試訳

　忍者とは、封建時代の日本で偵察やスパイ活動を専門にした隠密諜報員のことで、世界的に有名である。忍者文化をテーマにした観光スポットは人気が高まっており、国内外の観光客を引きつけている。これらの施設は、忍者の生活を体験できる珍しい機会を提供している。

　忍者は、日本の放送局で放映されている多くの時代劇や、小説、映画、漫画の定番となっている。これらの物語では、忍者はしばしば黒装束に身を包み、高い塀を飛び越え、手裏剣を投げたり並外れた身軽さを見せたりしながら敵と戦う。しかし、そうした描写は、忍者がどのように暮らしを立てていたかという歴史的な実態とはかけ離れている。

　忍者が活躍したのは室町時代から江戸時代にかけての時代だ。こうした隠密諜報員は、激動の内乱の時代に、対立する党派が情勢を把握するために雇ったのが始まりである。忍者の主要な任務はスパイ活動と偵察で、敵の本拠地に潜入し、重要な情報を集めて主人に伝えることであった。また、混乱を引き起こして敵の陣営を妨害することを目的とした作戦も実行した。極端な状況下では、暗殺や破壊工作も求められた。

　彼らは忍術と総称されるさまざまな隠密術を用いて作戦を行った。忍術では武力よりも忍びや知略が重視された。忍者は心理操作や占術を用いたが、さらに任務に必要な薬学、医学、天文学などの知識も習得した。

　忍者は任務を遂行するために、さまざまな独特の武器を駆使した。その中で最もよく知られているのは手裏剣で、巧みに投げつけて敵に傷を負わせる小さな刃物である。ほかにも、敵の刀をとらえたり直接攻撃したりする手甲鉤（てっこうかぎ）、高いところに登るときに体を支えるのに使う手鉤（てかぎ）、独特の形をした忍者刀（にんじゃとう）、敵めがけて毒矢を放つための吹矢筒（ふきやづつ）を用いた。さらに忍者は火薬や鉄砲の扱いにも長けていた。

　近代的な通信手段がなかった時代に、忍者は型破りな方法で情報をやりとりしなければならなかった。よそ者に見つかるのを恐れて、またやりとりの秘密を確実に守るため、彼らは複雑な暗号技法を開発した。その方法は、文字を表す小石の並べ方、折った木の枝の特徴、それに青、黄、赤、黒、紫の色に染めた米粒のさまざまな組み合わせなどであった。さらに、縄の結び目の形で「先に行く」「北に向かう」といった特定のメッセージを伝えた。

　数ある忍術の流派の中で、2つの流派がよく知られている。今日の伊賀市周辺に伝わる伊賀流と、現在の甲賀市に伝わる甲賀流である。これらの地域では、忍者との歴史的なつながりを活かして振興を図っている。たとえば、伊賀市は 2017 年、観光客を呼び込むために「忍者市」を宣言した。伊賀にある国際忍者研究センターは、三重大学の付属として忍者の歴史や文化についての研究に力を注ぎ、その成果を公表している。甲賀では毎年 6 月に忍者検定試験が行われる。

　例えば伊賀や甲賀などの地域には、忍術の修行場として機能していたとされる「忍者屋敷」が数多く存在していた。伊賀ではそのひとつが再現され、現在の「伊賀流忍者博物館」となっている。ここではパフォーマンス集団がさまざまな忍術や手裏剣・刀など

Chapter 1

の武器の扱いを披露している。一方、甲賀にも別の忍者屋敷があり、「甲賀忍者屋敷」として当時のまま保存されている。

━━ 単語リスト

covert	秘密の、隠された、こっそりした
agent	工作員、諜報員
specialized in ～	～を専門にしている
reconnaissance	偵察、調査
espionage	スパイ行為、偵察、諜報
renowned	名高い
revolve around ～	～を中心に展開する
surge	急上昇、急増、躍進
venue	開催地、会場
staple	不可欠な要素、必需品
narrative	物語
don	着用する、身につける
engage in ～	～に携わる、参加する
agility	機敏性、敏捷性
depiction	描写、叙述、表現
diverge from ～	～から分岐する、～からそれる、～とは異なる
make one's living	暮らしをたてる、生業にする
initially	初めは、当初は
feud	長い間反目する、不和になる
turbulent	荒れ狂う、乱れている
keep abreast of ～	(最新の情報や状況を)常に把握している
infiltration	潜入、侵入
stronghold	要塞、砦、本拠地
crucial	極めて重要な、運命を左右する
carry out	実行する、遂行する
sow	種をまく、植え付ける、原因を作る
disrupt	邪魔をする、混乱させる
ranks	(将校以外の)下士官、兵士、隊列
call upon	呼び集める、招聘する
assassination	暗殺
sabotage	妨害工作、破壊工作、妨害行為
a diverse range of ～	さまざまな～
stealth	ひそかなやり方、内密、こっそりした行為
psychological	心の、精神の
manipulation	(巧みな)操作
divination	易断、占い、予知
pharmacy	薬学
astronomy	天文学
accomplish	成し遂げる、成就する
seize	捕まえる、奪取する

scale	よじ登る、登りきる
distinctively	明確に、独特の
adversary	敵、敵対者
proficient	熟達した、堪能な
devoid of ～	～を持っていない、～を欠いている
rely on ～	～を頼りにする、～を信頼する、～を当てにする
unconventional	慣例にとらわれない、型破りな、異例の
for fear of ～	～を恐れて、～しないように
detect	気付く、見破る
encryption	暗号化
pebble	（丸くなった）小石
knot	（ひもやロープなどの）結び目、結び方
configuration	形状、形態、配置、構造
convey	伝達する
stand out	目立つ、卓越する、際立つ
leverage	利用する、活用する、～にてこ入れする
affiliated with ～	～と提携して
dedicate efforts to ～	～に精力を傾ける
numerous	（数え切れないほど）多くの、非常に多くの
replicate	再現する、複製する
show off ～	誇示する、見せびらかす
meanwhile	それと同時に、その一方で
referred to as ～	～と称されている、～とみなされている

1-1　正解 ②

下線部（ア）reconnaissance は「偵察、調査」という意味。② survey も「調査」という意味なので、最も近い意味である。
① swindle 「詐欺、かたり」
③ invasion 「侵攻、侵略」
④ capture 「捕獲、逮捕、占領」

1-2　正解 ④

下線部（イ）の surge は「（人・物・事）の急増、急上昇」を表す。他には「大波、突風、高潮、（丘の）起伏」あるいは「群衆の殺到、感情の高まり、動揺」という意味もある。本文では a surge in popularity「人気の高まり」を意味している。選択肢④の boost も同義の「押し上げられること、上昇」を意味する。
① collapse「崩壊、挫折、失敗」
② descent「降下、下り坂」
③ stumble「つまずき、失敗、過失」

1-3 正解 ②

空欄 [あ] を含む文の意味を確認。Ninjas have become a staple of many samurai dramas broadcast by Japanese networks,「忍者は、日本の放送局で放映されている多くの時代劇や、小説、映画、漫画の定番となっている」この staple はよく和食などの説明で Rice is the staple of Japan.「米は日本の主食である」のように頻出する単語であるが「主食」以外にも「不可欠な要素、必需品」という意味がある。カンマの後の [あ] novels, films, and manga. の部分は「時代劇」以外の忍者が出てくるコンテンツである。並列の② as well as が正解。
① exclusive of 〜「〜を含めないで」
③ leaving out 〜「〜を省いて、〜を除外して」
④ such as 〜「例えば〜など」such as を入れると novels, films, and manga が samurai dramas や Japanese networks の例になるので不適切。

1-4 正解 ⑦

選択肢は①②が near、③④が about、⑤⑥が in、⑦⑧が around である。本文を見ると Tourist attractions revolving [A] ninja culture have been experiencing...とあることから revolve around あるいは revolve about を選ぶ。どちらも「(物が〜の周りを/〜を軸に)回転する、循環する」という元の意味から派生して「(〜を中心に)営まれる、展開する」という意味になる。③④⑦⑧に絞ることができる。

空欄 B
③④⑦⑧だけ吟味する。③⑦は venues、④は towns、⑧は spots である。空欄 B を含む文は These [B] offer visitors unique opportunities to experience the life of a ninja.「これらの [B] は、忍者の生活を体験できる大変珍しい機会を提供している」という意味であることから、③⑦の venues「開催地、会場」あるいは⑧の spots「場所、名所、現場、観光地」が適切である。③⑦⑧が残る。④の towns は前の文脈に具体的な町の名前がないので整合性がない。

空欄 C
③⑦は stars、⑧は tools、本文を確認する。前文は時代劇のドラマ、マンガ、映画、小説などのコンテンツに忍者が必ず出てくるという内容である。空欄 C を含む文は In these narratives, ninjas often don black costumes, leap over high fences, and engage in combat with the enemy, using their "shuriken" throwing [C] and demonstrating remarkable agility.「これらの物語では、忍者はしばしば黒装束に身を包み、高い塀を飛び越え、手裏剣を投げたり並外れた身軽さを見せたりしながら敵と戦う」という意味で、「手裏剣」という語が与えられている。「手裏剣」は、星形であれば throwing star、剣の形であれば throwing knife と訳すので、③と⑦が残る。

空欄 D
③は Therefore「それゆえに、したがって」、⑦は However「しかしながら、けれども」である。このように文頭に空欄が来る場合は特にしっかりと文脈を確認する。前の文脈

では空欄 C で確認したように、時代劇では忍者は黒装束に身を包み、高い塀を飛び越え、手裏剣を投げたり並外れた身軽さを見せたりしながら敵と戦う、と述べられている。その直後の空欄 D を含む文では [D], these depictions diverge from the historical reality of how ninjas made their living.「[D]、そうした描写は、忍者がどのように暮らしを立てていたかという歴史的な実態とはかけ離れている」と述べられていることから、逆接の⑦ However が適切だと分かる。

空欄 E

⑦ は out である。文に入れて整合性をチェック。They also carried [out] operations aimed at sowing confusion and disrupting enemy ranks.「彼らはまた、混乱を引き起こして敵の陣営を妨害することを目的とした作戦も実行した」という意味の通る文になる。carry out は「実行する、遂行する」という熟語。⑦が正解。

1-5 正解は A ④ B ③

ステップ1

前の部分を確認。第3パラグラフの冒頭の文である。Ninjas were active from the Muromachi period to the Edo period.「忍者が活躍したのは室町時代から江戸時代にかけての時代だ」と述べられ、空欄 [い] を含む文が続く。These covert agents were initially employed by feuding parties「こうした隠密諜報員は当初反目する団体に雇われた」during a [い] of developments.

ステップ2

空欄の後ろの意味を掴む。during a [い] of developments.「何かの発展／進展の間に」という意味だろうと思われる。

ステップ3

与えられた語句の組み合わせと文の構造を吟味する。まず、keep abreast of「（最新の情報や状況を）常に把握している」があることに注目する。その時、選択肢に⑧ of があるが、空欄の直後にも of が来ていることに注意する。どちらの of を①keep ⑦ abreast と組み合わせるかはいったん置いておいて、文の構造を考えてみる。
during a の後ろは「時期／時代」が相応しい。② era を置く場合、a は an になるはずである。
ということは era の前に形容詞が来るはずだが④ turbulent「乱れている、騒然とした」が相応しい。前文で、忍者が活躍したのは室町時代から江戸時代にかけてであると述べられている。常識的にも忍者は「戦国時代」に最も活躍したはずである。そこから⑤ civil ③ wars「内乱」の時期だろうと推測できる。④ turbulent ② era と⑤ civil ③ wars を繋げるためには⑧ of が必要である。並べてみると during a [④ turbulent ② era ⑧ of ⑤ civil ③ wars]「内乱の騒然とした時代に」ができた。
残っているのは①keep、⑥to、⑦abreast だけである。これで keep abreast に続く of は空欄の直後にある of だと確定した。during a [④ turbulent ② era ⑧ of ⑤ civil ③ wars]と[①keep ⑦ abreast] of developments を⑥to で繋げて完成である。

These covert agents were initially employed by feuding parties during a [④ turbulent ② era ⑧ of ⑤ civil ③ wars ⑥ to ① keep ⑦ abreast] of developments.
「これらの隠密諜報員は、激動の内乱の時代に当初は対立する団体が情勢を常に把握するために雇った」
A は④、B は③。
語句整序問題は、このような手順に従って解いていけばジグソーパズルのようにぴったりとはまるので、その瞬間に手ごたえが感じられるはずである。

1-6 正解は ④

空欄 F
選択肢①⑤は less than、②⑥は more than、③⑦は across、④⑧は over である。空欄 F を含む文の前の文は They employed a diverse range of covert techniques, collectively known as ninjutsu, in their operations.「彼らは忍術と総称されるさまざまな隠密術を用いて作戦を行った」と述べられ、続く空欄 F を含む文では Ninjutsu emphasized stealth and intellectual strategy [O] brute force. と述べられている。
ここでは stealth and intellectual strategy「忍びや知略」と brute force「武力」のどちらが重要視されていたのか。次の文 Ninjas used psychological manipulation and divination「忍者は心理操作や占術を用いた」で分かる。明らかに「忍びの術や知略」の方が重視されていた。emphasize A over B は「B よりも A に重きを置く」という意味の成句であるので④⑧が正しいが、②⑥ more than を入れても意味は成立するので、②④⑥⑧が残る。

空欄 G
②④⑥⑧を吟味する。②⑧は during、④⑥は while である。Ninjas used psychological manipulation and divination「忍者は心理操作や占術を用いた」[G] also gaining knowledge in fields such as pharmacy, medicine, and astronomy to aid them in their missions.「また、任務に必要な薬学、医学、天文学などの知識も習得した（～ ing 形）」である。

☆ **during と while の違いを確認しておこう。**
during は「～の間、～中」を表す前置詞で、名詞が続き、特定の期間を表す名詞が来ることが多い。動名詞を続けることはできない。例えば Please call me during staying in Japan. は不可なので、Please call me during your stay in Japan. のように変える必要がある。
while は「～をしている時に」を表す接続詞で 2 つの文を繋ぐ働きをする。基本的に while ＋主語＋ be ＋～ ing という形だが、主語が同じであれば主語と be は省略して while ＋～ ing という形もとれる。
本文では [G] also gaining knowledge...という形なので②⑧の during は不可だと

分かるが、接続詞 while には対照を表す「だが一方で」という意味がある。例）That region has plenty of natural resources while this one has none.「あの地域には天然資源がふんだんにあるが、一方こちらにはない」〈ジーニアス英和大辞典より〉

また、while には「さらに」という意味もある。例）The floor was littered with crumbs, while the desk was strewn with books「床にはパンくずが散らばっていて、その上、机には本が散乱していた」〈ジーニアス英和大辞典より〉

本文の [while] also gaining knowledge in fields such as pharmacy, medicine, and astronomy to aid them in their missions. は「期間」や「だが一方で」という意味よりは「さらに」の意味で「さらに任務に必要な薬学、医学、天文学などの知識もまた習得した」と解釈すべきだろう。ともあれ、文法的に見ても④⑥が残る。

空欄 H

④ は most、⑥ は best である。前文は Ninjas utilized a variety of unique weapons to accomplish their missions.「忍者は任務を遂行するために、さまざまな独特の武器を駆使した」という意味で、続く空欄 H を含む文に most と best を入れてみる。The [most/best] recognized among these weapons is the shuriken…どちらを入れても「その中で最もよく知られているのは手裏剣である」という適切な文になる。

空欄 I

前文には手裏剣のことが述べられている。④ Additionally も⑥の Furthermore もどちらも「その上、さらに」という意味。空欄 I を含む文に入れると [Additionally/Furthermore], they employed the tekko-kagi, a hand-claw weapon designed to seize enemies' swords or launch direct attacks「さらに、彼らは敵の刀を捕えたり、直接攻撃したりする手甲鉤（てっこうかぎ）を用いた」という意味の通る文になる。

空欄 J

④は which、⑥は where である。さまざまな忍者道具が紹介されていて、空欄 J を含む文もその一つである。a blowpipe through [J] they would launch poison-tipped darts at their adversaries.「彼らが敵めがけて毒矢を放つための吹矢筒（ふきやづつ）」という意味だが [J] に入るのは④の which である。

1-7　正解 ②

① 誤り。unconventional は「不確実な」という意味ではなく「慣習に従っていない、型にはまらない、異例の」という意味。⇔ conventional「従来の、型にはまった、平凡な」

② これが正解。devoid of 〜「〜を持っていない、〜を欠いている」、rely on 〜「〜を頼りにする、〜を信頼する、〜を当てにする」

③ 誤り。「〜ではあったが」という意味の語は見当たらない。unconventional は「便利な」ではなく「慣習に従っていない、型にはまらない」という意味。had to rely on 〜は「〜に頼らなければならなかった」という意味だが訳に反映されていない。

④ 誤り。「まだない」「考え付いた」という意味の語はない。

1-8 正解 ③

[う] being detected by outsiders 「よそ者に見破られることを [う]」and to ensure the secrecy of their exchanges,「そして、自分たちのやりとりの秘密を確実に守るため」they developed complex encryption techniques.「彼らは複雑な暗号化を開発した」という内容から③ For fear of ～「～を恐れて、～しないように」が最も適切。

① In order of ～　　　「～の順に」
② At the risk of ～　　「～の危険を覚悟で、～を犠牲にして」
④ On ground of ～　　「～を根拠として、～を考慮して」

1-9 正解 ①

下線部 (エ) dedicates の原形 dedicate は「(時間・努力・金銭などを)捧げる」という意味。選択肢① devotes の原形 devote も「捧げる」という意味で最も近い。

② deliberates　「熟慮する、熟考する」
③ neglects　　「軽視する、十分な注意をしない、怠る」
④ venerates　　「深い敬意を払う、敬う」

1-10 正解 ⑤

空欄 K

選択肢は①②が Besides、③④が Yet、⑤⑥が Moreover、⑦⑧が However。前の文脈では、忍者が使った色々な暗号手段に言及があり、空欄 K を含む文でも [K], specific knot configurations on ropes conveyed certain messages, such as "I will go ahead" or "I am heading north."「 [K]、縄の結び目の形で『先に行く』『北に向かう』といった特定のメッセージを伝えた」と述べられていることから、これも暗号手段の一つであることがわかる。「～に加えて」という意味の①② Besides と⑤⑥ Moreover が文意に合う。

空欄 L

①は of、②⑤は with、⑥は at であるが、本文 The International Ninja Research Center, situated in Iga and affiliated [L] Mie University,... の affiliated は with を伴い「～と提携して」という意味を表す。②と⑤が残る。

空欄 M

②は including、⑤は such as である。In areas [M] Iga and Koka, there existed numerous "ninja houses" that were believed to have functioned as training grounds for ninjutsu. という文に②の including を入れると「伊賀や甲賀を含めた地域には、忍術の修行場として機能していたとされる『忍者屋敷』が数多く存在していた」という意味になる。⑤の such as を入れると「例えば伊賀や甲賀のような地域には、忍術の修行場として機能していたとされる『忍者屋敷』が数多く存在していた」という意味になる。

どちらでも意味は通じる。

空欄 N

伊賀流忍者博物館でのパフォーマンスの話である。Here, a performance group shows [M] various ninjutsu techniques and weapon handling, including the use of shuriken and swords.「ここではパフォーマンス集団がさまざまな忍術や手裏剣・刀などの武器の扱いを見せる」という意味だが、②は up、⑤は off だが、show up は「姿を見せる、暴露する」という意味で文意に合わない。show off は「(能力・成果・所有物などを)誇示する、見せびらかす」という意味で、忍者パフォーマンス集団が様々な技や武器の扱いを誇示する、という意味の通る文になる。⑤が正解ではないかと当たりをつける。

空欄 O

前文では伊賀流忍者博物館の話だった。空欄 O に ⑤ Meanwhile「間に、一方で」を入れて整合性をチェックする。[Meanwhile], another ninja house can be found in Koka, preserved in its original state and referred to as the Koka Ninja House.「一方、甲賀にも別の忍者屋敷があり、「甲賀忍者屋敷」と称されて当時のまま保存されている」という意味になり、前文では伊賀流忍者博物館、本文では甲賀忍者屋敷に言及されていることから整合性が確認できた。

1-11 正解は ④

与えられた英文の意味は「これらの地域では、忍者との歴史的なつながりを活かして振興を図っている」であるが「これらの地域」を表す文言がある文が前にあるのは④だけである。第 7 パラグラフの最初の文、Among the multitude of ninjutsu styles, two traditions stand out — the Iga-ryu tradition from the region around today's Iga City, and the Koga-ryu tradition from what is now Koka City.「数ある忍術の流派の中で、2つの流派がよく知られている。今日の伊賀市周辺に伝わる伊賀流と、現在の甲賀市に伝わる甲賀流である」と、はっきり地域に関する言及がある。

また、続く文では For instance, in 2017, Iga's municipal government declared itself a "city of ninja" to draw in tourists.「たとえば、伊賀市は 2017 年、観光客を呼び込むために『忍者市』を宣言した」とも述べられており「忍者との歴史的なつながりを活かして振興を図っている」という内容と整合性がある。

1-12 正解は ③

① 誤り。第 1、第 7、第 8 パラグラフの内容だが「日本政府が後押しをしている」という文言はなく、伊賀市のような地方自治体が「忍者市」を名乗るなどしている。
② 誤り。第 4 パラグラフの内容だが「忍術では武力よりも忍びや知略が重視された」と述べられている。
③ これが正解。第 3 パラグラフの内容。
④ 誤り。「米粒を色々な色に染める」という文言はあるが、それが「方角を表す」とは述べられていない。実際のところ、染めた米粒(五色米と言う)の組み合わせで「あい

うえお」を表すことができたとされている。

COLUMN

忍者はスーパーヒーロー？

忍者の装束で手裏剣を投げる経験を提供したり、忍者のショーが見られたりする施設はインバウンド観光客に大人気です。本物の忍者はどのような人たちだったのでしょうか。

忍者と言えば三重県の伊賀と滋賀県の甲賀が有名です。このふたつの地域では、もともと大名の力が弱く自衛のための技術が発達しました。屋敷の周囲を土塁と堀で囲んだ当時の城館がたくさん確認されています。戦国時代には諜報活動をしたり、敵陣に入り込み偽情報で攪乱したり、敵の城に火をかけたりするなど、忍者は欠かせない存在となっていきます。徳川家康が本能寺の変の時に堺から三河に逃げ帰るにあたって、伊賀の忍びの者たちの助けがなければ無理だっただろうと言われています。平和になった江戸時代には忍びは主に治安維持や偵察などに活躍しました。

庶民の間では、江戸期の読本「自来也説話（じらいやものがたり）」などを通して、忍術を使う忍者のイメージが作られていきました。黒装束で手裏剣を放つ、というお馴染みの姿も江戸中期に定着したとされますが、忍者の装束は実際には黒ではなく濃い茶色、紺色、柿渋色などだったようです。大正時代には「猿飛佐助」という講談本が大人気となり、魔法のような忍術を使いこなす忍者のイメージはさらに定着しました。

第二次世界大戦後には、漫画でも多くの忍者戦記モノが出版されましたが、中でも白土三平の「サスケ」「カムイ伝」などの一連の忍者漫画、横山光輝原作でアニメ化された「伊賀の影丸」、同じく横山光輝原作で実写化された「仮面の忍者赤影」、藤子不二雄の「忍者ハットリくん」、タツノコプロの「科学忍者隊ガッチャマン」などが記憶に残ります。

1981 年のアメリカ映画「燃えよ NINJA」はアメリカに忍者ブームを引き起こしました。1999 年に雑誌連載開始の「NARUTO −ナルト−」はアニメ化され、80か国以上で配信・放映されました。またアメリカ映画「ミュータント・（ニンジャ）・タートルズ」シリーズは 1990 年から 2023 年まで 8 作が製作され、ninjaはスーパーヒーローとして知らない人はいない存在になりました。

そんな ninja を求めて世界中から日本へやってくる観光客に特に人気なのは、三重県伊賀市の「伊賀流忍者博物館」と滋賀県甲賀市の「甲賀流忍術屋敷」です。「伊賀流忍者博物館」では、からくり屋敷、手裏剣体験、忍術ショーを楽しめます。「甲賀流忍術屋敷」は元禄年間に建てられた本物の建造物で、巧妙な仕掛け、からくりを体験できます。

演習問題 6　制限時間内に辞書を使わないでやってみましょう!

次の英文を読み、以下の問いに答えなさい。(40点) [制限時間35分]

　While Christmas is not a traditional holiday in Japan—a country where most of the population identifies as non-Christian—it has [A] taken root as a secular celebration in modern times. Even kindergartens associated with Buddhist temples and Shinto shrines that have [あ] with Christianity incorporate Christmas festivities, organizing parties for children. Some people hold Christmas parties at home around Christmas Day, enjoying Christmas cakes [B] a white sponge cake covered with cream and decorated with strawberries, Buche de Noel, a [C]-shaped cake covered with chocolate cream originated in France, and Stollen, a sweet Christmas bread originally eaten in Germany and Holland. The spirit of the season visibly sweeps [D] households and urban landscapes, with many families adorning their homes with Christmas decorations and cityscapes coming alive with (ア) shimmering festive illuminations.

　The [E] of Christmas in Japan is thought to date back to the city of Yamaguchi in western Japan during the tumultuous Sengoku Jidai, or the Warring States Period. Ouchi Yoshitaka, the daimyo governing the region that includes a large part of current Yamaguchi Prefecture, extended a warm [F] to missionary Francis Xavier in 1551. Xavier, together with his Japanese converts, celebrated Christmas with prayers on December 24 of the following year, [G] recording the first known observance of the holiday in Japan.

　[H], the widespread adoption of Christianity met considerable resistance during the reign of the powerful daimyo, Toyotomi Hideyoshi. This resistance was further entrenched by the Tokugawa shogunate, which issued the Anti-Christian Edicts in 1614, outlawing Christianity nationwide. [I], amidst these rigorous constraints, the kakure kirishitan, or hidden Christians, persevered in celebrating Christmas in secret throughout the Edo period.

　The Meiji Restoration saw a significant shift in religious tolerance, as an 1873 government decree [い] on Christianity came into effect.

This allowed Japanese Christians to openly celebrate Christmas, and concurrently, [J] Christmas festivities began to spread out across the country. (イ) The pioneering Christmas illumination is credited to a luxury supermarket in Tokyo's bustling Ginza shopping district, which adorned its storefront with Christmas lights in 1900. A decade later, a well-established Tokyo confectionery company initiated the sale of decorated Christmas cakes, [K] cementing Christmas celebrations [う] of Japanese culture. Christmas songs and stories began to gain more traction and popularity among the general public.

In the aftermath of World War II, department stores started to hold festive Christmas sales, accentuating the seasonal charm with displays of Christmas trees and wreaths. A unique evolution of Christmas customs in Japan started to emerge in the late 1980s. The idea of spending Christmas with a romantic partner earned popularity when a major railroad company [L] the "Xmas Express" campaign for the Tokaido Shinkansen Line. A series of television commercials portraying a young woman reuniting with her long-distance boyfriend—who caught a bullet train to Tokyo for a Christmas (ウ) rendezvous—captivated young audiences with their compelling narratives and [M] taglines, sparking a trend of romantic Christmas celebrations.

In recent years, Christmas illuminations have become an increasingly grand spectacle in various locations across Japan, enabled by the proliferation of energy-[N] LED bulbs. One such impressive Christmas illumination event [O] place in the aforementioned Yamaguchi, believed now said to be the cradle of Japanese Christmas. Two towering fir trees situated in a parking lot near Jifuku Station on the Yamaguchi Line, in the city's northern area, are festooned with approximately 40,000 bulbs for the annual Christmas Night Festival. Enhancing this enchanting spectacle, a Christmas train, powered by a vintage locomotive, operates on the line, [え] the addition of a touch of nostalgia to the seasonal celebrations.

1-1 空欄 A から E に入る語句の組み合わせとして最も適切なものを選びなさい。（3
点）

① surprisingly	as yet	twig	under	deception
② surprisingly	so far	twig	along	decoration
③ nonetheless	such as	stump	out	completion
④ nonetheless	including	stump	across	inception
⑤ of course	as yet	bark	along	deception
⑥ of course	so far	bark	under	completion
⑦ therefore	such as	root	out	inception
⑧ therefore	including	root	across	decoration

1-2 空欄 [あ] に入る最も適切な語句を一つ選びなさい。 （3点）

① anything else　　　② nothing to do
③ anything but　　　④ nothing to it

1-3 下線部（ア）はどのような意味だと推察されるか。最も近い意味の語を選びなさ
い。 （3点）

① bubbling　　② boiling　　③ glistening　　④ buzzing

1-4 空欄 F から J に入る語句の組み合わせとして最も適切なものを選びなさい。（3点）

① hand	thereby	For all that	However	holy
② gratitude	owing to	For all that	Thus	worldly
③ welcome	hence	Consequently	Yet	non-religious
④ heart	thereafter	Consequently	However	sacred
⑤ hand	owing to	Accordingly	So	holy
⑥ gratitude	thereafter	Accordingly	Thus	worldly
⑦ welcome	thereby	However	Yet	non-religious
⑧ heart	hence	However	So	sacred

1-5 空欄 [い] に入る表現として最も適切なものを選びなさい。 （3点）

① imposing the ban　　　② supporting the ban
③ placing the ban　　　④ lifting the ban

1-6 本文の内容を踏まえ、下線部（イ）の解釈として最も適切なものを選びなさい。
（5点）

① 大規模なクリスマス・イルミネーションは、1900年に東京の繁華街である
　銀座の高級スーパーによって店先がクリスマス照明で飾られたのが最初で
　あった。

② クリスマス・イルミネーションとケーキは、東京の繁華街である銀座の高級
　菓子店が1900年に店先に照明とケーキを飾ったことから始まったとされる。

③ クリスマス・イルミネーションは、東京の繁華街である銀座の高級スーパー
　が1900年にスーパーの店先をクリスマス照明で飾ったのが嚆矢とされる。

④ クリスマス・イルミネーションは、1900年に東京の繁華街である銀座のデ
　パートが店先をきらびやかなクリスマス照明で飾ったのが日本で最初であっ
　た。

1-7 空欄 [う] に入る表現として最も適切なものを選びなさい。　　　（3点）

① without the approval　　② within the fabric
③ without the backing　　④ within the family unit

1-8 空欄KからOに入る語句の組み合わせとして最も適切なものを選びなさい。（3点）

① though	launched	humdrum	efficient	carries
② further	launched	catchy	efficient	takes
③ additionally	adjourned	peculiar	absorptive	holds
④ instead of	adjourned	humdrum	absorptive	gets
⑤ further	initiated	enchanting	dissipative	carries
⑥ though	initiated	peculiar	dissipative	takes
⑦ instead of	continued	catchy	saving	holds
⑧ additionally	continued	enchanting	saving	gets

1-9 下線部（ウ）はどのような意味だと推察されるか。最も近い意味の語を選びなさ
　い。　　　　　　　　　　　　　　　　　　　　　　　　　　　　　　　（3点）

① tryst　　② promise　　③ separation　　④ coincidence

1-10 空欄 [え]に入る表現として最も適切なものを選びなさい。 （3点）

① resulting in　　② resulting from

③ effecting from　④ effecting in

1-11 本文の内容に一致するものを選びなさい。 （4点）

① 日本ではキリスト教徒の数は少ないものの、クリスマスは伝統的祝日である。

② 日本のクリスマスケーキは、クリームと苺で飾られたケーキが主力である。

③ 日本のクリスマスは、1552年に今の山口で祝われたのが最初とされる。

④ 織田信長、豊臣秀吉に続き、徳川幕府もキリスト教を非合法とした。

⑤ 江戸時代の禁教令の中で、潜伏キリシタンはクリスマスを祝えなかった。

1-12 本文の内容に一致するものを選びなさい。 （4点）

① キリスト教の解禁政令は、明治中期になるまで発布されなかった。

② 日本のデパートがクリスマスセールを催すようになったのは第一次世界大戦後である。

③ 日本のクリスマスのデコレーションケーキは、海外の菓子メーカーが始めた。

④ クリスマス・イルミネーションの始まりもクリスマス発祥の地、山口である。

⑤ クリスマス発祥の地、山口では機関車が引くクリスマス列車が運行される。

✎ 正解

1-1 ④	**1-2** ②	**1-3** ③	**1-4** ⑦	**1-5** ④	**1-6** ③
1-7 ②	**1-8** ②	**1-9** ①	**1-10** ①	**1-11** ③	**1-12** ⑤

解説

試訳

　国民のほとんどが自らを非キリスト教徒だとみなしている国である日本では、クリスマスは伝統的な祝日ではないが、それでも現代では宗教色のないお祝いとして根づいてきた。キリスト教とは関係のない仏教の寺や神道の神社に付属する幼稚園でさえ、クリスマスの行事を取り入れ、子どもたちのためにパーティを催す。クリスマスあたりに家でパーティを開く人もいて、クリスマスケーキ、クリームとイチゴで飾られた白いスポンジケーキ、フランス起源のチョコレートクリームが塗られた切り株型ケーキ、元々はドイツとオランダで食べられていた甘いクリスマスのパンであるシュトーレンなどを楽しむ。この季節の精神は家庭や都市の風景を目に見えて席巻しており、多くの家族が家にクリスマスの飾りつけをし、街の景観はきらめく祝祭のイルミネーションで活気づく。

　日本におけるクリスマスの始まりは、激動の戦国時代、西日本の山口の町にさかのぼると考えられる。現在の山口県の大半を含む地域を治めていた大名の大内義隆は、1551年、宣教師フランシスコ・ザビエルを温かく迎え入れた。ザビエルは日本人の改宗者とともに、翌年の12月24日に祈りを捧げてクリスマスを祝ったが、それにより知られるかぎり日本で初めてこの祝日を祝った記録となった。

　しかし、キリスト教が広く受け入れられるようになると、有力大名であった豊臣秀吉の治世に相当の抵抗を受けた。この抵抗は徳川幕府によってさらに確固としたものになり、1614年に禁教令が出され、キリスト教は全国で非合法とされた。それでも、こうした厳しい制約の中で、潜伏キリシタンたちは江戸時代を通じてひそかにクリスマスを祝い続けた。

　明治維新では宗教的寛容において大きな変化があり、1873年にはキリスト教を解禁する政令が発効した。これにより日本のキリスト教徒はクリスマスを公然と祝えるようになり、同時に、宗教にとらわれないクリスマス行事が全国に広がり始めた。クリスマス・イルミネーションの先駆けは、東京の繁華街である銀座の高級スーパーが1900年に店先をクリスマスの照明で飾ったことだと言われている。その10年後、東京の老舗菓子メーカーがクリスマス・デコレーションケーキの販売を始め、クリスマスを祝うことは日本文化の中にさらに定着した。クリスマスの歌や物語は、一般の人々の間でさらに支持され、人気を集めるようになった。

　第二次世界大戦後、百貨店はクリスマスのお祝いセールを開催するようになり、クリスマスツリーやリースを飾って季節の魅力を強調した。1980年代後半には、日本のクリスマスの習慣がユニークな進化を遂げ始めた。大手鉄道会社が東海道新幹線の「Xmasエクスプレス」キャンペーンを展開したところ、クリスマスを恋人と過ごすという考えが人気を博した。クリスマスの待ち合わせのために新幹線に乗って東京にやってくる、遠距離恋愛中の男性と再会する若い女性を描いたテレビCMシリーズは、人を引き付ける物語と受けやすいうたい文句で若い視聴者の心をつかみ、ロマンチックなクリスマスを祝うトレンドの火付け役となった。

　近年、省電力のLED電球の普及もあって、日本各地のクリスマス・イルミネーションはますます壮大な見せ物となっている。日本のクリスマス発祥の地とされる前述の山

Chapter 1

口でも、そんな堂々たるイルミネーションのイベントが行われている。毎年恒例の「ク
リスマスナイトフェスティバル」では、市の北部、山口線地福駅近くの駐車場にそびえ
立つ2本のモミの木が約4万個の電球で飾られる。この魅惑的な見せ物を引き立てるた
め、年代物の機関車が牽引するクリスマス列車が同線で運行されることで、季節のお祝
いにちょっとした郷愁を添えている。

単語リスト

identify as ～	～であると認める、みなす
nonetheless	それにもかかわらず、とは言え
take root	根付く、定着する
have nothing to do with	～とは関係がない、没交渉である
incorporate	～を組み込む
festivity	祝祭、祝いの催し、行事
stump-shaped	切り株の形の
visibly	目に見えるほどに、明白に
sweep across ～	～の中をまんべんなく回る
adorn	装飾する、飾る
shimmering	チラチラ、キラキラ光る
inception	始まり、発端
date back to ～	～にさかのぼる
tumultuous	騒々しい、大騒ぎの、無秩序な
convert	改宗者
observance	儀式、祝賀
reign	治世、統治
entrench	定着させる、固定させる
edict	布告、政令、法令
outlaw	～を法的に禁止する、不法とする
rigorous	厳しい
constraint	制約、強制、束縛
persevere	辛抱する、耐える
decree	布告
lift the ban on ～	～を解禁する
come into effect	発効する、効力を生じる
concurrently	同時に、兼任して
pioneering	先駆の、草分け的な
bustling	賑わっている、活気のある
initiate	開始する
cement	固定する、結び付ける
within the fabric of ～	～の構造内に
traction	牽引力、引っ張られること
spectacle	壮観、光景、大掛かりなショー
proliferation	拡散
energy-efficient	エネルギー効率の優れた、燃費のよい
aforementioned	前述の、上記の

cradle	発祥地、揺籃の地
fir tree	モミの木
festooned with ～	～が並んでいる
enhance	高める、さらに良くする
enchanting	魅惑的な、素敵な
result in ～	～をもたらす、～につながる
a touch of ～	少しの～

1-1 正解 ④

空欄 A

選択肢は①②が surprisingly「驚いたことに、意外にも」、③④が nonetheless「それでもなお、とは言え」、⑤⑥が of course「もちろん、当然ながら」、⑦⑧が therefore「それゆえに、従って」だが、本文では「国民のほとんどが自らを非キリスト教徒だとみなしている国である日本では、クリスマスは伝統的な祝日ではない」と述べてあり、次に it has [A] taken root as a secular celebration in modern times.「現代では宗教色のないお祝いとして根付いてきた」と続く。逆接の関係なので、③④の nonetheless が最も適切だが①②の surprisingly も意味が通らないわけではないので残しておく。

空欄 B

①②③④だけ見ていく。①は as yet「(通常否定文で)今までのところは」、②は so far「今までのところは」、③は such as「例えば～など」、④は including「～を含めて、～などの」。

本文に入れて吟味する。Some people hold Christmas parties at home around Christmas Day, に続いて enjoying Christmas cakes [B] a white sponge cake covered with cream and decorated with strawberries, Buch de Noel,…と、クリスマスケーキの例が述べられているので、③の such as と④の including が残る。

空欄 C

③と④だけ見ていく。③も④も stump「切り株」であるが、Buche は「木、丸太」の意味で、Buch de Noel は木の形のロールケーキをココアクリームで覆い、フォークで筋を付けたケーキ。③④が残る。

空欄 D

③は out、④は across である。本文に入れて吟味する。The spirit of the season visibly sweeps [D] households and urban landscapes…この文は「この季節の精神は家庭や都市の風景を目に見えて sweep する」という意味。③の sweep out は「掃き掃除をする、一掃する、外に出ていく」という意味で本文とは合わない。④の sweep across は「まんべんなく回る、広がる」という意味で「家庭や都市の風景に広がる」という文を作るので文脈に合う。④が残る。

空欄 E

④の inception「始まり、発端」を入れて整合性を見る。The [inception] of Christmas in Japan is thought to date back to the city of Yamaguchi in western Japan during the tumultuous Sengoku Jidai, or the Warring States

Period.「日本におけるクリスマスの始まりは、激動の戦国時代の西日本の山口の町にさかのぼると考えられる」という意味が通じる文になる。
④が正解だと確定。

1-2 　正解 ②

have nothing to do with 「〜とは関係がない、没交渉である」本文に入れて確認。Even kindergartens associated with Buddhist temples and Shinto shrines that have [nothing to do] with Christianity incorporate Christmas festivities, organizing parties for children.「キリスト教とは関係のない仏教の寺や神道の神社に付属する幼稚園でさえ、クリスマスの行事を取り入れ、子どもたちのためにパーティを催す」
① anything else 「他のなにか」
　　例) before anything else「他の何よりも先に」
③ anything but 「〜の他は何でも、〜どころではない」
　　例) She is anything but shy. 「彼女は決して内気ではない」
④ nothing to it 「簡単である、なんてことはない」
　　例) There's nothing to it.「(依頼に対して)お安い御用です」「それでおしまいです」

1-3 　正解 ③

下線部(ア)の shimmering は「キラキラ光る」という意味で、③ glistening も「ピカピカ・キラキラ光る」という意味で同義。
① bubbling と② boiling は simmering 「ぐつぐつ煮えている」と同義。shimmering と似た単語の simmering で混乱させようとするひっかけ。
④ buzzing は「ブンブンと音をたてる、元気いっぱいである」

1-4 　正解 ⑦

空欄F
選択肢①⑤は hand、②⑥は gratitude、③⑦は welcome、④⑧は heart である。空欄 F を含む文は Ouch Yoshitaka, the daimyo governing the region that includes a large part of current Yamaguchi Prefecture,「現在の山口県の大半を含む地域を治めていた大名の大内義隆は」extended a warm [F] to missionary Francis Xavier in 1551. Xavier,....「1551 年、宣教師フランシスコ・ザビエルに温かい [F] を extended」という内容だが、この extended は「伸ばした」ではなく「示した」という意味。例) It is with great pleasure that we extend our welcome to you.「あなたをお迎えできたことは、私たちにとって大きな喜びです」このように extend (one's warm) welcome は日常で頻出する表現である。また、extend (deep)

gratitude to 〜「深い感謝の意を表する」、extend a warm hand「温かい手を差し伸べる」もよく見かける表現。

文意に合うのは①⑤の hand と③⑦の welcome である。ちなみに extend a warm heart とは言わないが extend a warm-hearted welcome/hand ならあり得る。①③⑤⑦が残る。

空欄 G

①⑦が thereby「それによって、それについて」、③は hence「この理由で、したがって」、⑤は owing to「〜のおかげで、〜のせいで」である。空欄 G が含まれるのは空欄 F を含む部分「現在の山口県の大半を含む地域を治めていた大名の大内義隆は 1551 年、宣教師フランシスコ・ザビエルを温かく迎えた」に続く部分、together with his Japanese converts,「日本人の改宗者と一緒に」celebrated Christmas with prayers on December 24 of the following year,「翌年の 12 月 24 日に祈りを捧げてクリスマスを祝った」[G] recording the first known observance of the holiday in Japan.「知られるかぎりでは日本で初めてこの祝日を祝った記録となった」という内容から、「それによって」の①⑦の thereby、あるいは「この理由で」の③の hence が適切である。①③⑦に絞り込める。

空欄 H

①は For all that「とはいうものの、それにもかかわらず」、③は Consequently「前述の理由により、その結果として」、⑦は However「しかしながら、また一方」である。前文は空欄 F と G がある部分で、日本で初めてクリスマスが祝われたという話である。次のパラグラフの冒頭の文に空欄 H が含まれている。[H], the widespread adoption of Christianity met considerable resistance during the reign of the powerful daimyo, Toyotomi Hideyoshi.「[H]、キリスト教の広範囲の受け入れは、有力大名であった豊臣秀吉の治世にかなりの抵抗を受けた」という内容から空欄 H には逆接の語が入ることが分かる。①と⑦が残る。

空欄 I

①は However、⑦は Yet である。文頭にあるので前の文脈を確認する。This resistance was further entrenched by the Tokugawa shogunate, which issued the Anti-Christian Edicts in 1614, outlawing Christianity nationwide.「この抵抗は徳川幕府によってさらに確固としたものになり、1614 年に禁教令が出され、キリスト教は全国で非合法とされた」という流れ。[I], amidst these rigorous constraints,「これらの厳しい制約の中で」the kakure kirishitan, or hidden Christians, persevered in celebrating Christmas in secret throughout the Edo period.「隠れキリシタンたちは江戸時代を通じてひそかにクリスマスを祝い続けた」[I] には逆接の語がふさわしい。① However、⑦ Yet のどちらも適切なのでまだ確定できない。

空欄 J

①は holy「神聖な」、⑦は non-religious「非宗教の」である。第 4 パラグラフの冒頭では The Meiji Restoration saw a significant shift in religious tolerance「明治維新では宗教的寛容において大きな変化があった」と述べられている。続く部分には設

Chapter 1

問 1-5 が含まれているが、その次に This allowed Japanese Christians to openly celebrate Christmas,「これにより日本のキリスト教徒はクリスマスを公然と祝えるようになった」とあって、続く部分に空欄 J が含まれている。...and concurrently, [J] Christmas festivities began to spread out across the country.「同時に、[J] のクリスマス行事が全国に広がり始めた」という内容から⑦の non-religious「非宗教の」が適切だと分かる。⑦が正解。

1-5 正解④

「明治時代の 1873 年にはキリスト教を解禁する政令が発効」と述べられている。
他の①②③は「キリスト教の禁止令」を課す／支持するという意味。

1-6 正解③

① 誤り。pioneering は「先駆の、草分け的な」という意味で「大規模な」ではない。
② 誤り。「ケーキ」に関する言及はない。「高級菓子店」ではなく「高級スーパー」。
③ これが正解。pioneering「先駆の、草分け的な」、credited to ～「～のおかげである」
　　「嚆矢」は「(大きな音を出す) かぶら矢」のことで、昔、中国で戦いを始める時に敵陣に向けてかぶら矢を射たことから、「物事のはじまり、最初」を意味する。
④ 誤り。「デパート」ではなく「スーパー」、「きらびやかな」という表現はない。

1-7 正解②

② within the fabric (of ～) は「～の構造内に」という意味の成句。A decade later, a well-established Tokyo confectionery company initiated the sale of decorated Christmas cakes「10 年後、東京の老舗菓子メーカーがクリスマス・デコレーションケーキの販売を始めた」[K] cementing Christmas celebrations [within the fabric] of Japanese culture.「[K] クリスマスを祝うことは日本文化の中に定着した」という意味の通る文になる。
① without the approval (of ～)「～の承認なしに」
③ without the backing (of ～)「～の後ろ盾なしに、～の支持を得ずに」
④ within the family unit「家族という単位の中で」

1-8 正解②

空欄 K
選択肢①⑥は though、②⑤は further、③⑧は additionally、④⑦は instead of である。
1-7 で確認したように A decade later, a well-established Tokyo confectionery company initiated the sale of decorated Christmas cakes, [K] cementing

Christmas celebrations [う within the fabric] of Japanese culture. 「10 年後、東京の老舗菓子メーカーがクリスマス・デコレーションケーキの販売を始め、[K] クリスマスを祝うことは日本文化の中に定着した」に入って意味が通るのは②⑤の further と③⑧の additionally である。

空欄 L

②③⑤⑧を吟味する。②は launched「開始した、着手した」、③は adjourned「（会議などを）一時中止した」、⑤は initiated「開始した」、⑧は continued「続けた」である。The idea of spending Christmas with a romantic partner earned popularity「クリスマスを恋人と過ごすという考えが人気を博した」when a major railroad company [L] the "Xmas Express" campaign for the Tokaido Shinkansen Line. 「大手鉄道会社が東海道新幹線の「Xmas エクスプレス」キャンペーンを [L] した時」、この [L] に「開始した」という意味の② launched と⑤ initiated が適切。

空欄 M

②は catchy「受けそうな、覚えやすい」、⑤は enchanting「魅力的な、うっとりさせるような」である。本文の taglines「見出し、結び文句、スローガン」を修飾する語としては、どちらも適切である。

空欄 N

②は efficient「効率の良い」、⑤は dissipative「消散的な、浪費的な」である。本文には energy-[N] LED bulbs とあるので、当然ながら②の efficient が適切である。
もし dissipative の意味が掴めなくても接頭辞 dis は否定を表すことから違うのではないかと推測できる。ちなみに dissipative の動詞形 dissipate [ラテン語源 dis（分離）＋ sipate（投げる⇒捨てる）] には「（雲・霧・煙などを）散らす、（心配・恐怖などを）消す、晴らす」という意味と「（時間・金を）浪費する」という意味がある。

空欄 O

本文に② takes を入れて整合性をチェックする。One such impressive Christmas illumination event [takes] place in the aforementioned Yamaguchi, believed now said to be the cradle of Japanese Christmas. take place は「（事前に計画されたことが）行われる・開催される」あるいは「（災害や事故などが偶然に）起こる」という頻出表現である。本文は「日本のクリスマス発祥の地とされる前述の山口でも、そのような堂々たるイルミネーションのイベントが行われている」という意味になり、整合性が確認できた。

1-9 正解 ①

下線部 (ウ)rendezvous は中世フランス語の rendez vous が語源で、もともとの意味は「出頭せよ＝ present yourselves」、それが名詞化した言葉。意味は「（予定した時・場所で）～と会う約束、待ち合わせ」である。選択肢① tryst は「（デート・密会の）約束」という意味で最も近い。もし tryst という語を知らなくても他の②③④は違うと分かるので消去法で①にたどり着ける。
② promise 「約束、契約、見込み」

③ separation 「分離、別居」
④ coincidence 「同時発生、偶然の一致」

1-10 正解 ①

result は自動詞なので「（主語が）最終的に生じる、起こる」という意味。「（物や事が）
〜という結果になる、帰着する」という意味にするには result in 〜とし、「（条件・原因・
前提などから物や事が）結果として生ずる、〜に起因する」の場合は result from 〜と
する。本文は「年代物の機関車が牽引するクリスマス列車が同線で運行されることで、
季節のお祝いにちょっとした郷愁を添える結果になっている」という意味。

② resulting from は①とは逆の意味で「〜に起因する」

③ effect は他動詞なので from はとらない。「（結果として）〜をもたらす、引き起こす、
（目的などを）達成する」という意味。
例）They were looking for a new leader who can effect change.
　　「彼らは変化をもたらすことのできる新しいボスを求めていた」

④ effect は他動詞なので in はとらない。

1-11 正解は ③

① 誤り。第 1 パラグラフの内容だが、「クリスマスは伝統的な祝日ではないが、それ
でも現代では宗教色のないお祝いとして根づいてきた」と述べられている。

② 誤り。第 1 パラグラフの内容。クリームと苺のケーキが主力とは書かれておらず、
他にフランス起源の切り株型ケーキ、ドイツやオランダ起源のシュトーレンも言及
されている。

③ これが正解。第 2 パラグラフで「大内義隆は、1551 年にフランシスコ・ザビエル
を迎え入れ、翌年の 12 月 24 日にクリスマスを祝った」と述べられている。
ちなみに、大内義隆が初めてザビエルに会ったのは 1550 年でありこの時ザビエル
が旅装のままであったこと、たいした進物がなかったこと、義隆の放蕩ぶりを批判
したこと、などにより義隆は立腹、布教許可は与えなかったが、翌 1551 年にザ
ビエルがきちんとした服装で珍しい文物を献上したことで布教許可を与えたとされ
る。

④ 誤り。第 3 パラグラフの内容だが、織田信長の名前は言及されていない。
ちなみに、信長は（むろん、色々な政治的理由があったとされるが）キリスト教の
布教や学校の設立も許可したことが知られている。

⑤ 誤り。第 3 パラグラフの最後に、潜伏キリシタンたちは江戸時代を通じてひそかに
クリスマスを祝い続けた、と述べられている。

1-12 正解は ⑤

① 誤り。第4パラグラフの内容。解禁政令が出たのは1873年と述べられているので、明治中期ではなく初期である。

② 誤り。第5パラグラフの冒頭に、第二次世界大戦後デパートはクリスマスのお祝いセールを開催するようになり、クリスマスツリーやリースを飾った、と述べられている。

③ 誤り。第4パラグラフに「東京の老舗菓子メーカーがクリスマス・デコレーションケーキの販売を始めた」と述べられている。実際は明治43年（1910）に当時、横浜で創業したばかりの「不二家」がシロップコーティングのドライフルーツと洋酒のケーキを「季節限定」として売り出した。現代のもののようにスポンジケーキにホイップクリームやバタークリームを塗りサンタクロースやクリスマスツリー、苺などを飾りつけたデコレーションケーキも不二家が1922年頃から広めたとされる。

④ 誤り。第6パラグラフの内容だが、イルミネーションの始まりに関する言及はない。

⑤ これが正解。第6パラグラフで、山口線地福駅近くの駐車場のモミの木に約4万個のLED電球が飾られ、山口線で年代物の機関車が列車を牽引することが述べられている。

Chapter 2

英文和訳選択問題
演習問題1～6

Chapter 2　英文和訳選択問題

演習問題 1　制限時間内に辞書を使わないでやってみましょう！

次の英文を読み、以下の問いに答えなさい。(各5点×4＝20点) [制限時間20分]

Known as "the world's most romantic railway line," the Tadami Line, operated by JR East, has attracted a large number of tourists since it fully reopened in 2022, following a decade-long recovery from a devastating natural disaster. This 135.2-kilometer line connects Aizu-Wakamatsu in Fukushima Prefecture with Koide in Niigata Prefecture, offering passengers a journey through quaint, underpopulated areas abundant with natural beauty.

The rail line, nestled within dense forests, provides breathtaking vistas across all seasons. In the warmer months, the green canopy of leaves is mirrored in the serene waters of the Tadami River. During autumn, the landscape transforms into a riot of red and yellow hues set against clear skies. (1) Winter reveals charming, snow-dusted villages viewed from the comfort of the train, and tourists, particularly from China, Taiwan, and Southeast Asia, are drawn to these picturesque scenes, often featured in social media posts. Yet, the Tadami Line's tale wasn't always one of picture-perfect landscapes.

The line bore the brunt of heavy rains in July 2011, sustaining substantial damage over a 27.6-kilometer stretch between Aizu-Kawaguchi and Tadami. This catastrophe led to a protracted suspension of services. (2) Given the line's reputation as one of the railway operator's least profitable ventures, fears emerged that the damaged section could be permanently decommissioned. However, JR East, with support from the Fukushima Prefectural Government and local municipalities, orchestrated a successful turnaround, restoring the affected section and reinstating full services on October 1, 2022 — 11 years post-disaster.

This restoration triggered a surge in tourism, drawing in international travelers who flock to the trains, especially during weekends and holidays. The influx of visitors prompted the rail company to operate additional services on selected days. (3) Local communities had heavily invested in the line's restoration, banking on the railway being viewed as a tourist attraction in itself, not just a transportation route.

The spotlight is now on the future of tourism in rural Japan. Numerous railway companies are grappling with maintaining less profitable lines in areas at the mercy of depopulation, particularly in light of the overall passenger decline since the COVID-19 pandemic. (4) It remains to be seen how the ongoing revitalization efforts will impact the long-term sustainability of tourism in these regions.

[367 words]

2-1 下線部(1)の日本語訳として最も適切なものを①～④の中からひとつ選びなさい。
（2点）

① 特に中国、台湾、東南アジアからの観光客は冬に来日することが多いが、雪化粧をして村々を居心地の良い車の中から眺めるのが好きであり、彼らはそうした風景を頻繁に SNS に投稿して紹介する。

② 特に中国、台湾、東南アジアからの観光客が、こうした雪化粧の村やまわりの田園風景を眺めるためにあえて冬の間に日本にやってくるが、SNS にあげられた写真が彼らをひきつけているのである。

③ 列車の車窓からは雪化粧をした魅力的な村々が現れるが、それらは絵のような風景であるため特に中国、台湾、東南アジアの SNS で頻繁に紹介され、結果的にそれらの地域からの観光客をひきつけている。

④ 冬には雪化粧をした魅力的な村々が現れ、それを心地よい列車から眺められるが、こうした絵のような風景は SNS の投稿で頻繁に紹介され、とりわけ中国、台湾、東南アジアからの観光客を引きつける。

2-2 下線部(2)の日本語訳として最も適切なものを①～④の中からひとつ選びなさい。

① この路線が運営会社の最も低収益な事業の一つとの噂があったことから、被災した区間が恒久的に廃止されるのではないかという懸念が浮上した。

② この路線が運営会社の最も低収益な事業であることから判断すると、被災した区間がしばらくの間、運行中止になるのではないかという懸念が浮上した。

③ この路線は運営会社の最も低収益な事業の一つである事実からすると、被災した区間が半永久的に廃止されるのではないかという懸念は当然のことである。

④ この路線が運営会社の最も低収益な事業の一つではあるが、被災した区間が恒久的に廃止されるのではないかという懸念はないと言ってよい。

2-3 下線部 (3) の日本語訳として最も適切なものを①～④の中からひとつ選びなさい。

① 地元は、この鉄道が地域に不可欠の輸送路であることと、それ自体で観光名所とみられることから、前から復旧に投資をしていた。

② 地元は、この鉄道を以前からただの輸送路としてではなく、観光資源として見ていたのでその宣伝に重点的に投資をしていた。

③ 地元は、この鉄道が単なる観光名所ではなく、それ以上に輸送路であることとみなしていたため、以前から復旧に重点的に投資していた。

④ 地元は、この鉄道が単なる輸送路ではなく、それ自体で観光名所と見なされることを見込んで、以前から復旧に重点的に投資していた。

2-4 下線部 (4) の日本語訳として最も適切なものを①～④の中からひとつ選びなさい。

① 現在進行中の再生活動が、これらの地域の観光業の長期的な持続性にどう影響するのかに関しては、これからも見ていなければならない。

② これらの地域の観光業は現在進行形で再生しつつあるが、それが地域に与える影響がどのようなものなのかは、まだ不明である。

③ 現在進行中の再生活動が、こうした地域の観光業の長期的な持続性にどう影響するのかに関しては今後の課題である。

④ これらの地域の再生活動が、現在進行中の地域観光業の長期的持続性に与える影響に関してはまだ分からない

正解

2-1 ④　　**2-2** ①　　**2-3** ④　　**2-4** ③

解説

試訳

「世界で最もロマンチックな鉄道路線」として知られる、JR東日本が運営する只見線は、壊滅的な自然災害からの10年にわたる復興を経て2022年に全面開業して以来、多くの観光客を引きつけている。福島県の会津若松と新潟県の小出を結ぶこの135.2キロメートルの路線は、自然美にあふれた風情ある過疎地の旅を乗客に提供している。

この鉄道路線は鬱蒼とした森に囲まれ、息をのむような四季折々の眺望を提供する。暖かい季節には、緑豊かな樹冠が只見川の静かな水面に映る。秋には、澄み切った空に映える赤や黄色のさまざまな色合いの景色に変わる。冬には、雪化粧をした魅力的な村々が現れ、車内から心地よく眺められるが、こうした絵のような風景はSNSの投稿で頻繁に紹介され、とりわけ中国、台湾、東南アジアからの観光客を引きつける。しかし只見線の物語は、絵に描いたように美しい景色ばかりではなかった。

この路線は2011年7月の豪雨の影響をもろに受けて、会津川口・只見間の27.6キロメートルの範囲にわたってかなりの被害を受けた。この大災害により長期の運休に追い込まれた。同線は運営会社の最も低収益な事業の一つと噂されていたことから、被災した区間が恒久的に廃止されるのではないかという懸念が浮上した。しかしJR東日本は、福島県や地元自治体の支援を受けて成功裏に立て直しを図り、被災区間を復旧させ、災害から11年後の2022年10月1日に全線運行を再開した。

この復旧をきっかけに観光客が急増し、特に週末や休日には外国人旅行者が列車に押し寄せるようになった。旅行者の殺到を受けて、鉄道会社は特定日に臨時便を運行するようになった。地元は、鉄道が単なる輸送路ではなく、それ自体で観光名所と見なされることを見込んで、復旧に重点的に投資していた。

いま注目されているのは日本の地方における観光業の未来だ。とりわけ新型コロナウイルス禍以降の全体的な乗客減少を踏まえて、過疎に翻弄される地域での低収益路線の維持に多くの鉄道会社が取り組んでいる。現在進行中の再生活動がこうした地域の観光業の長期的な持続性にどう影響するのかは今後の課題である。

単語リスト

quaint	（場所や建物が）古風な、趣のある
abundant with ~	~が豊富にある
nestle within ~	~の中に（抱え込まれるように）たっている
vista	眺め、景色
canopy	天蓋（のように覆うもの）
serene	穏やかな、静かな
a riot of (color)	多彩な（色）
hue	色相、色合い
from the comfort of ~	~でくつろぎながら、楽々と
be drawn to ~	~に惹きつけられる、~に魅力を感じる
social media post	ソーシャルメディアの投稿
picture-perfect	（見た目が）完璧な、理想的な、欠点のない

bear the brunt of ～	～の矢面に立つ、～をもろに受ける
substantial	かなりの、相当な
catastrophe	大惨事、大災害
protracted	長引く、長期化する
suspension	停止、延期
given ～	～と仮定すると、～を考慮すると、～を前提として
reputation	評判、風評
decommission	廃止する
municipality	地方自治体
orchestrate	調整する、画策する
turnaround	改善、好転、転換、逆転
reinstate	元の状態に戻す、復活させる
trigger	（出来事や反応などを）引き起こす
surge in ～	～の急増、急騰
draw in	誘引する、引き込む、集める
flock	集まる、群がる
influx	（大量の人の）到着、出現
prompt	～を駆り立てる、促す、鼓舞する
bank on	～を見込む、～を頼る、～を当てにする
heavily invest in ～	～に重点的に投資する
grapple with ～	～に取り組む、立ち向かう
at the mercy of ～	～のなすがままで、～に翻弄されて
depopulation	人口減少、（人口減少による）過疎化
in the light of ～	～を踏まえて
remain to be seen	今後の課題である、（後になってみないと）分からない
ongoing	現在進行中の

2-1　正解 ④

① 「冬に来日することが多い」という文言はない。「彼らはそうした風景を頻繁に SNS に投稿して紹介する」とは述べられておらず、「こうした絵のような風景が SNS の投稿で頻繁に紹介され、特に中国、台湾、東南アジアからの観光客がひきつけられる」と述べられている。

② 「まわりの田園風景」「あえて冬の間に日本にやってくる」という文言はない。「居心地のよい列車から」「絵のような風景」の部分が訳し入れられていない。

③ 「冬には」「心地よい車内」が訳し入れられていない。「中国、台湾、東南アジアのSNS で紹介される」ではなく「SNS の投稿で頻繁に紹介される絵のような風景が、特に中国、台湾、東南アジアからの観光客を引きつける」と述べられている。

2-2　正解 ①

② 「〜のひとつ」が訳し入れられていない。前置詞としての given は「〜と仮定すると、〜を考慮すると、〜を前提として」という意味だが、reputation「風評」の内容が「最も低収益な事業の一つ」という良くないものであることから、この given は「〜を考慮すると、〜を前提として」という意味であり「〜から判断すると」ではない。「しばらくの間、運行中止」ではなく「永久に廃止」と述べられている。

③ この given は「〜を考慮すると、〜を前提として」という意味であり「〜という事実からすると」ではない。「半永久的」ではなく「永久に」である。また「当然のこと」という文言はない。

④ given は「〜ではあるが」ではなく「〜を考慮すると、〜を前提として」。「懸念はないと言ってよい」ではなく「懸念が浮かび上がった」。

2-3　正解 ④

① 「不可欠の」という語はない。heavily「深く、重点的に」が訳し入れられていない。「輸送路であることと、それ自体で観光名所とみられること」だと both A and B のような意味合いになるが、本文では viewed as A, not B「B ではなく A とみなされる」というフレーズ「ただの輸送路ではなく、それ自体で観光名所とみなされる」という意味になる。

② 「以前から」は had p.p.(過去分詞) で表されるが、本文の場合は invested にかかる。「以前から投資していた」という内容で、「以前から観光資源として見ていた」ではない。「宣伝」ではなく「復旧」。

③ viewed as A, not B「B ではなく A とみなされる」の B は「輸送路」、A は「それ自体で観光名所」。bank on「〜を見込む、〜を頼る、〜を当てにする」、heavily invest in 〜「〜に重点的に投資する」。

2-4　正解 ③

① remain to be seen は成句で「まだ不明である、今後の課題である」。

② 影響を与える主体は「地域の観光業の再生」ではなく「現在進行中の再生活動」であり、影響を与えられる対象は「地域」ではなく「地域の観光業の長期的な持続性」。

④ 「現在進行中」が修飾しているのは「再生活動」であって、「地域観光業の長期的持続性ではない。

Chapter 2 英文和訳選択問題

演習問題 2　制限時間内に辞書を使わないでやってみましょう！

次の英文を読み、以下の問いに答えなさい。（各5点×4＝20点）［制限時間20分］

　　The series of woodblock prints titled 'Thirty-Six Views of Mount Fuji' by the renowned ukiyo-e artist Hokusai is a captivating collection that portrays Mount Fuji from various perspectives. Created in the early 1830s, these prints, including the iconic Great Wave, quickly gained immense popularity. Around the same time, another esteemed ukiyo-e artist, Hiroshige, unveiled his own series of prints known as 'The Fifty-Three Stations of the Tokaido.' (1) This collection also achieved remarkable success by showcasing the scenic landscapes along the Tokaido, a prominent highway that connected the thriving city of Edo to the capital Kyoto by way of small post towns.

　　During those feudal days in Japan, extensive travel to distant places was strictly regulated, with limited exceptions for religious pilgrimages approved by the authorities. Mount Fuji, which had been depicted by many artists like Hokusai, was also an object of folk belief. (2) Consequently, obtaining a travel permit was relatively straightforward if one claimed to be embarking on a pilgrimage to Mount Fuji. This facilitated enjoyable walking journeys to the sacred mountain. (3) The trend of forming groups to accumulate travel funds and take turns paying visits to Mount Fuji became increasingly popular among commoners.

　　The Grand Shrine of Ise, another major destination for spiritual devotion, also experienced a surge in religious trips accompanied by elements of tourism. Guidebooks were published to assist travelers. Upon completing the visit to the revered shrine, pilgrims had the opportunity to continue their journey. Similar to protagonists in a bestselling novel of the time, Edo residents could travel along the Tokaido route, visit Ise Grand Shrine, and further explore notable destinations such as Kyoto and Osaka before returning to Edo. In fact, several years prior to Hiroshige's release of the Tokaido prints, a nationwide Ise pilgrimage boom occurred, with millions of people making the journey in a single year. (4) This trend enabled even people from lower social classes to safely head off for their destination through relying on charity.

　The popularity of Hokusai's and Hiroshige's landscape prints can be attributed to the enthusiasm for tourism among the common people. These prints gave them a glimpse of distant lands, which likely fueled their desire for actual travel.　　　　　　　　　　　　　[374 words]

2-1　下線部 (1) の日本語訳として最も適切なものを①〜④の中からひとつ選びなさい。

① 繁栄する京都の町から小さな宿場町を通って首都江戸にいたる大きな街道である東海道沿いの名所旧跡を集めたことによって、この収集品も目覚ましい成功をおさめた。

② 繁栄する江戸の町から小さな宿場町を経由して首都の京都にいたる主要街道である東海道沿いの名所風景を紹介したことで、この作品群も大きな成功を収めた。

③ 東海道に沿った風光明媚な風景を紹介することによって、この作品群もまた大きな成功を収めたのだが、東海道は宿場町をはさんだ江戸と京都を結ぶ街道である。

④ 東海道に沿った美しい風景を浮世絵に描いたことによって、この作品群は大成功だったが、当時の東海道は繁栄する江戸と首都である京都を結ぶ主要な街道であった。

2-2　下線部 (2) の日本語訳として最も適切なものを①〜④の中からひとつ選びなさい。

① その結果として、富士山への巡礼に旅立つと申し立てれば、通行手形を得るのは割に簡単だった。

② そうは言っても、富士山への巡礼に出ると申し立てても、旅の許可を得るのは比較的難しかった。

③ しかしながら、富士山への巡礼に旅立つと申し立てさえすれば、通行手形は割に簡単に入手できた。

④ 前述の理由で、富士山への巡礼の旅に出ると申し立てても、通行手形を得るのは比較的困難だった。

2-3 下線部 (3) の日本語訳として最も適切なものを①〜④の中からひとつ選びなさい。

① 団体を結成し富士山へ交代で登り、皆で貯めた金を富士山に納めるという行為が庶民の間にどんどん流行した。

② 富士山に登るための旅費を貯めるために団体を作り、助け合って登るという行為が庶民の間にますます流行した。

③ 富士山に登るための旅費を貯めるために団体を作るという流行が、江戸の庶民の間にどんどん広まった。

④ 旅費を貯めるために団体を結成して交代で富士山を訪れるという流行が、庶民の間にますます広まった。

2-4 下線部 (4) の日本語訳として最も適切なものを①〜④の中からひとつ選びなさい。

① この流行のおかげで、低い社会階層の人々は、慈善に頼りながら目的地にたどり着くことができた。

② この流行によって、社会の低い階層の人々の多くは安全な慈善に頼りつつ目的地に向けて進むことができた。

③ この流れにより、社会の低い階層の人々であっても、慈善に頼りながら安全に目的地に向かうことができた。

④ この流れのおかげで、社会の低い階層の人々は特に慈善に頼りつつ、目的地にたどり着くことができた。

✎ **正解**

2-1 ②　　**2-2** ①　　**2-3** ④　　**2-4** ③

解説

試訳

　著名な浮世絵師、北斎による「富嶽三十六景」という木版画の連作は、さまざまな角度から富士山を描いた魅惑的な作品群だ。1830年代前半に制作され、代表作の「神奈川沖浪裏」を含むこれらの版画は、すぐに絶大な人気を博した。同時期に、別の名高い浮世絵師、広重も「東海道五十三次」として知られる自身の版画の連作を発表した。繁栄する江戸の町から小さな宿場町を経由して首都の京都に至る主要街道である東海道沿いの名所の風景を紹介したことで、この作品群も大きな成功を収めた。

　当時、封建時代の日本では遠方への広範な旅行は厳しく規制されていたが、わずかな例外として宗教的な巡礼は当局から認められた。北斎など多くの画家が描いてきた富士山は、民間信仰の対象でもあった。そのため、富士山への巡礼に旅立つと主張すれば、通行手形を得るのは比較的簡単だった。これにより、聖なる山に向かう徒歩の旅が楽しめるようになった。講を結成して旅費を貯め、交代で富士山を訪れるという動向が、庶民の間にますます広まった。

　信心にとって別の主要な目的地である伊勢神宮でも、観光の要素を伴った宗教的な旅が盛んになった。旅人を支援するガイドブックも出版された。この尊い神社の参拝を終えたあと、巡礼者には旅を続ける機会があった。当時のベストセラー小説の主人公たちのように、江戸の住民は東海道沿いを旅し、伊勢神宮を訪れ、さらに京都や大阪など有名な場所を探索してから江戸に戻ることができた。実際、広重が「東海道」の版画を発表する数年前には全国的な伊勢参りブームが起こり、一年間に数百万人が参拝旅行をした。この流れにより、低い社会階層の人々でさえ慈善に頼りながら安全に目的地へ向かうことができた。

　北斎や広重の風景版画が人気を博したのは、庶民の間に観光への熱意があったためだ。これらの版画は彼らに遠方の地域を垣間見せ、実際の旅行への欲求をかき立てたことだろう。

単語リスト

woodblock print	木版画
Thirty-Six Views of Mount Fuji	富嶽三十六景
renowned	名高い、名声のある
captivating	人の心をつかむ、とりこにする、魅惑的な
perspective	視点
iconic	象徴的な
Great Wave	神奈川沖浪裏
esteemed	高く評価されている、尊重すべき
unveil	明らかにする、発表する
The Fifty-Three Stations of the Tokaido	東海道五十三次
showcase	見せる、展示する、紹介する
prominent	人目をひく、著名な

thriving	繁盛している、繁栄している
by way of 〜	〜を経由して、〜を通って
religious pilgrimage	巡礼の旅
consequently	前述の理由により、ゆえに、その結果として
straightforward	容易な、複雑でない
embark on 〜	〜に乗り出す、着手する
facilitate	容易にする、円滑に進める、手助けする、促進する
accumulate	少しずつ溜める、蓄積する
take turns	交代で行う、かわるがわるやる
devotion	強い信仰心、宗教的情熱
surge	高まり、うねり、活性化
accompanied by 〜	〜が付きものである、〜に付き添われる
revered	畏敬されている
protagonist	主人公、主役
notable	注目に値する、有名な
destination	目的地、行先
prior to 〜	〜より前に、〜に先立って
release of 〜	〜の発売、公開
nationwide	全国的な
head off for	〜を目指して進む
rely on 〜	〜を頼る、当てにする
charity	慈善、義援、施し
attributed to 〜	原因は〜にある、〜のせいである
give a glimpse of 〜	〜を覗き見る、ちらっと見る、垣間見る
fuel	（感情を）あおる、刺激する

2-1 　正解 ②

① 「京都」と「江戸」の位置が逆。scenic landscapes「名所旧跡」ではなく「風光明媚な景色」、誤り。showcase は「集める」ではなく「展示する、紹介する」、this collection は「収集品」ではなく前述の広重の一連の浮世絵「東海道五十三次」を指す。

③ prominent、thriving、capital、small が訳し入れられていない。

④ also、by way of small post towns が訳し入れられていない。「浮世絵に描いたことによって」ではなく「紹介したことによって」、「当時の」という語はない。

2-2 　正解 ①

② consequently は「そうは言っても」ではなく「前述の理由により、ゆえに、その結果として」、straightforward は「容易な、複雑でない」。

③ consequently は「しかしながら」ではなく「前述の理由により、ゆえに、その結果として」、また「さえすれば」の意味の語句はない。
④ straightforward は「容易な、複雑でない」の意味で「通行手形を得るのは比較的容易だった」と述べられている。

2-3 　正解 ④

① 「皆で貯めた金を富士山に納める」という文言はない。「旅費を貯めるために団体を作った」と述べられている。
② 「助け合って」という文言はない。take turns は「代わる代わる、交代で」、つまり全員で登ったのではなく、その都度代表者が登ったということ。
③ and take turns paying visits「そして交代で訪れる」の部分が訳し入れられていない。

2-4 　正解 ③

① even が訳し入れられていない。head off for their destination は「目的地を目指して進む」という意味で「たどり着く」ではない。
② safely は「安全な」ではなく副詞「安全に」で head off for にかかる。
④ 「特に」という文言はない。head off for ～は「～にたどり着く」ではなく「～を目指して進む」という意味。

演習問題 3　制限時間内に辞書を使わないでやってみましょう！。

次の英文を読み、以下の問いに答えなさい。（各5点×4＝20点）［制限時間20分］

Japanese castles captivate enthusiasts both domestically and globally, making them beloved tourist attractions. (1) These architectural marvels, many of which are endowed with exquisite buildings and stone walls, have played pivotal roles in numerous historical battles and events. Many visitors are intrigued by the castles' historical backgrounds, as well as their strategic functions and designs.

At the heart of a typical Japanese castle lies a towering keep, surrounded by a variety of facilities arranged in concentric circles. The keep, positioned as the castle's centerpiece, served strategic functions such as acting as the last line of defense. The secondary and tertiary compounds surrounding the keep housed samurai residences and government offices. (2) Further enclosing these were formidable fortifications, built with stone walls, earthen ramparts, and water-filled moats. Watchtowers were strategically positioned at the fortification corners and atop the walls to prevent external invasions. Castle gates were reinforced with multiple layers of iron plates to beef up protection.

The history of Japanese castles is long and dynamic, their roles and functionalities evolving with the changing times. The most active period of castle construction spanned from the Heian to the Sengoku era, during which castles were characterized by robust, thick walls and deep moats for defense, truly embodying the features of a battle-ready fortress.

On the contrary, during the Edo period, a time of relative peace lasting approximately 260 years, the role of castles as fortresses became less significant. However, this era gave rise to some of the most popular and renowned castles we see today, such as Himeji Castle and Kumamoto Castle. (3) Much like their Western counterparts, these castles served primarily as political and social hubs, as well as the castle lord's residence. Symbolizing power, these castles featured elegant design elements such as beautiful curved roofs. Inside, they were adorned with extravagant decorations, showcasing a lavish aesthetic.

(4) As is often the case with modernization, many castles were

demolished starting in the Meiji era, but a significant number have been preserved as designated cultural properties and historical assets. Today, these castles offer us a glimpse into Japan's rich history.　　　[344 words]

2-1　下線部 (1) の日本語訳として最も適切なものを①～④の中からひとつ選びなさい。

① これらの建築はまさに奇跡的であり、その多くが素晴らしい建築物や堀を持ち、数多くの歴史的戦闘や出来事の中で記憶に残る役割を果たしてきた。

② この驚くべき建築は、多くの建物や石垣に恵まれており、歴史上での戦闘や重要な出来事において砦としての役割を果たしてきた。

③ これらの建築は驚異的であり、またそれらは優美な建物と石段を持ち、数多くの歴史的戦いや内乱の中で重要な役割を果たしてきた。

④ これらの驚くべき建築は、その多くが美しい建造物と石垣に恵まれており、数々の歴史上の戦いや出来事で重要な役割を果たしてきた。

2-2　下線部 (2) の日本語訳として最も適切なものを①～④の中からひとつ選びなさい。

① 石垣や土塁、水をはった堀が素晴らしい城郭のまわりに築かれて城をさらに強くした。

② さらにこれらを囲むように、石垣や土塁、水をはった堀で手ごわい城郭が築かれた。

③ これらの建物を囲むように、さらに石垣、水堀が築かれた結果、恐るべき要塞になった。

④ これらの建物を囲むように恐るべき石垣、土塁、水をはった堀などの要塞が築かれた。

2-3　下線部 (3) の日本語訳として最も適切なものを①～④の中からひとつ選びなさい。

① 西洋のやり方と同様に、これらの城は第一に政治と経済の拠点であり、城主の住居としても使われた。

② 西洋の城の場合と同様に、これらの城は第一に城主の居城であり、また政治と社交の場でもあった。

③ 西洋の城でもそうであるように、こうした城は城主の居城ではなく主に政治と社交の拠点であった。

④ 西洋の城でもそうであるように、こうした城は城主の住居としても使われたし、また主に政治や社交の拠点であった。

2-4 下線部 (4) の日本語訳として最も適切なものを①〜④の中からひとつ選びなさい。

① 近代化の結果として、多くの城が明治時代以降に移築されたが、その中のかなりの数の城が、重要無形文化財や史跡として保存されてきている。

② 近代化でよくあるように、多くの城は明治時代初期に解体されたが、その多くは、今残っていれば指定文化財や歴史的国宝として扱われたはずだった。

③ 近代化に伴ってありがちなように、多くの城は明治時代以降に取り壊されたが、相当な数の城が指定文化財や歴史的な資産として保存されてきている。

④ 近代化したことによって、多くの城が明治時代からそれ以降に移築されたが、その中の相当な数の城が指定文化財や史跡として保存されてきている。

✎ 正解

2-1 ④　　**2-2** ②　　**2-3** ④　　**2-4** ③

解説

試訳

　日本の城は国内外の愛好家を魅了し、人気の観光スポットとなっている。これらの驚くべき建築は、その多くが美しい建造物や石垣に恵まれており、数々の歴史上の戦いや出来事で重要な役割を果たしてきた。城の歴史的な背景や戦略的な機能・設計に興味をそそられる観光客も多い。

　典型的な日本の城の中央には天守がそびえ立ち、周りをさまざまな設備が同心円状に囲んでいる。城の中核に位置づけられる天守は、最終防衛線としての働きをするなど戦略的な機能を担っていた。天守を囲む二の丸、三の丸には、武士の住居や役所などがあった。さらにこれらを囲むように、石垣や土塁、水をはった堀で手ごわい城郭が築かれた。城郭の隅や石垣の上には、外部からの侵入を防ぐための櫓が戦略的に配置された。防御を強化するため、城門は鉄板で幾重にも補強された。

　日本の城の歴史は長く活動的であり、その役割と機能は時代の移り変わりとともに発展してきた。築城が最も盛んだった時代は平安時代から戦国時代にかけてで、その頃の城は堅牢で分厚い壁と深い堀による防御を特徴とし、まさに戦える要塞としての特徴を具現化していた。

　それに対して、約260年間続いた比較的平和な江戸時代には、要塞としての城の役割は重要でなくなった。しかし、この時代に姫路城や熊本城など、今日私たちが目にする人気の高い有名な城が誕生した。西洋の城と同様に、こうした城は主に政治や社交の場、城主の住居として使われた。権力の象徴として、これらの城は美しい曲線を描いた屋根など、優美なデザインの要素を特徴としていた。内部には華美な装飾が施され、贅を尽くした美を披露した。

　近代化に伴ってありがちなように、多くの城は明治時代以降に取り壊されたが、かなりの数の城が指定文化財や歴史的な資産として保存されてきた。こうした城は今日、日本の豊かな歴史を私たちに垣間見せてくれる。

単語リスト

captivate	魅了する、心を奪う
marvel	驚異
endowed with ～	～に恵まれている
pivotal	中枢の、極めて重要な
intrigued by ～	～に興味・好奇心をそそられる
strategic	戦略の、必須の
at the heart of ～	～の中心に
towering	そびえ立つ、非常に高い
keep	天守閣
concentric	集中的な、同心の
tertiary	第３の
compound	複数の物から成るもの、複合物
house	収納する、保管する

formidable	恐るべき、手ごわい、畏敬の念を抱くほど素晴らしい
fortification	築城術、要塞、砦
earthen	土で作った
rampart	防御物
atop	～の上に
external	外部の
beef up	(設備・法律・組織などを)強化する、補強する
evolve	(徐々に)発達する、展開する
span from A to B	A から B まで広がる、及ぶ
robust	頑丈な、長持ちする
embody	具体化する、具象化する
battle-ready	戦備を整えた
on the contrary	それどころか、反対に
approximately	おおよそ、大体
significant	重要な、意義深い
give rise to ～	～を引き起こす、～を生じさせる
counterpart	(異なる組織で機能・地位が)同等の(対応する)人、もの
primarily	主として、第一に
hub	中心地、拠点
adorned with ～	～で飾られる
extravagant	飾りすぎた、けばけばしい
lavish	贅沢な、豪華な
as is often the case with ～	～にはよくあることだが、～にはありがちだが
demolish	解体する、取り壊す
designated cultural property	指定文化財
historical asset	歴史的遺産、史跡
offer a glimpse into ～	～をうかがわせる、ちらっと見せる

2-1 正解 ④

① marvel は「驚異」であって「奇跡」ではない。stone walls は「堀」ではなく「石垣」、pivotal は「記憶に残る」ではなく「中枢の、極めて重要な」という意味。

② この日本文で言及されている城はひとつであるが、本文では「城の多くが建造物や石垣に恵まれている」と述べられている。また numerous「数多くの」が訳し入れられていない。

③ 「石段」ではなく「石垣」、「内乱」ではなく「出来事」。

2-2　正解 ②

① formidable には「畏敬の念を抱くほど素晴らしい」という意味もあるが、ここでは城の防御の話であるので「恐るべき、手ごわい」という意味。fortification は「築城術、要塞、砦」のこと。Further は前文の「天守を囲む二の丸、三の丸には、武士の住居や役所などがあった」ことに「加えて」という意味である。

③ earthen ramparts「土塁」が訳し入れられていない。

④ Further の訳がない。「など」という語は見当たらない。

2-3　正解 ④

① counterpart は「（異なる組織で機能・地位が）同等の（対応する）人、もの」、本文では「日本の城」に対応する「西洋の城」を指す。また「経済」ではなく「社交」。

② primarily「主に、第一に」が修飾するのは「政治と社交の場」であって「城主の居城」ではない。

③「城主の居城ではなく」という文言は見当たらない。「城主の居城でもあり、主に政治と社交の拠点だった」と述べられている。

2-4　正解 ③

① as is often the case with ~は「~にはよくあることだが、~にはありがちだが」という意味で、「~の結果として」ではない。また、demolish は「移築する」ではなく「解体する、取り壊す」、designated cultural property は「重要無形文化財」ではなく「指定文化財」。

②「明治時代初期に」ではなく starting in the Meiji era「明治時代に始まり（それ以降も）」という意味。「今残っていれば…はずだった」にあたる文言はない。historical asset は「歴史的国宝」という意味ではなく「歴史的遺産、史跡」のこと。

④ as is often the case with ~は「~によって」という意味ではなく「~にはよくあることだが、~にはありがちだが」という意味。「移築された」ではなく「解体された、取り壊された」。

COLUMN

あなたも一国一城の城主になれる？

Castle Stay は、ヨーロッパなどではすでに活用されています。英国の人気ドラマ「ダウントン・アビー」でも描かれたように、貴族であっても城や大邸宅を維持するのは難しいのです。日本では2017年から「城泊」の取り組みが始まり、観光庁は2020年に「城泊・寺泊による歴史的資源の活用事業」というインバウンド観光客を誘致するための観光コンテンツとして、開拓を進めています。また、コロナ禍の後、「量から質へ」という取り組みを進めたいインバウンド事業者にとっても、単価の高い「城泊」は富裕層向けの新しい事業です。

「城泊」では、天守や櫓などの建造物や敷地内に泊まることができます。城オタクでなくても興味をそそられますが、どのような体験ができるのでしょうか。2004年に完全復元された愛媛県の大洲城では「大洲城キャッスルステイ」が2020年に開始されました。宿泊者は、幟隊や鉄砲隊により大歓迎を受けます。17世紀初頭の城主、加藤貞泰から「一日城主」として城を託されます。天守には鎧兜が飾ってあり、その天守に泊まれるので特別感があります。まさにお殿様気分が味わえる「城泊」です。

長崎県の平戸城では1960年代に天守閣と5つの櫓が再建されましたが、2021年から「平戸城 CASTLESTAY 懐柔櫓」がスタートしました。食事は極上フレンチで、乗馬体験、着物の着付け、武家茶道の茶道体験、武士道体験、平戸神楽の鑑賞などが用意されています。

他にも広島県の「福山城」、岡山県の「津山城」、香川県の「丸亀城」、大分県の「中津城」などが「城泊」を検討しています。また、城の中には泊まることはできないものの、城の建物を見ながら敷地内にキャンプができる「城キャン」と呼ばれるサービスも広がりを見せています。

ちなみに「御城印」も人気になっています。国宝五城のひとつである長野県の「松本城」が1991年頃に発行したのが始まりとされますが、日本各地の城や城跡を訪れた証明として発行されるものです。一般には、城の名前・城主の家紋・花押などが印刷されていることが多く、神社や寺院の御朱印の人気とも相まって集める人が増えています。

COLUMN

日本の城について

「現存 12 天守」と「国宝五城」はガイド試験のためだけではなく、ガイドになった時のためにもおさえておきましょう。「天守」にはいくつかカテゴリーがあります。

「現存天守」とは江戸時代またはそれ以前に建設され、現在まで保存されている天守のことです。国宝五城を含む現存 12 天守 (弘前城・松本城・丸岡城・犬山城・彦根城・姫路城・松江城・備中松山城・丸亀城・松山城・宇和島城・高知城) はこのカテゴリー。姫路城や彦根城は修復を繰り返しながら、ほぼ創建当時の姿を維持しています。犬山城、松本城、高知城、松江城は、現存天守があった時代に再建や改築され、それがほぼそのまま残っています。宇和島城は一部の建物が焼失、改築されました。備中松山城、松山城、弘前城、丸亀城は明治維新以降に付属の建物が撤去あるいは損失し、主な建物だけが保存されることになりました。丸岡城は損失しましたが、残った材を組み直して再建されたものです。

「復元天守」とは消失した天守を少なくとも外観は以前の通りに復元したものです。(文化庁では「木造復元」のみを「復元」としています)「城泊」をいち早く行っている愛媛県の大洲城天守は木造 4 階建てで、法的に認められた復元天守の最初の例です。

「復興天守」とは天守が確実に過去に存在しており、元の場所に再建されたもので、規模や意匠に推定された部分があったり、再建時に改変してしまったりした天守のこと。大阪城はこのタイプで、1931 年にコンクリート建築により再建された復興天守として最古の例です。

「模擬天守」は、城が実際にあったことは分かっているものの、もともと天守はなかった場合や、天守があったかどうかが不明である城に建てられた天守のことで「復興模擬天守」と呼ばれることもあります。

城の要素の基本語彙

天守	castle tower / castle keep
破風	gable
堀	moats
石垣	stone walls
櫓 (やぐら)	turrets
瓦	roof tiles
鯱	statues of imaginary sea creature
石落とし	openings for dropping stones
(矢) 狭間	loopholes (for archers)

Chapter 2 英文和訳選択問題

演習問題4 制限時間内に辞書を使わないでやってみましょう！

次の英文を読み、以下の問いに答えなさい。（各5点×4＝20点）［制限時間20分］

In December 2013, Washoku, or the "traditional dietary cultures of the Japanese," was inscribed as a UNESCO Intangible Cultural Heritage. (1) This registration underscores the significance of cuisine and dietary practices within Japanese culture, all of which stem from a deep-seated reverence for nature among the Japanese.

The singling out of Washoku for inclusion in UNESCO's Cultural Heritage has profound implications, both domestically and internationally. Within merely four years after registration, the number of Japanese restaurants overseas has doubled, while the export value of Japanese agricultural and food products saw a 1.5-fold increase. (2) The ethos of Washoku—making use of diverse local ingredients and emphasizing their inherent flavors—has been instrumental in enticing foreign tourists to visit various regions in Japan. It has also accelerated product development and tourism centered on Washoku, fueling the growth of local industries.

Washoku has consistently attracted international attention and has been featured across various foreign media platforms. (3) However, it is common to see sushi, sashimi, tempura, sukiyaki, shabu-shabu, and the like being introduced as examples of Washoku, even though they may be more aptly referred to as Japanese food. While the distinction between the terms "Japanese food" and "Washoku" is not always strictly observed within Japan, when contrasting the two, "Japanese food" often encompasses all food consumed in Japan, including contemporary dishes that primarily use meat or dairy products. On the other hand, "Washoku" is generally used to denote traditional cuisine that carries a cultural aesthetic.

One example is Osechi, a special meal consumed at the beginning of the New Year. Osechi comprises an array of colorful dishes, each carrying a specific wish for familial happiness and health. For instance, black beans are eaten with hope for the family's well-being with diligence, while herring roe (kazunoko) signifies a wish for familial prosperity.

(4) <u>With the UNESCO recognition of Washoku, its international perception not just as a subset of foreign cuisine or a type of health food but as a facet of traditional Japanese dietary culture is starting to make headway.</u> By promoting the traditional Japanese meal structure of "one soup and three dishes," advancements could be made in dietary improvements, which in turn could be of great use in addressing global health issues like obesity and lifestyle-related diseases.　　[368 words]

2-1　下線部 (1) の日本語訳として最も適切なものを①～④の中からひとつ選びなさい。

① この登録は、日本文化において料理や食の習わしの重要性がすべて日本人に深く根付いた自然への尊敬から来ていることを強調するものである。

② この登録は、日本人に深くしみ込んだ自然に対する敬意にすべてが由来する日本文化における、料理や食の習わしの重要性を強調するものである。

③ この登録は、和食とは日本人の自然に対する畏怖が深く根付いたことに由来する料理と慣例であることの重要性を強調するものである。

④ この登録は、和食というすべてが日本独特の料理や食の習わしが日本人に深くしみ込んだ自然に対する尊敬に由来することを浮き彫りにする。

2-2　下線部 (2) の日本語訳として最も適切なものを①～④の中からひとつ選びなさい。

① 地方の様々な食材で作った昔ながらの風味の郷土料理が和食の醍醐味であり、それが外国人旅行者を日本のさまざまな地方へと誘致するのに役立っている。

② 地元のさまざまな食材をうまく使い、その持ち味を引き立たせるという和食は世界でも珍しいものであり、外国人旅行客が惹きつけられる特色である。

③ 地方のさまざまな食材の持ち味を活用することが和食の精神であり、そのことが国内外の旅行者を日本のあちこちの地方へと誘致するのに役立っている。

④ 地元のいろいろな食材を活用し、その持ち味を際立たせるという和食の精神が、外国人旅行者を日本のさまざまな地方へと誘致するのに役立っている。

2-3　下線部 (3) の日本語訳として最も適切なものを①～④の中からひとつ選びなさい。

① だが、寿司や刺身、天ぷら、すき焼き、しゃぶしゃぶなど、日本食と呼ぶほう

がよりふさわしいものであるのに、和食の例として紹介されているのをよく見かける。

② だが、寿司や刺身、天ぷら、すき焼き、しゃぶしゃぶのようなものは、日本食と呼ぶ方がより適切であるため、日本食の例として紹介されているのをよく見かける。

③ だが、寿司や刺身、天ぷら、すき焼き、焼き肉のようなものは、日本食と呼ぶ方がより適切であるにも関わらず、和食の例としてよく紹介されている。

④ だが、寿司や刺身、天ぷら、すき焼き、しゃぶしゃぶのような、日本食というよりも和食と呼ぶ方がより適切なものが日本食の例としてよく紹介されている。

2-4 下線部（4）の日本語訳として最も適切なものを①〜④の中からひとつ選びなさい。

① ユネスコの和食登録とともに、和食は世界の人々にとって外国料理ではあるが健康食の一つとして、日本の伝統的食文化に対する国際的認識が進み始めている。

② ユネスコの和食に対する高い評価にもかかわらず、和食は単に日本の伝統的食文化を表す健康食の一種として、国際的に認識され始めている。

③ ユネスコが和食を評価したことで、単に外国料理の内のひとつや健康食の一種ではなく、日本の伝統的食文化の一面としての和食に対する国際的認識が進み始めている。

④ ユネスコが和食を登録したことによって、和食を外国料理ではなく健康食の一種として評価するとともに、日本の伝統的食文化のひとつの様相として認識する人が増えている。

正解

2-1 ②　　**2-2** ④　　**2-3** ①　　**2-4** ③

解説

試訳

　2013 年 12 月、「和食：日本人の伝統的な食文化」がユネスコ無形文化遺産として登録された。この登録は、日本人に深くしみ込んだ自然に対する敬意にすべてが由来する日本文化における、料理や食の習わしの重要性を強調するものだ。

　和食がユネスコの文化遺産登録に選ばれたことは、国内外に多大な影響がある。登録後わずか 4 年で、海外にある日本食レストランの数が 2 倍になり、日本からの農産物・食品の輸出額が 1.5 倍に増加した。地元の多様な食材を活用し、その持ち味を際立たせるという和食の精神が、外国人旅行者を日本のさまざまな地方へと誘致するのに役立っている。和食に焦点をあわせた商品開発や観光も促進され、地域産業の成長を後押ししている。

　和食はこれまでも世界の注目を集め、さまざまな海外メディアでも取り上げられてきた。だが、寿司や刺身、天ぷら、すき焼き、しゃぶしゃぶなど、日本食と呼ぶほうがよりふさわしいものであるのに、和食の例として紹介されているのをよく見かける。国内でも「日本食」と「和食」という言葉の使い分けは、必ずしも厳密に行われているわけではないが、このふたつを対比する場合、「日本食」は肉や乳製品を主に用いた現代的な料理も含めて、日本で口にされている食全般を対象とすることが多い。それに対して「和食」は、文化的な美意識を持った伝統料理を指すのに用いるのが通例だ。

　その一例が新年の始まりに食べる特別な食事、おせち料理である。おせちには色とりどりの料理が並び、それぞれに家族の幸せや健康を願う特定の意味が込められている。たとえば、黒豆は家族の健康と勤勉さを願って食されるし、数の子には家族の繁栄を願う意味がある。

　ユネスコが和食を評価したことで、和食は単なる外国料理のひとつや健康食の一種ではなく、日本の伝統的な食文化の一面としての国際的な認識が進み始めている。一汁三菜という日本の伝統的な食事様式を普及させることで、食生活の改善が進み、ひいては肥満や生活習慣病といった世界的な健康問題への対処にも大いに役立つかもしれない。

■ 単語リスト

inscribe	刻み込む、登録する
underscore	～に下線を引く、～を強調する
practices	（複数形で）慣行、慣例
stem from ～	～から生じる、～が原因である、～に由来する
deep-seated	深く根付いた、染み込んだ
reverence for ～	～に対する敬意
single out	選び出す、選抜する
inclusion	含めること、含有
implication	言外の意味合い、含蓄、暗示
merely	ただ単に、～に過ぎない
-fold increase	～倍の増加
ethos	精神〈価値観・信念・行動様式〉

make use of ～	～を利用・活用する
emphasize	強調する、目立たせる、際立たせる
inherent	本来備わっている、固有の
flavor	風味、味わい
instrumental	役立つ、助けになる
entice	気を引く、誘う
accelerate	加速させる
center on ～	～を中心とする、～に焦点をあわせる
fuel	あおる、刺激する
consistently	一貫して
platform	基盤
and the like	および同類のもの、～など
even though	～ではあるけれども、たとえ～だとしても
aptly	適切に、うまく
encompass	包囲する、含有する、網羅する
contemporary	現代の、今の
denote	意味する、示す、～の名称である
aesthetic	美学、美学的思想
comprise	（部分）から成る
an array of ～	ずらりと並ぶ～、多くの～
signify	示す、意味する、表す
prosperity	幸運、繁栄、成功
recognition	認識、正しく評価されること
perception	知見、認識
subset	（大集団の中の）小集団
facet	（物事のひとつの）相、様相
make headway	前進する
in turn	次に、今度は、お返しとして
of great use	大いに役立つ、はなはだ有益である
address	対処する、取り組む
obesity	（極端な、あるいは病的な）肥満

2-1　正解 ②

① all of which stem from a deep-seated reverence for nature among the Japanese「日本人の間に深くしみ込んだ自然に対する敬意にすべてが由来する」という部分は「料理や食の習わし」ではなく、直前に置かれた Japanese culture「日本文化」にかかる。

③ ①の解説と同様に「日本人の間に深くしみ込んだ自然に対する敬意にすべてが由来する」という部分は直前の Japanese culture「日本文化」にかかる。③の日本語訳には「日本文化」がない。

④ ①③と同様に「日本人の間に深くしみ込んだ自然に対する尊敬にすべてが由来する」の部分は「和食」ではなく「日本文化」にかかる。「浮き彫りにする」という語は見当

たらない。「すべて」の部分は「すべてが由来する」であって「和食と言うすべてが」ではない。

2-2　正解 ④

① ①「昔ながらの」「郷土料理」という文言はない。make use of ～「～を利用・活用する」が訳し入れられていない。ethos は「醍醐味」ではなく「精神〈価値観・信念・行動様式〉」のこと。
② ethos「精神〈価値観・信念・行動様式〉」が訳し入れられていない。「世界でも珍しい」という文言はない。various regions in Japan「日本のさまざまな地方」が訳し入れられていない。
③ 和食の精神は「地方のさまざまな食材を活用して、その固有の風味を際立たせる」ことであると述べられているが、③の訳では emphasize「強調する、目立たせる、際立たせる」が抜けている。また、「国内外の旅行者」ではなく「外国人旅行者」である。

2-3　正解 ①

② even though は「～ではあるけれども」という逆接の意味なので「より適切であるため」ではなく「より適切であるけれども」という意味になる。したがって「日本食の例として」は「和食の例として」になる。
③「焼き肉」ではなく「しゃぶしゃぶ」が挙げられている。
④「寿司や刺身、天ぷら、すき焼き、しゃぶしゃぶなどは和食というより日本食と呼ぶほうがより適切ではないか」と述べられている。

2-4　正解 ③

① 冒頭の with は「～とともに」というより「～があるので」と解釈した方が、意味が通る。「外国料理ではあるが」という表現はない。「健康食の一つとして」ではなく「ただの外国料理や健康食の一種ではなく日本の伝統的な食文化の一面としての和食に対する国際的認識が進み始めている」と述べられている。
② 冒頭の with は「～にもかかわらず」という意味を表す場合があるが、それは例えば、With all its faults, I love my cat still.「欠点があるが、やはり私は私の猫が好き」というように all と一緒に用いられる場合である。「和食は単に日本の伝統的食文化を表す健康食の一種として」という解釈は誤りで「単なる外国料理のひとつや健康食の一種ではなく、日本の伝統的食文化のひとつの様相としての和食」という意味。
④「外国料理ではなく健康食の一種として評価するとともに、日本の伝統的食文化のひとつの様相として認識する人が増えている」ではなく、「ただ単に外国料理のひとつであるとか、健康食の一種とかではなく、日本の伝統的食文化のひとつの様相としての和食に対する国際的認識が進み始めている」と述べられている。

COLUMN

和食が世界を救う？

2013年にユネスコ世界無形文化遺産に登録された「和食」ですが、この「和食」のベースになるのが「うま味」です。「うま味」のギュッとつまった「出汁」は、昆布、鰹節、煮干し、干しシイタケなどで取ります。もちろん西洋料理にもフォン、ブイヨン、コンソメなどがあります。大きな違いは、西洋料理のフォン、ブイヨン、コンソメをつくるにはかなり時間がかかりますが、和食の「出汁」は短時間でとることができるという点、もうひとつは、出汁は時間を置くとすぐに劣化しますが、フォン、ブイヨン、コンソメはきちんとすれば保存が可能であるという点です。

1970年代にヌーベルキュイジーヌという動きがありました。従来の手の込んだフランス料理から、材料の新鮮さに重きをおいた簡素な調理法と軽いソースを使った、あっさりとした味わいの新しい形の料理への転換ですが、その味付けや盛り付けは和食に影響を受けたと言われています。今では、鰹節や昆布を使って出汁の上品な「うま味」を取り入れる西洋料理のシェフが増えています。

日本料理の味の基本である「うま味」は、満腹感を引き出し、食欲を抑えるのに効果的とする研究があります。「うま味」の主成分であるグルタミン酸とイノシン酸には、食品をおいしく感じさせ、食事の満足感を高める効果があるそうです。この研究では「うま味」成分を含むスープを飲んだ被験者は満足感を感じ、食事の摂取量が減りました。

よく「減塩食」のレシピのポイントとして「昆布・かつお節・きのこ類・干しエビなどうま味を多く含んだ食材やそれから出る出汁を活用することで、塩分控えめでも美味しく食べることができます」と書いてありますが、「うま味」が役立つ例です。

人の味覚は「甘味」「塩味」「酸味」「苦み」「うま味」の5種類とされてきましたが、第6の味覚「脂肪味」があることが近年の研究で分かってきました。「脂肪」は生きるための貴重な栄養素ですが、感じ方には個人差があり、鈍感な人ほど多く取ってしまい、結果として肥満や生活習慣病のリスクが高くなるそうです。ここでも、「うま味」を上手に利用することで満足感を促進し、過剰な脂肪摂取を防げるかもしれません。

講師から ひと言

「ガイドはイギリス英語、アメリカ英語のどちらを使う方がいいのでしょうか」と聞かれることがあります。もちろん、どちらでもかまいませんが、大切なのは相手に正確に伝わることです。ですので、上手に見せようと思って早口にするのは避けたほうがいいと思います。2次口述試験の際にも「お客様役」の面接官をイライラさせないように「滑舌」articulation に注意し、しっかりと情報を伝えましょう。

さて、イギリスとアメリカは "two nations divided by a common language"「共通の言語により分裂した国」と言われますが、皆さんもご存じのように違う単語を使う場合がありますね。

例えば、「ポテトチップス」はイギリスでは "crisps"、アメリカでは "potato chips" です。イギリスの名物料理である "fish and chips" の chips とは拍子木に切って揚げたじゃがいものことで、ファストフード店の細めに切った揚げポテトは "French fries" と呼びます。ちなみにイギリスには "jacket potato" という名物料理もあります。"jacket" はじゃがいもの皮のことで、皮つきのままオーブンで焼いた大きなじゃがいもにチーズやベイクドビーンズなどのトッピングをかけて熱々を食べます。日本で言うと「おにぎり」みたいな感じの軽食です。

ガソリンはイギリスでは "petrol" ですので、ガソリンスタンドは "petrol station" です。アメリカではガソリンは "gasoline" で、ガソリンスタンドは "gas station / gasoline station" です。駐車場はイギリスでは "car park" ですが、アメリカでは "parking lot" と言います。"subway" はアメリカでは「地下鉄」ですが、イギリスでは違います。イギリスに着いたばかりの時、"subway" という標識に従って階段を降りたら地下鉄などなく、そのまま歩き続けたら通りの向こう側に上がってしまい呆然としました。"subway" はただの「地下道」でした！ イギリスの地下鉄は "tube" とか "underground" と呼ばれます。

Chapter 2 英文和訳選択問題

演習問題5 制限時間内に辞書を使わないでやってみましょう！

次の英文を読み、以下の問いに答えなさい。（各5点×4＝20点）[制限時間20分]

The cherry blossom holds an esteemed position as a key symbol of Japan's traditional culture. Its beauty appears in countless works of literature and art, while the enduring practice of hanami (flower viewing) has deeply ingrained its image into the hearts of the Japanese populace.

The subtle elegance of Japan's cherry blossoms, with their delicate petals and eye-catching colors, have garnered widespread overseas admiration. (1) These flowers not only add to the scenic beauty but have also flourished as cultural ambassadors, symbolizing the spirit of goodwill. Cherry trees, donated to diverse regions globally, have decorated these places with stunning blooms, transforming them into beloved cherry blossom viewing spots. Certain areas even host special "cherry blossom festivals" during spring, offering a deep dive into Japanese culture.

In recent years, the charm of cherry blossoms has expanded beyond their visual appeal. (2) The immersive cultural experience of hanami, where people actively engage in enjoying the blooming cherry blossoms, has gained popularity among inbound visitors. There is a growing trend for tourists seeking to recreate famous scenes from their favorite Japanese anime, manga, or movies by taking part in hanami gatherings.

Traditionally, the late March to April window, a period synchronous with the cherry blossom bloom, is a favored time to visit Japan. (3) The temperate climate, the embrace of warmth after winter, and low rainfall make it an ideal season for tourists from other countries. More recently, an increasing wave of international visitors has begun meticulously timing their trips to take advantage of the cherry blossoms' peak bloom. (4) Media outlets across the globe frequently spotlight the magical beauty of Japan's cherry blossom season, with renowned travel publications offering in-depth coverage and providing necessary tools for travel planning, including detailed cherry blossom front maps of the Japanese archipelago to help travelers catch a glimpse of the flowers.

The practice of hanami—picnicking under the fully-bloomed cherry blossom trees, enjoying happy meals, and marveling at the illuminated blossoms at night—is becoming a beloved global trend, a testament to the universal allure of these short-lived beauties.　　　[339 words]

2-1　下線部 (1) の日本語訳として最も適切なものを①〜④の中からひとつ選びなさい。

① これらの花は友好の精神を表す文化大使として花開いているだけでなく、景観に美しさを加えてくれている。
② これらの花は景観にさらなる美しさを加えるとともに、海外の国との友好の印としての役割も担っている。
③ これらの花は景観の美しさを増すだけでなく、親善の精神を象徴する文化大使としても活躍している。
④ これらの花は景色をより美しくしているのではなく、親善の精神を象徴する文化大使として活躍している。

2-2　下線部 (2) の日本語訳として最も適切なものを①〜④の中からひとつ選びなさい。

① 花見という、花盛りの桜を盛大に楽しもうとする没入感のある文化体験が、訪日外国人の間で人気を博してきている。
② 満開の桜を、多くの人々と共に楽しもうとする花見という文化体験が訪日外国人の間で人気になってきている。
③ 花見という、満開の桜を実際に見て喜ぶという体験は訪日外国人の間で忘れることのできない思い出になっている。
④ 桜を盛大に楽しむ、花見という文化体験は、とても実体感があるために訪日外国人の間で人気を博してきている。

2-3　下線部 (3) の日本語訳として最も適切なものを①〜④の中からひとつ選びなさい。

① 穏やかな季節であること、冬の後で暖かくなっていること、雨が降らないことが、この時期に外国人観光客が増える理由である。
② 普通の気候であること、冬の寒さの後であること、そして雨がほとんど降らないことが、この季節を理想的なものにしている。

③ 温暖な気候であること、冬の後で暖かくなっていること、そして降水量が少ないことにより、海外からの観光客にとって理想的な季節となっている。

④ この季節が海外からの観光客にとって理想的である理由は、気候が穏やかで、雨が少なく、桜の花が一斉に咲き始めるからである。

2-4 下線部 (4) の日本語訳として最も適切なものを①~④の中からひとつ選びなさい。

① 日本の桜の季節の魔法のような美しさは頻繁に海外メディアでも注目を浴びているが、桜の花は短命であるため、旅行雑誌は綿密な内容や旅行計画に必要なものの中に日本列島の桜前線の地図を入れ、旅行者が一目だけでも桜を見られるようにしている。

② 世界中のメディアは頻繁に日本の桜の季節の魔法のような美しさを重点的に報道し、有名な旅行雑誌は綿密な内容や旅行計画に必要なものを提供しているが、これには日本列島の詳細な桜前線の地図が含まれ、旅行者が桜を一目見る助けとなっている。

③ 世界中のメディアは頻繁に日本の桜の季節の魔法のような美しさを重点的に報道するが、その一方で、よく知られた旅行サイトでは、日本列島の詳細な桜前線の地図を含む、綿密な内容や旅行計画に必要なものを提供している。

④ 日本の桜の季節の魔法のような美しさは頻繁に海外メディアでも注目を浴びているため、有名な旅行雑誌では、満開の桜を追いかける訪日外国人が一目でも見られるように、日本列島の詳細な桜前線の地図を雑誌の付録としてつけている。

正 解

2-1 ③   **2-2** ①   **2-3** ③   **2-4** ②

解説

試訳

　桜は日本の伝統文化の重要な象徴として高い地位を占めている。その美しさは無数の文学作品や芸術作品に登場する一方、花見という長く続く習慣によって、その印象は日本の人々の心に深く刻み込まれている。

　日本の桜の控えめな優雅さは、その微細な花弁と目を引く色で海外から広く賞賛を受けてきた。これらの花は景観の美しさを増すだけでなく、親善の精神を象徴する文化大使としても活躍している。世界各地に寄贈された桜の木は、その地を見事な花々で飾り、愛される桜の名所に変えている。特定の地域では春に「桜祭り」を開催し、日本文化に深く触れる場を提供している。

　近年では、桜の魅力は、見た目で魅せることを超えて広がっている。花見という、花盛りの桜を盛大に楽しもうとする没入感のある文化体験が、訪日外国人の間で人気を博しているのだ。観光客が花見の集まりに参加して、お気に入りの日本のアニメ、マンガ、映画の有名なシーンを再現しようとする傾向が高まっている。

　もともと3月下旬から4月の間は、桜の開花にあたる期間で、日本を訪れるのに好まれる時期だ。温暖な気候であること、冬の後で暖かくなっていること、そして降水量が少ないことにより、海外からの観光客にとって理想的な季節となっている。最近では、桜の満開の機会を利用しようと、入念に旅行の時期を合わせる外国人観光客が次第に増えてきた。世界中のメディアは頻繁に日本の桜の季節の魔法のような美しさに人の目を向ける報道をし、著名な旅行雑誌は綿密な報道や、旅行計画に必要なツールを提供している。これには日本列島の詳細な桜前線の地図が含まれ、旅行者が花を一目見る助けとなっている。

　満開の桜の木の下でピクニックをし、幸せな食事を楽しみ、夜にはライトアップされた花に見とれる花見の習慣は、世界的に愛される流れとなりつつあり、それはこの束の間の美が持つ普遍的な魅力の証しである。

■ 単語リスト

esteemed	尊重されている、高く評価されている、立派な
enduring	長続きする、永続的な
ingrain	（考え方などを人の心に）深くしみ込ませる
populace	民衆、一般大衆
subtle	微妙な、わずかな、捉えにくい
garner	獲得する
goodwill	友好、親善、善意
stunning	素晴らしい、見事な
a deep dive into ~	~を掘り下げること
immersive	没入感・実体感のある
engage in ~	~に従事する、~に携わる
seek to ~	~しようと務める
take part in ~	~に参加する、~に出場する

traditionally	伝統的に、ふつうは
window	時間帯、好機
synchronous with ～	～と同時に起きる、～と同期する
favored	気に入られている、恵まれている
temperate climate	温帯気候、温暖な気候
the embrace of ～	～に抱かれること、～の受け入れ
meticulously	細心の注意を払って、慎重に
take advantage of ～	～をうまく利用する、～の特典を生かす
spotlight	～を目立たせる、～に人の目を向けさせる
in-depth	徹底した、綿密な、詳細な
catch a glimpse of ～	～を垣間見る
marvel at ～	～に驚嘆する
illuminated	照明を当てた
trend	傾向、はやり、流行
testament	証し、証拠
allure	魅力、魅惑
short-lived	存続時間の短い、つかの間の

2-1　正解 ③

① not only A but also B「A だけではなく B も」の A にあたる部分は add to the scenic beauty「景観の美しさに加味する」であり、B にあたるのは flourished as cultural ambassadors, symbolizing the spirit of goodwill「友好／親善の精神を象徴する文化大使として活躍している」であって、この選択肢の訳文は A と B が逆になっている。

② not only A but also B「A だけではなく B も」の意味合いが訳し入れられていない。「友好の印」ではなく「友好 / 親善の精神を象徴する文化大使」。

④ この日本文は not A but B「A ではなく B」の意味合いの訳になっている

2-2　正解 ①

② 「多くの人々と共に楽しもうとする」という文言はない。immersive は「没入感・実体感のある」という意味。

③ 「忘れることのできない思い出になっている」とは述べられていない。

④ blooming「満開の、花盛りの」が訳し入れられていない。immersive「実体感のある、没入感のある」という言葉は「文化体験」にかかる。

2-3　正解 ③

① 「季節」ではなく「気候」、「雨が降らない」ではなく「雨が少ない」。「外国人観光客が

増える」とは述べられていない。「外国からの観光客にとって理想的季節」と述べられている。

② 「冬の寒さの後」だけで「暖かさ」が訳されていない。for tourists from other countries「海外からの観光客にとって」が訳し入れられていない。

④ 「桜の花が一斉に咲き始めるから」とは述べられていない。前文で、既に「３月下旬から４月の間は桜の開花にあたる期間で、日本を訪れるのに好まれる時期」と述べられている。この文では、桜の開花以外の理由が述べられている。

講師からひと言　「桜に関する英語表現」

桜はまだつぼみだ	The cherry blossoms are still in bud.
桜のつぼみがふくらんできた	The cherry blossoms are budding.
桜は三分咲きだ	The cherry blossoms are early flowering stage.
桜は五分咲きだ。	About half of the cherry blossoms are in bloom.
桜が満開になった。	The cherry blossoms have come into full bloom.
桜の花びらが散っている。	The cherry blossom petals are fluttering.
桜の花筏が川面に浮かんでいる。	The cherry blossom petals are floating on the river.
桜が美しさの頂点で散る様子は潔さとはかなさを象徴している。	The way cherry blossom petals fall at the height of their beauty symbolizes grace and transience.

2-4　正解 ②

① 「桜の花は短命であるため」という文言はない。

③ travel publications は「旅行サイト」ではなく「旅行出版物」。to help travelers catch a glimpse of the flowers「旅行者が桜を一目見る助けとなって」が訳し入れられていない。

④ 「満開の桜を追いかける」「雑誌の付録としてつけている」とは述べられていない。

COLUMN

日本にだけ「桜前線」がある理由とは？

「桜前線」とは日本の各地の桜、主にソメイヨシノの開花予想日を結んだ線のこと。だいたい南から北へ、また高度の低いところから高いところへと進みます。「桜前線」という用語はメディアによる造語で、気象庁では「桜の開花予想」という表現をしています。ちなみに気象情報会社のウェザーニューズでは独自調査による開花予想を発表しています。

2次対策の模擬面接で「なぜ日本にだけ桜前線があるのですか」という問いに「それは日本人が桜の開花を心待ちにしているから」とか「日本列島が南北に長いから」と答えてしまう生徒さんがいます。確かに「日本列島が南北に長い」という事実も関係はしているのですが、
桜前線が存在する根源的な理由は、日本の桜の約8割がソメイヨシノであることなのです。

ソメイヨシノは日本にもともとある桜ではありません。日本には、野生種の桜は9種類ありますが、ソメイヨシノはそのうちのエドヒガンとオオシマザクラを人為的に交配して造られた栽培品種の桜です。ちなみにエドヒガンは早咲き・長寿が特徴で、狭義ではこの桜の枝が垂れ下がったものがしだれ桜で drooping cherry とか weeping cherry と言います。オオシマザクラは伊豆に自生する桜で、この桜の葉は桜餅を包む塩漬けの葉に使われます。ソメイヨシノ同士では結実できないため、接ぎ木で日本中に広まったソメイヨシノは、なんと、たったひとつの樹を起源とするクローンであることが、1995年に明らかになりました。クローンなので DNA が同じです。ですので、当然のことながら同じ気温に対して同じ反応をするために「桜前線」が形成されるというわけです。

江戸時代末期から明治初期に、現在の東京都豊島区駒込・巣鴨付近には「染井村」という植木職人の村があり、集落全体が園芸の里だったそうです。ソメイヨシノはこの村で誕生、育成されたとされます。山手線の駒込駅北口すぐのところに猫の額ほどの小さな公園があります。「染井吉野桜記念公園」といって「染井吉野桜発祥之里碑」が立っています。

ソメイヨシノは、ペールピンクの花が一斉に咲き、1週間から10日ほどでハラハラと散ってしまいます。その様子が美しく、はかなく、みごとで人の心を打ちます。

イギリスに住んでいた時に、街路樹の桜の木に咲いた桜の花が1か月くらいず～っと元気に咲き続けているのを見て「えらく違う…」と思ったことでした。多くの方に日本に来ていただいて、あの満開の桜といさぎよく散る様子を実際に見ていただきたいですね。

Chapter 2 英文和訳選択問題

演習問題6 制限時間内に辞書を使わないでやってみましょう！

次の英文を読み、以下の問いに答えなさい。（各5点×4＝20点）[制限時間20分]

(1) Noh, a traditional stage art with a 600-year history, is characterized by its minimal and restrained movements, with elements of dance primarily involving gestures such as slow, horizontal walking. Among such Noh performances, the play Dojoji stands out. It features a scene reminiscent of a daring acrobatic act, where the performer must jump into a large bell at the last minute as it falls from above.

The story of Dojoji is as follows: At a temple where a new hanging bell has been installed, a female dancer approaches and drops the bell, retreating inside it. The chief priest of the temple narrates a tale of a young woman who transformed into a giant serpent and burned a man hiding inside the previous bell to death with her fiery rage. When the monks lift the bell, they discover the young woman, transformed into a serpent. Through the monks' prayers, the serpent vanishes into a nearby river.

In this play, a bell is suspended by a rope threaded through a hook in the stage ceiling. At the precise moment a stage assistant releases the rope to drop the bell, the actor playing the dancer must leap into it. The hanging bell is a prop, albeit a heavy one. If the actor jumps slightly late, they run the risk of serious injury from hitting their head on the inside of the falling bell. (2) Conversely, if they jump even a moment too early, they will land before the bell, which detracts from the aesthetic of the scene. This stunt must be performed while the actor is wearing a mask that narrows their field of vision.

Owing to these factors, this sequence is arguably the most thrilling in all of Noh theatre. Interestingly, Dojoji also features one of the most static scenes, marked by lengthy, tense silences. (3) The actor is required to make slight movements with their foot, each perfectly synchronized with the strike of a small drum. Furthermore, the actor faces the challenge of changing their costume alone inside the dark, cramped bell. (4) As the play provides numerous opportunities for mistakes, and because it demands a precise technique, some compare Dojoji to a graduation thesis for Noh actors aiming to be considered full-fledged performers. [369 words]

2-1 下線部 (1) の日本語訳として最も適切なものを①〜④の中からひとつ選びなさい。

① 600 年の歴史がある伝統的舞台芸術である能の主な特徴は、最小限の上下運動と舞台上をゆっくりと移動していく抑制された身振りを含む。

② 600 年の歴史がある伝統的舞台芸術である能は、最小限の抑制された動きが特徴で、舞踊の要素は主としてゆっくり水平に歩くといったしぐさを含む。

③ 能には 600 年の歴史があり、日本で最も古い伝統的舞台芸術であるが、その主な特徴は最小限の抑制された動き、例えばゆっくりと水平に歩くしぐさなどである。

④ 伝統的舞台芸術である能には 600 年の歴史があり、最小限の抑制された動きが特徴だが、特にゆっくりと水平に歩くという演者のしぐさが人目をひく。

2-2 下線部 (2) の日本語訳として最も適切なものを①〜④の中からひとつ選びなさい。

① ゆえに、もし一瞬でも早く飛び上がると、鐘の前方に自分が着地することで場面の美しさを台無しにしてしまうだろう。

② このように、もし一瞬でも遅く飛び上がると、鐘の方が自分より先に落ちてきて、場面の美しさを損なうだろう。

③ 反対に、もし役者が一瞬でも早く飛び上がると、鐘より先に自分が着地してしまい、場面の緊張感を損なうだろう。

④ 逆に、もし一瞬でも早く飛び上がると、鐘よりも先に自分が着地してしまって場面の美しさを台無しにするだろう。

2-3 下線部 (3) の日本語訳として最も適切なものを①〜④の中からひとつ選びなさい。

① 役者は少しずつ体の向きを変えなければならないが、小太鼓が打たれるたびに、その拍子とぴったり合わせて動く必要がある。

② 役者は少しずつ足を動かすのだが、その動きは小太鼓が打たれるその拍子と完全にぴったりと合わせて行われる。

③ 役者はわずかに足を動かさなければならないが、小さな太鼓が打たれるたびに、その拍子とぴったり同時に行う必要がある。

④ 役者はゆっくりと体を動かすよう求められるが、太鼓が打たれるのと完璧に一緒の拍子で動かなければならない。

2-4 下線部（4）の日本語訳として最も適切なものを①〜④の中からひとつ選びなさい。

① この劇は誤りに対する数限りない機会を提供するし、また正確な技術も求められることから、道成寺は一人前の能楽師の卒業論文と比較する者もいる。

② この劇は誤りを正す多くの機会を与えてくれるし、正確な技術も要求されるので、道成寺は一人前になりたい能楽師にとって卒業論文であると考えられている。

③ この劇ではあまりの難しさのために失敗も多いし、また確かな技術も必要とされるため、道成寺をやり遂げられれば一人前の能楽師として認められるとされている。

④ この劇では失敗することも多く、また確かな技術が求められるので、「道成寺」を一人前の演者と見なされることを目指す能楽師にとっての卒業論文に例える人もいる。

正解

2-1 ②　　**2-2** ④　　**2-3** ③　　**2-4** ④

解説

試訳

　600 年の歴史をもつ伝統的な舞台芸術である能は最小限の抑制された動きが特徴で、舞踊の要素も主にはゆっくり水平に歩くといった仕草だ。そんな能の上演の中でも「道成寺」という劇は傑出している。大きな鐘が上から落ちる間際に演者が中に向かって跳びこむという、大胆なアクロバットを思わせる場面がある。

　「道成寺」の物語は次の通りである。ある寺で新しい釣鐘を設置したところ、踊り子が近づいてきて鐘を落とし、その中に閉じこもる。寺の住職は、ある娘が大蛇に変身して件の鐘の中に隠れていた男性を怒りの炎で焼き殺した話を語る。僧侶たちが鐘を引き上げると、中には蛇に変身した女性がいる。僧侶たちの祈祷により、蛇は近くの川の中に姿を消す。

　この劇では、舞台の天井の留め金を通した縄で鐘が吊り下げられる。舞台の補佐役が縄を手放して鐘が落下するまさにその瞬間に、踊り子を演じる役者が中に向かって跳ばないといけない。釣鐘は小道具ではあるが重い。もし、役者がわずかに遅く跳ぶと、落ちてくる鐘の内側に頭をぶつけて大けがをする危険がある。逆に、もし一瞬でも早く跳ぶと、鐘よりも先に自分が着地してしまい、場面の美しさを損なう。この離れ技を、役者は自身の視界を狭める面をつけた状態でやらなければならない。

　こうした要因のため、この場面は能の全作品の中でまず間違いなく最もゾクゾクするものだ。興味深いことに、「道成寺」には長く張りつめた沈黙が特徴の、最も静的な場面の一つもある。役者はわずかに足を動かすのだが、その都度、小さな太鼓が打たれるのとぴったり同時に行う必要がある。さらに、役者は暗くて窮屈な鐘の中で、一人で衣装を着替えるという困難に対応する。この劇では失敗する機会も多く、また確かな技術が求められるので、「道成寺」を一人前の演者と見なされることを目指す能楽師にとっての卒業論文にたとえる者もいる。

単語リスト

characterized by ~	~という特徴を持つ
minimal	最小(限)の、最低(限)の
restrained	節度がある、控えめな、地味な
primarily	主として
horizontal	水平な
stand out	突出する、目立つ、傑出する
feature	~の特色となる、~を特徴づける
reminiscent of ~	~を連想させる、~によく似ている
daring	大胆な、向こう見ずな
as follows	次の通りで
narrate	順序だてて述べる、物語る
fiery	激烈な、炎のような
prayer	祈祷、祈りの言葉
suspend	吊るす、下げる

thread through ~	～に通す
precise	正確に、まさにその、ちょうどその
prop	小道具
albeit	～にもかかわらず、～ではあるが
slightly	わずかに、少し
run the risk of ~	～の危険をおかす
conversely	逆に、反対に
detract from ~	～を損なう
stunt	離れ技、妙技、大胆な行為
field of vision	視野、視界
owing to ~	～のせいで、～のおかげで
sequence	場面
arguably	（議論の余地はあるかもしれないが）ほぼ間違いなく
thrilling	ワクワク／ゾクゾクさせる、身震いさせる
interestingly	興味深いことに
static	静止した、動かない
marked by ~	～を特徴とする
lengthy	冗長な、長くて退屈な
tense	緊迫した
synchronized with ~	～と同期化する
furthermore	さらに、その上に、しかも
face the challenge of ~	～の困難を乗り切る、～の課題に対応する
cramped	窮屈な
compare A to B	A と B を比べる、B に A を例える
graduation thesis	卒業論文
full-fledged	一人前の、ひとかどの、いっぱしの

2-1 　正解 ②

① 特徴づけているものは「最小限で抑制された動き」であり、要素として踊りも伴うが、その踊りは「ゆっくりとして水平に歩く（上下運動がない）というようなしぐさが主である」と、述べられている。「舞台上を」という文言はない。

③ 「日本で最も古い」という文言はない。特徴づけているものは「最小限であり抑制された動き」である。「ゆっくりと水平に歩くしぐさ」は舞踊の主な要素として挙げられている。primarily「主に」は involving gestures such as slow, horizontal walking「水平に歩くようなしぐさを含む」にかかっているのであって、「特徴」を修飾しているのではない。

④ 後半の「特に…人目をひく」という表現は英文には見当たらない。

2-2　正解 ④

① conversely は「逆に、反対に」の意味。前の文で「もし役者がわずかに遅く跳ぶと、落ちてくる鐘の内側に頭をぶつけて大けがをする危険がある」と述べられていることから、本文ではその反対の場合に関して述べられていることが分かる。この before は「前方に」ではなく時系列的な「前」を指す。

② 遅く跳ぶ場合の結果に関しては前文で述べられている。conversely は「このように」ではなく「逆に、反対に」の意味。

③ the aesthetic of the scene は「場面の緊張感」ではなく「場面の美学」。

2-3　正解 ③

① 「少しずつ体の向きを変える」のではなくて「少しずつ足を動かす」。

② be required to「～するよう求められている」が訳し入れられていない。

④ make slight movements with their foot は「足をわずかに動かす」という意味。「小さな」が訳し入れられていない。

2-4　正解 ④

① 「この劇は誤りに対する数限りない機会を提供する」は、直訳すぎて意味が通じにくい。つまりは「この劇では失敗も数多い」という意味である。compare A to B は「A と B を比較する」という意味もあるが本文では意味が通じない。「道成寺を卒業論文に例える」と解釈する。

② 「誤りを正す」とは述べられていない。「一人前になりたい能楽師にとって卒業論文である」ではなく considered は「能楽師」にかかるため「一人前の能楽師とみなされることを目指す能楽師」という意味。some compare Dojoji to a graduation thesis「道成寺を卒業論文に例える人もいる」という意味。Some ～ , others ...「～の人もいるし、…の人もいる」は、頻出表現だが、others 以降の部分はしばしば省略される。

③ 「あまりの難しさのために」という文言はない。「道成寺を卒業論文に例える人もいる」と書かれているが「道成寺をやり遂げられれば一人前の能楽師として認められるとされる」とは述べられていない。

Chapter 3

和文会話英訳選択問題
演習問題1〜6

Chapter 3 和文会話英訳選択問題

演習問題 1　制限時間内に辞書を使わないでやってみましょう！

次の日本語で書かれた下線部の内容を英語にする場合、最も適切なものを選びなさい。
（各5点×4＝20点）［制限時間15分］

3-1 A: 都会の真ん中にある明治神宮にこんな素晴らしい森が残っているとは驚きました。

B: 自然林に見えますが、実は人工林なのです。当初の森の約10万本の木は、神社の建築中に全国から寄せられたものなのですよ。

① Approximately 100,000 trees which consisted of this forest were donated from all over the country when the shrine was built.

② About 100,000 trees were first collected from all over the country to build the forest of this shrine.

③ Approximately 100,000 trees making up the original forest were donated from regions across the country during the shrine's construction.

④ At first this forest was composing of about 100,000 trees which were contributed from places all over the country while the shrine's construction.

3-2 A: 彦根城に着きました。マスコットのひこにゃんがお好きなんですよね。

B: 本当に大好きです。ひこにゃんをひとめ見ることができさえすれば、午後ずっとここに立ちっぱなしでもかまいません。

① I may as well stand here all afternoon, if only I can have a glimpse of Hikonyan.

② I don't mind to stand here all afternoon, if only I could take a glimpse at Hikonyan.

③ I don't care if I have to stand here all afternoon, as far as I can get to see Hikonyan.

④ I don't mind if I have to stand here all afternoon, as long as I can get a glimpse of Hikonyan.

3-3 A: 日本では、なぜこんなにお祭りが多いのでしょうか。

B: 確かに、毎日どこかでお祭りをやっているような印象ですね。<u>伝統的なお祭りは日本中にとてもたくさんある神社の神に捧げる儀式なので、お祭りも多いのですよ。</u>

① It is because the traditional rituals are the festivals offered to the shrine deities seen across Japan, and this is the reason why they have so many festivals.

② The traditional festivals are rituals dedicated to the deities of numerous Shinto shrines found all over Japan, therefore, they have lots of festivals.

③ Because the dedicated rituals to the deities of a lot of Shinto shrines all over the country.

④ It is due to numerous traditional festivals are Shinto rituals offered to Shinto shrine deities dwelling across Japan, so there are many festivals.

3-4 A: 節分という言葉は、もともと季節の変わり目を表し、昔は年に4回ありました。

B: なるほど。でも、なぜ鬼に豆をぶつけるのでしょうか。

A: <u>古くは、災いや疫病をもたらす鬼は季節の変わり目にやって来るけれども、豆をまくことで鬼を追い出せると考えられていました。</u>

① In the old days, people believed that devils which bring disasters and epidemic come at each season, but bean throwing can drive them out.

② In olden days, devils were believed to come and bring disasters and epidemics to people, so people throw beans to them to drive them away.

③ In those days, people thought that although devils came at the changing of seasons to bring disasters and plagues, bean throwing was able to get the devils out.

④ In the past, devils were thought to have brought disasters and plagues at the time of changing seasons and bean throwing was believed to have powers to send them away.

 正解

 ③　　 ④　　 ②　　 ③

日本語で書かれた下線部の内容を、自然な英語で的確に訳してあるものを選びます。正解以外の英文には必ず間違いがあるので、誤りのある英文を次々に捨てていって、消去法で最後に残った選択肢が正解です。以下の必須チェックポイントを参考にして選びましょう。

大問3の必須チェックポイント4つ

ポイント1 原文と比べて意味の異なる訳になっていないか。
例）• 選択肢の英文を訳してみると全体の意味が異なっている場合がある。
　　• 使われている単語やイディオムが違っている。
　　（原文では「おみくじ」だが「お守り」になっているなど）

ポイント2 原文がすべて訳し入れられているか、訳し忘れはないか。
　　（特に副詞や形容詞などが正確に訳し入れられているか確認する）

ポイント3 文法的な誤りはないか。
例）• 主語が複数形なのに、動詞が単数形を受ける形。あるいはその逆の形。
　　（主部が長い場合は特に注意して確認する）
　　• 可算名詞と不可算名詞の誤りが出題されやすい。

ポイント4 英文として成立しているか、自然な英文か。
例）• 過去問では、Because of ... のみの不完全な文の選択肢があった。
　　• 過去問では、英文として意味を成していない選択肢があった。

3-1　正解 ③

当初の森の約10万本の木は、神社の建築中に全国から寄せられたものなのですよ。

① Approximately 100,000 trees which (1)consisted of this forest were donated from all over the country (2)when the shrine was built.

→ (1) consist of は、This forest is consisted of various kinds of trees. のように使う。

→ (2) when the shrine was built だと「神社が出来た時」という意味になり、原文の「神社の建築中に」とは意味が違う。while the shrine was being built あるいは during the shrine's construction とする。

→「当初の」が訳し入れられていない。

② About 100,000 trees were (1)first collected from all over the country to build the forest of this shrine.

→ (1) collected だと「集められた」という意味しかなく、「寄せられた＝寄付された」という原文の意味が伝わらない。また、この英文では first は collected に

かかるので、「最初に集められた」という意味になり原文の意味とは違う。

→「神社の建築中に」が訳し入れられていない。

③ Approximately 100,000 trees making up the original forest were donated from regions across the country during the shrine's construction.

→ これが正解。2020 年 11 月に明治神宮は鎮座百年を迎えたが、この人工林は、第一線の学者たちによる 50 年後、100 年後、150 年後の姿まで見据えた植樹プランに従って植樹されたものだった。「NHK スペシャル明治神宮不思議の森（2015 年放送）」では、オオタカ、タヌキから粘菌にいたるまで 3000 種の動植物が確認されたこと、彼らが予見した生物多様性 bio-diversity が実現されていることが報道された。

④ At first this forest was (1)composing of about 100,000 trees which were contributed from places all over the country while (2)the shrine's construction.

→ (1)「～で構成されている」は、composing of ではなく composed of とする。

→ (2) while の後は SV が来るので、during を使うか、あるいは while the shrine was being built. とする。

3-2 正解 ④

ひこにゃんをひとめ見ることができさえすれば、午後ずっとここに立ちっぱなしでもかまいません。

① I (1)may as well stand here all afternoon, (2)if only I can have a glimpse of Hikonyan.

→ (1) may as well は「～してもよい」あるいは「（他にすることがなければ）～した方がよい」という意味で、原文の「～してもかまいません」とは違う。

→ (2) if only は「～でありさえすればなぁ」という意味で、現在や未来に関する現実とは違う夢や希望を表すので不適切。例）If only I spoke English.「英語が話せたらなぁ」また、この英文の can は could にする。

→ ちなみに have a glimpse of ～ は誤りではない。glimpse は「ひとめ、ちらりと見えること」という意味の頻出単語で catch/get/have a glimpse of ～、あるいは take/give a glimpse at ～のような連語も頻出するのでおぼえておこう。

② I don't (1)mind to stand here all afternoon, if only I could take a glimpse at Hikonyan.

→ (1) mind は～ ing 形を取る。例）Do you mind my opening the window?「窓を開けてもかまいませんか」（かまわない場合は No で答える）

③ I don't care if I have to stand here all afternoon, (1)as far as I can get to see Hikonyan.

→ (1) 前半部分は「午後中ここに立っていなければならなくても気にしない」という意味で適切だが、後半の as far as は距離や程度の限界や範囲に言及するため、

不適切。

④ I don't mind if I have to stand here all afternoon, as long as I can get a glimpse of Hikonyan.

→ 正解。as long as は条件を表す。

3-3 正解 ②

伝統的なお祭りは日本中にとてもたくさんある神社の神に捧げる儀式なので、お祭りも多いのですよ。

① It is because (1)the traditional rituals are the festivals offered to the shrine deities seen across Japan, and this is the reason why they have so many festivals.

→ (1) が「伝統的儀式が神社の神に捧げる祭だから」になっていて原文と意味が違う。また、seen は蛇足。

② The traditional festivals are rituals dedicated to the deities of numerous Shinto shrines found all over Japan, therefore, they have lots of festivals.

→ これが正解。

③ Because the dedicated rituals to the deities of a lot of Shinto shrines all over the country.

→ because の従属節しかない不完全文。かつて過去問にこのような選択肢があった。

④ It is (1)due to numerous traditional festivals are Shinto rituals offered to Shinto shrine deities dwelling across Japan, so there are many festivals.

→ (1) due to の後ろに文を持ってくる場合は、due to the fact that SV とする。

3-4 正解 ③

古くは、災いや疫病をもたらす鬼は季節の変わり目にやって来るけれども、豆をまくことで鬼を追い出せると考えられていました。

① In the old days, people believed that devils which (1)bring disasters and epidemic (2)come at each season, but bean throwing (3)can drive them out.

→ (1)(2)(3)believed that 以下の bring、come、can などを過去形に揃える。また、「季節の変わり目」が at each season「季節ごとに」になっていて意味が違う。

② In olden days, devils were believed to come and bring disasters and epidemics to people, so people throw beans to them to drive them away.

→ この文は「昔、鬼は人々に災いや疫病をもたらすと考えられたため、人々は鬼を追い払うために豆をまいた」という意味で、原文とは違う。

③ In those days, people thought that although devils came at the changing of seasons to bring disasters and plagues, bean throwing was able to get the devils out.

→ これが正解。この原文の「～と考えられていた」のように、日本語で主語がない場合は、they や people を主語にするか、受け身で作文するとうまくいく。
endemic は「地域的流行病あるいは風土病」、ちなみに endemic to ～ という表現は「その地域特有の」という意味で病気とは関係なく使われる。例）Kiwi is endemic to New Zealand.「キウイはニュージーランド固有である」epidemic は「流行病」、pandemic は「（より範囲の広い）世界的な流行病」、plague は流行範囲の意味合いはなく「大厄災、大打撃」というのが元の意味で、ペストのような疫病だけでなく例えば虫の大量発生、悩みなどにも使われる言葉。「節分」に関してだが、昔は「立春」「立夏」「立秋」「立冬」の前日を指した。豆をまくのは「魔目」に豆を投げつけ「魔滅」することに通じるからとされる。

④ In the past, (1)devils were thought to have brought disasters and plagues at the time of changing seasons and bean throwing was believed to have powers to send them away.

→ (1) devils were thought to have brought ～は「思われた」という時点より前に「～をもたらした」という大過去の意味を作るので、文の意味が違ってしまう。後ろの have powers と一見揃っているように見える have brought に引っかからないように注意しよう。

COLUMN

［距離や程度の限界や範囲］を表す as far as と［条件］を表す as long as

［距離や程度の限界や範囲］を表す as far as

例）as far as I can see
「見渡す限り」、
　　as far as I know 「私が知る限りでは」、
　　as far as I'm concerned「私に関する限りでは、私に言わせれば、私としては」
☆ 二次面接の時に、質問に対する答えに自信がない場合は as far as I know,／as far as I can tell などと前置きをすれば、完璧な答えでなくても大丈夫です。むしろ「この受験生はうまい口語表現ができる、なかなかやる！」と、プラス評価をしてくれるかも。

［条件］を表す as long as

例）You are welcome as long as you like.
　　「好きなだけゆっくりしていってください。」
　　You may go out as long as you're back before 6 o'clock.
　　「六時までに戻ってくるのであれば外出してもかまいません。」

COLUMN

年中行事について―その１

年中行事は筆記試験だけでなく、口述試験でもしばしば出題されますので、しっかりおさえておく必要があります。

「和食」が世界無形文化遺産登録された理由のひとつに「年中行事との密接な関係性」があります。その例として「おせち料理」が挙げられます。「せち」はもともと大晦日に「年神様」と一緒にいただく食膳を指しました。今では正月にいただく「祝い膳」ですが、使う丸箸も両端が削られ、どちらを使ってもいいようになっています。片方が神様、片方が人間用の「神人共食」の意味があると言います。黒豆は「まめまめしく働く」、れんこんは「見通しの良い一年」、数の子は「子孫繁栄」、ごぼうは土の中に根を張ることから「代々続く」など、それぞれの食材に意味が込められています。

「節分」で福を呼び、邪気を祓うという行為は、中国の「追儺(ついな)」が起源とされます。平安時代の日本で「鬼やらい」として豆を打って鬼を追う形に変化しました。「豆」を使う理由ですが、小豆島にある長勝寺には「昔、京都の鞍馬に鬼が出た時に、毘沙門天のお告げによって大豆を鬼の目に投げつけたところ、退治できた」という言い伝えがあります。「魔の目(魔目)」に豆を投げつけ「魔を滅する(魔滅)」に通じることが豆まきの由来だそうです。こんなトリビアを憶えておくと口述試験で面接官を楽しませることができます。

「ひな祭り」は、穢れを人形に移して、祓い流した「ひな流し」にルーツがあります。例えば『源氏物語』の「須磨の巻」に、３月に祓いを行い、人形を船に乗せて流したことが述べられています。この人形が段々と立派なものになり、江戸時代には段飾りが登場しました。

それが現在の桃の花、白酒、ひし餅を供える風習につながっていきました。

「こどもの日」は、ご存じのように「端午の節句」が起源ですが、「端午」とは五月初めの「午(うま)の日」のことで、もともとは中国の習俗で、この日は菖蒲やよもぎを軒に飾るという習慣があり、そういった香りの強い草で毒気を祓うねらいがありました。端午の日に菖蒲を使う風習が日本に伝わり、武家社会だった鎌倉時代から江戸時代にはショウブに「尚武」や「勝負」を掛けて、男子が強く育つことを祈念しました。鯉のぼりも中国の鯉が竜門を登って龍になるという伝説(登竜門の語源)から来たもので、出世の象徴という意味合いがあります。

６月には「夏越の祓(なごしのはらえ)」があります。神社に行くとカヤで

出来た大きな輪を見ることがあります。これは「茅の輪」と言って、茅の輪をくぐることで一年の前半に溜まってしまった「穢れ」を祓い無病息災を祈ります。この行事のもとになったのは「蘇民将来」という人物のエピソードです。『備後国風土記』によると、ある神様が旅の途中で宿を求めた時に、お金持ちの巨旦将来という人には断られましたが、その兄の蘇民将来は貧しいながらも受け入れたそうです。神様は自分がスサノオノミコトだと明かし、蘇民将来の家族に茅の輪をつけさせ、疫病が流行した際に免れるようにした、という話です。

この話はギリシア神話のピレモンとバウキスの話に少し似ています。神々の王ゼウスとヘルメスが旅の途中、ある村で宿を求めましたが、どこも受け入れてくれません。村はずれの貧しい老夫婦のピレモンとバウキスだけは2人を快く受け入れ、精一杯のご馳走を並べます。甕の酒が注いでも、注いでも、減らないことに気付いた老夫婦にゼウスは正体を明かし、彼ら以外の住民を滅ぼします。老夫婦のあばら家は神殿に変えられ、ふたりは残りの人生を神殿に仕えて暮らします。いよいよふたりの寿命が来た時に、ゼウスに願ったとおり同時に2本の木に変化し、今も丘の神殿の傍らに仲良く立っている、というお話です。

「茅の輪くぐり」では「みな月の夏越の祓する人はちとせの命のぶというなり」と、唱えながら輪を左、右、左の順に三回くぐります。(地方により唱え言葉やくぐり方が違います)

7月は「七夕」です。人々は笹竹に願いごとを書いた五色の短冊や紙細工を吊ります。七夕祭りと言えば、仙台と平塚が有名ですが「七夕」は中国の「牽牛と織女」の伝説がルーツとされます。「牽牛」とは「彦星」とも言い、わし座のアルタイル Altair のことで「織女」あるいは「織姫星」はこと座のベガ Vega です。二人はもともと働き者でしたが、結婚すると楽しさのあまり仕事をしなくなります。天帝は激怒し、ふたりを引き離してしまいます。年に一度、7月7日だけふたりを隔てる天の川にカササギが橋をかけてくれて会えます。雨が降ると水嵩が増し、渡ることができないため会うことができません。このお話の原型は、2600年前の中国の最も古い詩編『詩経』にも出てくるそうです。

8月には「お盆」があります。「盆と正月」というくらい大きな行事で、先祖の御霊を迎えて供養します。仏教の「盂蘭盆会(うらぼんえ)」が起源とされ、これは釈迦の十大弟子のひとりである目連にまつわる話です。目連には「天眼」という神通力がありましたが、亡くなった母を天眼で見たところ、地獄で逆さ吊りの責め苦にあっていることが分かりました。驚いた目連は釈迦の助言通り多くの僧による供養を行ったところ、母は餓鬼の身から脱することができた、というお話です。

日本の「お盆」は地域にもよりますが、8月13日に迎え火を焚いて祖先の霊をお迎えし15日に送り火であの世にお送りします。迎え火の時はなるべく早く帰れるようにキュウリを馬に見立て、送り火の際にはゆっくり帰れるようにナスを牛に見立てて置きます。

Chapter 3 英文和訳選択問題

演習問題2 制限時間内に辞書を使わないでやってみましょう！

次の日本語で書かれた下線部の内容を英語にする場合、最も適切なものを選びなさい。
（各5点×4＝20点）［制限時間15分］

3-1 A: 日本は初めてなので、明日からのツアーが本当に楽しみです。

B: 天気予報によればお天気が続きますので、どうぞ日本滞在を楽しんでください。

① The weather report says we'll have a good weather for a while, so please enjoy your stay in Japan.
② The weather forecast says the days of good weather continues, so please enjoy your stay in Japan.
③ According to the weather report, we'll have so good weathers for a while that you can enjoy your stay in Japan.
④ The weather forecast says a good weather will continue, so have fun during you are staying in Japan.

3-2 A: 日本語の文章の書き方には2通りあると聞きましたが。

B: はい。ひとつは西洋式に水平な行が上から下になっているもの、もう一つは伝統的な日本式で縦の行が右から左になっているものです。

① One is Western style in which horizontal columns go from the top to the bottom, other is traditional Japanese style in which vertical rows go from the right to the left.
② One is Western style in which vertical columns go from the right to the left, and another is traditional Japanese style in which horizontal rows go from the top to the bottom.
③ One is Western style with horizontal rows from the top to the bottom, and another is traditional Japanese style with vertical columns from the right to the left.
④ One is Western style with horizontal rows from the top to the bottom, and the other is traditional Japanese style with vertical columns from the right to the left.

3-3 A: まねき猫の由来となった猫の寺が東京にあるそうですね。

B: 豪徳寺のことですね。伝説では、ある殿様が寺の猫に付いてくるよう手招きされて寺に入ったところ、突然の雷雨にあわなくて済んだと言われています。

① There is a legend that a lord was swung by a cat to the temple so that the lord was able to avoid the thunderstorm.

② There was a legendary cat in the temple and it saved a lord from a sudden thunderstorm by beckoning its hand.

③ The story goes that a temple cat saved the life of a lord who had been caught in a sudden thunderstorm by beckoning its paw to follow it.

④ Legend has it that a lord escaped from being caught in a sudden thunderstorm as the temple cat beckoned him to follow it to the temple.

3-4 A: 先日、鎌倉の円覚寺に行ってきましたが、舎利殿が一般公開されていなくて残念でした。

B: 限られた時だけの一般公開ですから残念でしたね。円覚寺と言えば、この寺が元寇の双方の戦没者の追悼のために創建されたことはあまり知られていませんね。

① Speaking of Engakuji, not many people know the fact that the temple was founded to commemorate the war dead of both sides in the invasion attacks by the Mongols.

② Talking of Engakuji, few people don't know the fact that Engakuji was built to pray for the souls of the dead of both side in the invasion attempts by the Mongols.

③ Talking of Engakuji, a lot of people doesn't know that the temple was built to mourn the deceased who were killed in the invasion attempts by the Mongols.

④ The name Engakuji reminds me of the fact that the temple was built to commemorate the war dead of both sides in the violent rainstorm during the invasion attempts by the Mongols.

 正解

 ②　　 ④　　 ④　　 ①

解説

3-1 正解 ②

天気予報によればお天気が続きますので、どうぞ日本滞在を楽しんでください。

① The weather report says (1)a good weather for a while, so please enjoy your stay in Japan.
→ (1) weather は不可算名詞で、形容詞がついても a はつかない。

② The weather forecast says the days of good weather continues, so please enjoy your stay in Japan.
→ 正解。ちなみに不可算名詞は形容詞がついて具体化すると a が付く場合もある。例えば、食事の名前 breakfast、lunch、dinner、supper は基本的に不可算名詞だが、形容詞に修飾されると a が付く。例）a substantial dinner「かなりの量の夕食」
meal「食事」は可算名詞なので、a が付くし複数形にもなる。

③ According to the weather report, we'll have (1)so good (2)weathers for a while that you can enjoy your stay in Japan.
→ (1) so は副詞なので so ~ that ... 構文は間に形容詞あるいは副詞のみを挟む場合しか使えない。名詞句を挟む場合は形容詞 such を含む such ~ that ... を使う。
→ (2) weathers という複数形は、通常 in all weathers = whatever the weather「どんな天候でも、雨でも晴れでも暑くても寒くても」という場合に使う。

④ The weather forecast says (1)a good weather will continue, so have fun (2)during you are staying in Japan.
→ (1) weather は不可算名詞で、形容詞がついても a はつかない。
→ (2) during は前置詞なので次に名詞形が来る。SV の形は不可。

形容詞がついても a は付かない不可算名詞
weather / advice / news / information / fun / homework / progress / damage / harm / baggage / luggage / furniture / equipment / evidence / proof
[可算名詞・不可算名詞の詳しい説明はこのチャプターの最後にあります]

3-2 正解 ④

ひとつは西洋式に水平な行が上から下になっているもの、もう一つは伝統的な日本式で縦の行が右から左になっているものです。

① One is Western style in which (1)horizontal columns go from the top to the bottom, (2)other is traditional Japanese style in which (3)vertical rows go from the right to the left.

→ (1)columns はもともと「円柱」を意味する。（例えば五重塔の心柱も column と言う）そこから「縦の列」を表すようになったため、horizontal columns という表現はおかしい。

→ (2)other は the other とすべき。2つある内、「一つ」は one で、「もう一つ」は the other。

→ (3)rows は「横の列」を表す。（例えば劇場の横列など）ゆえに vertical rows はおかしい。

② (1)One is Western style in which vertical columns go from the right to the left, and (2)another is traditional Japanese style in which (3)horizontal rows go from the top to the bottom.

→ (1)西洋式の書き方が、縦の行が右から左になっていて、原文と逆。

→ (2)another は不適切。3つ以上の選択肢がある場合に「一つ」は one で、「残りのどれかもう一つ」に another を使う。本文の場合、選択肢は2つしかないので the other。

→ (3)日本式の書き方が水平な行が上から下になっていて、原文と逆である。

③ One is Western style with horizontal rows from the top to the bottom, and (1)another is traditional Japanese style with vertical columns from the right to the left.

→ (1) ②と同様に another が不適切。

④ One is Western style with horizontal rows from the top to the bottom, and the other is traditional Japanese style with vertical columns from the right to the left.

→ これが正解。2つある場合、「一つ」は one で、「もう一つ」は the other。3つ以上の選択肢がある場合、「一つ」は one で、「残りのどれかもう一つ」には another を使う。

3-3　正解 ④

伝説では、ある殿様が寺の猫に付いてくるよう手招きされて寺に入ったところ、突然の雷雨にあわなくて済んだと言われています。

① There is a legend that a lord was swung by a cat to the temple so that the lord was able to avoid the thunderstorm.

→ (1) be swung は「揺らされる、（弧を描くように）振り回される」という意味なので a lord was swung by a cat to the temple は、「殿様が猫により寺へとぐるっと放り投げられた」というような意味になってしまう。

② There was (1)a legendary cat in the temple and it saved a lord from a sudden thunderstorm by beckoning its (2)hand.

→ (1)a legendary cat は「伝説的な猫」という意味で原文とは違う。

→ (2) 猫や犬の手足は hand ではなく paw なので beckoning with its paw とすべき。

③ The story goes that a temple cat saved the life of a lord (1)who had been caught in a sudden thunderstorm by (2)beckoning its paw to follow it.

→ (1)The story goes は「〜ということだ」という意味で OK だが、この文だと「(猫に会う前に既に)急な雷雨で濡れていた殿様」ということになる。

→ (2)beckoning its paw ではなく beckoning with its paw とすべき。

④ Legend has it that a lord escaped from being caught in a sudden thunderstorm as the temple cat beckoned him to follow it to the temple.

→ これが正解。legend has it that は「伝説によれば that 以下である」という頻出表現。beckon 自体に「手振り、身振りで手招きする／合図する」という意味がある。原文は「手招きされて」なので「前足で」の with its paw はなくてもよい。

3-4　正解 ①

円覚寺と言えば、この寺が元寇の双方の戦没者の追悼のために創建されたことはあまり知られていませんね。

① Speaking of Engakuji, not many people know the fact that the temple was founded to commemorate the war dead of both sides in the invasion attacks by the Mongols.

→ これが正解。円覚寺はモンゴル帝国(元)との最初の戦闘「文永の役」の後、戦没者の菩提を弔うために 1278 年から建設が始まった。1282 年に完成したが、その間に「弘安の役」も勃発した。円覚寺では 2 度の戦役で亡くなった日本の武士と元軍(モンゴル・高麗など)の戦士の両方が供養されている。

② Talking of Engakuji, (1)few people don't know the fact that Engakuji was built to pray for the souls of the dead of (2)both side in the invasion attempts by the Mongols.

→ (1)few は「ほとんどない、わずかしかない」という否定の意味が強い言葉だが、それに対して don't know という否定形が重ねられている。

→ (2)both side ではなく both sides とする。

③ Talking of Engakuji, (1)a lot of people doesn't know that the temple was built to mourn the deceased who were killed in the invasion attempts by the Mongols.

→ (1)a lot of people という複数形を doesn't know で受けている。

→「双方の」が訳し入れられていない。

④ The name Engakuji reminds me of the fact that the temple was built to commemorate the war dead of both sides (1)in the violent rainstorm during the invasion attempts by the Mongols.

→ (1)in the violent rainstorm の部分は原文にない。

→ 「あまり知られていない」が訳し入れられていない。

COLUMN

招き猫

招き猫の発祥に関してはいくつかの説があります。最も知られているのが、東京都世田谷の豪徳寺と浅草の今戸焼きにまつわる説です。

今戸焼き説

江戸時代のある地誌に、嘉永 5 年 (1852) に浅草花川戸に住むあるおばあさんが貧しさゆえに猫を手放したところ、夢枕にその猫が現れ「自分の姿を人形にしたら福徳を授かる」と言ったので、その猫の姿を今戸焼の人形にして浅草神社の鳥居横で売ったところ、評判になった、と記されているそうです。遺跡からの出土品でも今戸焼製招き猫の存在が確認できます。

豪徳寺説

江戸時代に、彦根藩第 2 代藩主の井伊直孝が鷹狩の際に豪徳寺の前身である小さな寺の前を通りかかった時、この寺の和尚の飼い猫が門前で手招きをしたため、一行は猫について寺に立ち寄ったことで、直後の雷雨に見舞われずに済みました。(一説によれば、雨はすでに降り始めており、一行は木の下で雨宿りをしていましたが、手招きをした猫について寺に入ったおかげで木への落雷を避けられた、とも)直孝は、この寺に多額の寄進をし、井伊家の江戸における菩提寺と定めました。この寺は大寺院の豪徳寺となり、桜田門外の変で倒れた大老井伊直弼の墓所も豪徳寺にあります。和尚はこの猫の墓を作り、それが後に「招猫堂」となり、猫が片手をあげた姿をかたどった「招福猫児(まねぎねこ)」が作られるようになったとされます。

招き猫の人形は英語では lucky cat と表現することが多いのですが、左前足を挙げている猫は人(客)を、右前足を挙げている猫は金運を招くとされます。手招きのジェスチャーが日本とアメリカでは逆であることから、アメリカで生産されている招き猫では前足の甲にあたる部分を前に向けています。
「くまモン」とならぶ人気のキャラクターである「ひこにゃん」は 2007 年に築城 400 年を迎えた彦根城のイメージキャラクターとして登場しましたが、豪徳寺の伝説に基づき、白猫が井伊の赤備えに由来した赤い兜をかぶったデザインです。

演習問題3　制限時間内に辞書を使わないでやってみましょう！

次の日本語で書かれた下線部の内容を英語にする場合、最も適切なものを選びなさい。
（各5点×4＝20点）[制限時間15分]

3-1 A: 日本の古民家は素敵ですね、あの小さな家がある棚は何ですか。
B: 神棚といって、天井近くに作られた棚ですが、神社でもらった玉串やお札を
置く場所です。

① It is a Shinto household altar placed over a lintel close to the ceiling where people put a sprig of holy tree or a talisman given by Shinto shrines.

② It is a Shinto home altar set on a shelf close to the ceiling of a house where a twig of holy tree or a fortune telling paper are placed.

③ It is a Shinto household altar with a small shrine modeled after the shrine in which people put a candle for gods and a holy rope.

④ It is a Shinto portable shrine set on a lintel near the ceiling where a bough of holy tree and a fortune telling paper are placed.

3-2 A: 和菓子は洋菓子に比べると太りにくいと言われますが、なぜですか。
B: 伝統的な和菓子は小豆餡や米粉など植物性の食材からできていますので、バ
ターやクリームを使用する洋菓子よりもカロリーが低いからです。

① The reason is the traditional Japanese sweets are made from red bean paste and rice powder and because Western sweets have higher calories as they contain butter and cream.

② It is because the traditional Japanese confectioneries are made of vegetable ingredients such as red bean paste and rice powder, and they contain lower calories than Western confectioneries which use butter or cream.

③ The traditional Japanese sweets consist of vegetable ingredients like red bean paste and rice cake and calorie-free compared with Western sweets with butter and cream.

④ The traditional Japanese confections are made from vegetable ingredients including red bean paste and rice powder, so they are healthier than Western sweets which use butter or cream.

3-3 A: 富士山は山なのに、なぜユネスコ自然遺産ではなくて文化遺産なのですか。
B: 一つには富士山は古くから信仰の対象であったこと、そしてもう一つは芸術家に着想を与えたことが登録の理由だからです。

① One reason is Mt. Fuji has long been the object of worship, and the other is it has been the wellspring of inspiration for artists.

② It is because Mt. Fuji has been worshipped for its beauty and another reason is that it made significant influence on artists.

③ One reason is Mt. Fuji has been worshipped from ancient time and as it has been inspired artists.

④ It is partly because Mt. Fuji was worshipped for a long time and because it inspired artists.

3-4 A: 日本庭園の「借景」とは、どのようなものか説明をしていただけますか。
B:「借景」は庭の背後の景色を庭園設計に組み込むことで、それは山であったり、林であったり、時には城だったりもするんですよ。

① Shakkei is about exemplifying backdrop of a garden into the design so that it could be mountains, hills, or a castle from time to time.

② Shakkei means that you design the garden including the background scenery, and the scenery can be mountains, woods or, surprisingly, a castle.

③ Shakkei means to incorporate background landscape into the design of a garden, and it could be mountains, woods, or even a castle in some cases.

④ Shakkei is about designing the background of a garden incorporating the garden itself, and they can be mountains, forests, or sometimes a castle.

 正解

 ①　　 ②　　 ①　　 ③

解説

3-1 正解 ①

神棚といって、天井近くに作られた棚ですが、神社でもらった玉串やお札を置く場所です。

① It is a Shinto household altar placed over a lintel close to the ceiling where people put a sprig of holy tree or a talisman given by Shinto shrines.
   → これが正解。神棚は Shinto home altar とも言う。lintel は鴨居のこと。a sprig of holy tree は玉串、お札は英語ではお守りと同じように talisman、charm、amulet などと表現する。

② It is a Shinto home altar set on a shelf close to the ceiling of a house where a twig of holy tree or (1)a fortune telling paper (2)are placed.
   → (1) a fortune telling paper は「おみくじ」のこと。
   → (2) A or B を受ける動詞に関しては、名詞が両方とも単数であれば単数形に応じた形、両方が複数であれば複数形に応じた動詞の形で受ける。もし片方が単数でもう一つが複数の場合は、動詞に近い方 B に応じた形にする。この文では両方とも単数なので、are ではなく is で受ける。

③ It is a Shinto household altar (1)with a small shrine modeled after the shrine in which people put a candle for gods and a holy rope.
   → (1) with a small shrine modeled after the shrine「神社を模した小さな社が付いて」というフレーズは原文にはない。
   → (2)a candle for gods は「ご神灯」、a holy rope は「注連縄」のことだが、原文にない。
   → 「神社でもらった玉串やお札」が訳し入れられていない。

④ It is (1)a Shinto portable shrine set on a lintel near the ceiling where a (2)bough of holy tree and (3)a fortune telling paper are placed.
   → (1) Shinto portable shrine は「神輿」という意味で原文とは違う。
   → (2) bough は大きな枝を指す。玉串は小さな枝なので twig、sprig、spray とする。
   → (3)「お札」talisman/charm/amulet が「おみくじ」a fortune telling paper になっている。

3-2 正解 ②

伝統的な和菓子は小豆餡や米粉など植物性の食材からできていますので、バターやクリームを使用する洋菓子よりもカロリーが低いからです。

① The reason is the traditional Japanese sweets are made from red bean paste and rice powder and because Western sweets have higher calories as they contain butter and cream.
  → 「(和菓子が)植物性の食材からできている」の部分が訳し入れられていない。

② It is because the traditional Japanese confectioneries are made of vegetable ingredients such as red bean paste and rice powder, and they contain lower calories than Western confectioneries which use butter or cream.
  → これが正解。

③ The traditional Japanese sweets consist of vegetable ingredients like red bean paste and rice cake and (1)calorie-free compared with Western sweets with butter and cream.
  → (1) calorie-free「ノンカロリーの」という表現は原文にはない。

④ The traditional Japanese confections are made from vegetable ingredients including red bean paste and rice powder, so (1)they are healthier than Western sweets which use butter or cream.
  → (1) 原文ではカロリーについて言及しているが、この英文では they are healthier「より健康的」となっていて原文とは意味が違う。

3-3 正解 ①

一つには富士山は古くから信仰の対象であったこと、そしてもう一つは芸術家に着想を与えたことが登録の理由だからです。

① One reason is Mt. Fuji has long been the object of worship, and the other is it has been the wellspring of inspiration for artists.
  → これが正解。「理由は~である」という場合、the reason is because ... でも、この英文のように the reason is (that) ... でも、両方とも OK であるとされている。ただ、the reason の中に because の意味合いが含まれているとして the reason is that ... の方が好まれるようではある。

② It is because Mt. Fuji has been worshipped (1)for its beauty and another reason is that (2)it made significant influence on artists.
  → (1) 「美しさで崇拝されていた」という内容は原文にはない。
  → (2) it made significant influence on artists. は「芸術家に深い影響を及ぼした」という意味なので、原文の「芸術家に着想を与えた」とは意味が違っている。

③ One reason is Mt. Fuji has been worshipped from ancient time and (1)as (2)it has been inspired artists.
  → (1) One reason is としたのであれば、もう一つの方は and the other (reason) is とする。

→ (2) it has been inspired だと「それ（富士山）が影響をおよぼされた」という受け身になり、おかしい。

④ It is partly because Mt. Fuji (1)was worshipped for a long time and (2) because it inspired artists.

　→ (1) Mt. Fuji was worshipped という過去形だと「現在では崇拝されていない」という含みがある。原文では「古くから信仰の対象であった」とあるので、継続されて崇拝されているという意味の現在完了形 Mt. Fuji has been worshipped を使う方が原文に沿った訳。

　→ (2) partly because ...「部分的には…という理由だ」とする場合は、もう片方にも and partly because ... とするのが普通。

3-4　正解 ③

「借景」は庭の背後の景色を庭園設計に組み込むことで、それは山であったり、林であったり、時には城だったりもするんですよ。

① Shakkei is about (1)exemplifying backdrop of a garden (2)into the design so that it could be mountains, (3)hills, or a castle (4)from time to time.
　→ (1) exemplify は「例示する」という意味で「組み込む」ではない。
　→ (2)into the design だけでは何の設計か不明確なので into the design of the garden とする。
　→ (3)「林」とあるべきだが「丘」になっている。
　→ (4)「時には城だったりする」は「城の場合もある」という意味であって from time to time「時々」ではない。

② Shakkei means that you (1)design the garden including the background scenery, and the scenery can be mountains, woods or, (2)surprisingly, a castle.
　→ (1) design the garden including the background scenery は「庭の背後の景色を庭園設計に組み込む」ではなく「背後の景色を含む庭園を設計する」という意味。
　→ (2) surprisingly, a castle は「時には城だったりする」ではなく「驚くべきことに城である」という意味になり、原文と違う。

③ Shakkei means to incorporate background landscape into the design of a garden, and it could be mountains, woods, or even a castle in some cases.
　→ これが正解。ちなみに「借景」で知られる日本庭園としては、伝統的なものでは「修学院離宮（京都）」の場合は比叡山が、「玄宮園（滋賀）」では彦根城が、「仙巌園（鹿児島）」では桜島が「借景」となっている。アメリカの日本庭園雑誌で20年以上連続日本一に選ばれている「足立美術館」の日本庭園では勝山が「借景」として取り入れられている。

④ Shakkei is about (1)designing the background of a garden incorporating the garden itself, and (2)they can be mountains, forests, or sometimes a castle.

→ (1) designing the background of a garden incorporating the garden itself とすると「庭園そのものを組み込んで庭園の背景を設計すること」になってしまう。

→ (2) they ではなく it とする。

COLUMN

日本庭園について

日本三名園の「兼六園」「後楽園」「借楽園」はすべて大名庭園です。大名とは江戸時代に1万石以上の領地を幕府から与えられた武家のことで、彼らの屋敷や城に造られた庭園を大名庭園と言います。江戸の町には各藩平均して3つの邸宅（上屋敷・中屋敷・下屋敷）がありましたので、江戸にはざっと1,000以上の大名庭園があったと思われますが、そのほとんどが現在では消滅しています。東京都中央区にある浜離宮恩賜庭園は、甲州松平綱重の下屋敷だったものが徳川幕府の御浜御殿となりました。海の水を引き入れた「潮入りの池」が有名です。当時海沿いではよく見られた「潮入りの庭」でしたが、今ではここだけになりました。広大な庭園と汐留の高層ビル群との対比が超現実的でおすすめです。

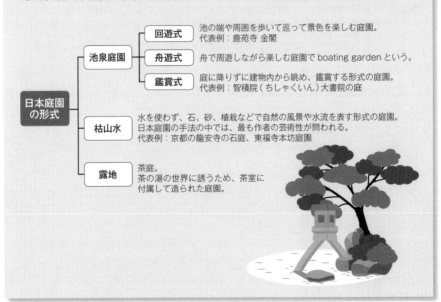

日本庭園の形式

池泉庭園
- 回遊式：池の端や周囲を歩いて巡って景色を楽しむ庭園。代表例：鹿苑寺 金閣
- 舟遊式：舟で周遊しながら楽しむ庭園で boating garden という。
- 鑑賞式：庭に降りずに建物内から眺め、鑑賞する形式の庭園。代表例：智積院（ちしゃくいん）大書院の庭

枯山水：水を使わず、石、砂、植栽などで自然の風景や水流を表す形式の庭園。日本庭園の手法の中では、最も作者の芸術性が問われる。代表例：京都の龍安寺の石庭、東福寺本坊庭園

露地：茶庭。茶の湯の世界に誘うため、茶室に付属して造られた庭園。

Chapter 3 英文和訳選択問題

演習問題 4　制限時間内に辞書を使わないでやってみましょう！

次の日本語で書かれた下線部の内容を英語にする場合、最も適切なものを選びなさい。
（各5点×4＝20点）［制限時間15分］

3-1 A: 旅行は大好きですが、重い荷物を運ぶのがしんどいですね。
　　　 B: あちこちに移動されるなら、宅配便という荷物配達サービスがとても便利で
　　　 す。

① If you are traveling around, the express delivery service for luggages called takuhaibin is very convenient.

② If you are hanging around, the express delivery service for goods called takuhaibin is quite convenience.

③ If you are moving from place to place, the express delivery service for baggage called takuhaibin is particularly useful.

④ If you are traveling to all the places, the express delivery service for luggages called takuhaibin is extremely handy.

3-2 A: 後楽園は、さすが日本三名園のひとつですね。これは元々の姿なのでしょうか。
　　　 B: 過去にいくどか被害を受けたのですが、庭の設計者が正確な記録を残してい
　　　 るおかげで、そのたびに元の姿に復元されています。

① Because of the records by the garden designer, it has been back to its original appearance even if it has been devastated at times in the past.

② The garden suffered several damages but thanks to the garden designer's accurate records, the castle has always been restored to its original figure.

③ Every time the garden was destroyed, the garden designer who left accurate records of this garden has successfully restored it to its original state.

④ Thanks to the accurate records by the garden's designer, although it suffered damages several times, it has always been restored to its original figure.

3-3 A: ミシュランガイドで三ツ星の高尾山には、テングというものが住んでいるとか。

B: 天狗は赤い顔で長い鼻があって翼が生えた神仏習合の山の神様である、と言い伝えられているんです。

① It has been said that *tengu* who has red and long nose with wings are a sacred Shinto-Buddhist god.

② Legend has it that *tengu* is a Shinto-Buddhist mountain god who has red face, a long nose, and wings.

③ *Tengu*, whose face is red, long nose and wings, is a sacred Buddhist mountain god, according to the legend.

④ Legacy has it that *tengu* is a Shinto-Buddhist mountain god who has a big face, red and long nose, and wings.

3-4 A: 日本には子どもの成長に応じて、さまざまな儀式の習慣があります。

B: そうなのですか。面白い儀式をひとつ教えてくれませんか。

A: 赤ちゃんが生後100日の頃に、ご飯、汁、尾頭付きの鯛、煮物などのお膳を用意して、食べさせる真似をします。

① They prepare a box of rice, soup, a whole fish with its head and tail, and stewed food and try to let a 100-day-old baby eat them.

② When a baby becomes about 100 days old, they prepare a tray of rice, soup, a whole grilled sea bream, steamed food and so forth, making the baby eat the food.

③ When a baby is about 100 days old, a tray with rice, soup, a whole grilled sea bream, simmered food and so on is prepared and they pretend to feed the baby with the food.

④ They prepare rice, soup, a whole yellowtail with its head and tail, boiled food on a plate as if the baby eats the food.

正解

3-1 ③　　　**3-2** ④　　　**3-3** ②　　　**3-4** ③

Chapter 3

解説

3-1 正解 ③

あちこちに移動されるなら、宅配便という荷物配達サービスがとても便利です。

① If you are traveling around, the express delivery service for (1)luggages called takuhaibin is very convenient.
→ (1) luggage や baggage には -s はつかない。数える時は a piece of luggage, some pieces of baggage のように表現する。

② If you (1)are hanging around, the express delivery service for goods called takuhaibin is quite (2)convenience.
→ (1) hang around は「うろつく、無為に過ごす」というイメージの表現で原文の「あちこちに移動する」とは意味が違う。例）I spent the afternoon hanging around the bookstore.「その日の午後は本屋でうろうろした」
→ (2) convenience ではなく convenient とすべき。

③ If you are moving from place to place, the express delivery service for baggage called takuhaibin is particularly useful.
→ これが正解。particularly には「おおいに」という意味もある。他に useful と相性のいい副詞は extremely, especially, really など。

④ If you are(1) traveling to all the places, the express delivery service for (2)luggages called takuhaibin is extremely handy.
→ (1) travel to all the places は「すべての場所に旅行する」という意味になるので原文とは違う。
→ (2) ①と同様に、luggage や baggage に -s はつかない。数える時は a piece of luggage, some pieces of baggage のように表現する。

3-2 正解 ④

過去にいくどか被害を受けたのですが、庭の設計者が正確な記録を残しているおかげで、そのたびに元の姿に復元されています。

① Because of the records by the garden designer, it has been back to its original appearance (1)even if it has been devastated at times in the past.
→ (1) even if は「（仮定の話として、可能性の低いことについて）たとえ〜だとしても」の意味だが、原文では「過去にいくどか被害を受けた」と述べられているので不適切。

② The garden suffered (1)several damages but thanks to the garden designer's accurate records, the castle has always been restored to its original figure.

- → (1) several damages は「いくつかの被害」であって「いくどかの被害」ではない。
③ Every time the garden was destroyed, the garden designer who left accurate records of this garden has successfully restored it to its original state.
  - → この文は「この庭が破壊されるたびに、この庭の正確な記録を残した庭園設計師が元の姿に庭園を復元することに成功してきた」という、まるで記録を残した設計師がずっと存在していたかのような意味になっている。
④ Thanks to the accurate records by the garden's designer, although it suffered damages several times, it has always been restored to its original figure.
  - → これが正解。

3-3 正解 ②

天狗は赤い顔で長い鼻があって翼が生えた神仏習合の山の神様である、と言い伝えられているんです。

① It has been said that *tengu* who has red and long nose with wings (1)are a sacred Shinto-Buddhist god.
  - →(1) *tengu* を前の部分では who has と単数扱いしているにも関わらず、are で受けている。
  - →「顔」「山の」が訳し入れられていない。
② Legend has it that *tengu* is a Shinto-Buddhist mountain god who has red face, a long nose, and wings.
  - → これが正解。
③ *Tengu*, (1)whose face is red, long nose and wings, is a sacred (2)Buddhist mountain god, according to the legend.
  - → (1) whose が long nose and wings にも掛かっていて意味を成さない。
  - → (2) Buddhist mountain god としか表現されておらず、「神仏習合」の意味になっていない。
④ (1)Legacy has it that *tengu* is a Shinto-Buddhist mountain god who has (2) a big face, red and long nose, and wings.
  - → (1) legacy は「伝説」ではなく「伝来のもの、遺産」という意味。
  - → (2)「赤い顔で長い鼻」ではなく「大きな顔で赤く長い鼻」になっている。

3-4 正解 ③

赤ちゃんが生後 100 日の頃に、ご飯、汁、尾頭付きの鯛、煮物などのお膳を用意して、食べさせる真似をします。

① They prepare (1)a box of rice, soup, a whole (2)fish with its head and tail, and stewed food and (3)try to let a 100-day-old baby eat them.
- → (1)「お膳」は box ではなく a small table とか tray と訳す。
- → (2)「鯛」は sea bream か porgy。
- → (3) try to let a 100-day-old baby eat だと「生後 100 日の赤ちゃんに食べさせようとする」という意味になるが、本文は「食べさせる真似をします」。

② When a baby becomes about 100 days old, they prepare a tray of rice, soup, a whole grilled sea bream, (1)steamed food and so forth, (2)making the baby eat the food.
- → (1) steamed food は「蒸した食べ物」という意味。原文の「煮物」は boiled food, simmered food, stewed food のように表現する。
- → (2) making the baby eat the food だと「無理やり食べさせる」という意味になってしまう。

③ When a baby is about 100 days old, a tray with rice, soup, a whole grilled sea bream, simmered food and so on is prepared and they pretend to feed the baby with the food.
- → 正解。「お食い初め」の際には小石を用意し、赤ちゃんになめさせる真似をするが、これは「歯がため」と言って、石のように丈夫な歯が生えるように願いを込める儀式。

④ They prepare rice, soup, a whole (1)yellowtail with its head and tail, boiled food on (2)a plate (3)as if the baby eats the food.
- → (1) yellowtail はブリのこと。原文では鯛。
- → (2) 原文の「お膳」ではなく「皿」になっている。
- → (3) as if the baby eats the food は「あたかも赤ちゃんが食べ物をたべるかのように」という意味で、原文の「赤ちゃんに食べさせる真似をする」とは違う。

COLUMN

年中行事について―その2

9月には「秋分の日」the Autumnal Equinox Day がありますが、3月の「春分の日」the Vernal Equinox Day とペアで憶えておきましょう。「春分の日」は春のお彼岸の中日、「秋分の日」は秋のお彼岸の中日になりますが、「暑さ寒さも彼岸まで」と言われるように、どちらも季節の変わり目になります。お彼岸はお墓参りをする日でもありますが、お供え物として春は「ぼたもち」、秋は「おはぎ」が一般的です。同じ形だと思われがちですが、「ぼたもち」は江戸時代に小豆を牡丹の花に見立て「ぼたんもち」と呼ばれていたものが「ぼたもち」になったと言われていて、形は牡丹の花のように丸く、元々は漉し餡が使われました。つまり、春の「ぼたもち」は漉し餡で、秋の七草のひとつである萩の花と小豆が似ているとされ「おはぎもち」と呼ばれていた「おはぎ」の方は、つぶし餡が一般的でした。現在は、形や季節に関係なく、例えばもち米なら「ぼたもち」うるち米なら「おはぎ」と呼ぶ地方もあれば、小豆餡の方は「ぼたもち」と呼び、きな粉の方は「おはぎ」という地方もあるようです。

11月の「七五三のお祝い」も、通訳ガイド試験には出題されやすいトピック。昔はこどもが無事に育つことが難しかったため、出産前には「帯祝い」、生まれてからは「御七夜」、生後30日や100日目には宮参りをする習慣がありました。なぜ11月15日なのか、については、徳川五代将軍綱吉がその子徳松の祝いをこの日にしたから、という説が有力です。また、千歳飴は、江戸時代の元禄・宝永の頃、浅草の飴売りが売り出して流行した「千年飴」がルーツとされます。

大晦日には「年越しそば」を食べます。これも通訳案内士試験では出題されやすいトピックです。「なぜ年越しそばを食べるのですか」という問いには、一般的には「そばは細くて長いので長寿を表しているのです」などと、答えますね。「日本人はなぜそばをすするのですか」という問いはいかがでしょうか。「そばをすすることで、より一層そばの味と香りをつゆと一緒に味わえるからです」と答えればいいのです。By slurping soba or buckwheat noodles, you can enjoy its wonderful flavor together with dipping sauce all the more.

「除夜の鐘」も試験に出題されやすいトピック。「なぜ108回鐘を撞くのでしょうか」という問いに対しては「百八の煩悩を祓うために108回撞かれます」The bell is rung 108 times in order to cast away the 108 worldly desires called bonno. のように答えればいいのです。

演習問題 5　制限時間内に辞書を使わないでやってみましょう！

次の日本語で書かれた下線部の内容を英語にする場合、最も適切なものを選びなさい。
（各5点×4＝20点）［制限時間15分］

3-1　A: ここが清水寺の舞台ですか、いったいどのように作ったのでしょうね。
　　　　B: たくさんのケヤキの柱で支えられていますが、驚くべきことに一本の釘も使わないで作られているのですよ。

① The stage is supported by a large number of Japanese cypress tree pillars using any nails, to our surprise.

② The stage is supported by a lot of zelkova tree pillars with no use of nails, believe it or not.

③ The stage is supported by numerous zelkova tree pillars without no use of nails, which you might be surprised.

④ The stage is supported by a large number of Japanese cedar tree pillars with almost any use of nails, to the world's amazement.

3-2　A: もう出る時間なのに、男性の方がお一人まだお見えになっていません。
　　　　B: その方がいらしたらすぐに出発しないと電車に間に合いません。

① As soon as he comes here, we will have to leave, otherwise we cannot make it for the train.

② When he will come here, we have to leave as soon as possible in order to be in time.

③ As soon as he will come here, we have to go or we won't be in time for.

④ When he arrives here, we may have to leave at once, or we will be late for the train.

3-3　A: 茶道では、素敵な言葉で表される哲学があると聞きました。
　　　　B: 「一期一会」という言葉ですね、出会いの大切さを表していて、茶の湯では亭主と客が共にその時間を大切にするべきだ、という意味です。

① It is a phrase "once in a while meeting," which express the significance of tea ceremony, so, the host and guest has to show the utmost friendship in each tea gathering.

② It is a phrase "a meeting that will never come again," which indicates the each meeting should be treasured, therefore, we have to do our best in any kind of encounters in lifetime.

③ It is a phrase "once in a lifetime occasion," which expresses we treasure every encounter with others, therefore, both the host and guests should make the most of each tea ceremony.

④ It is a phrase "once and for all meeting," which means our meeting is so important that the host and the guest have to treasure the very moment of the tea meeting.

3-4 A: 観光バスがずらっと並んだ場合、お客様はどのバスに戻ればいいか困ることがありますね。

B: そのようなことを避けるために、<u>ガイドはお客様がバスを降りる際に、自分のバスの形と色とナンバーをご自分で確認頂くようにしています。</u>

① A guide makes it a rule to have the guests check the shape, the color and the number of their bus by themselves when they get off the bus.

② It is a must for a guide to inform the guests of the shape and the number plate of their bus by them at the time they get on the bus.

③ For a guide it is crucial to make the guests confirm the color and the number of their own bus by themselves after they get off the bus.

④ It is important for a guide to have the guests remember the figure, the color and the number of their bus before they leave the bus.

 正解

 ②   ①   ③   ①

解説

3-1 正解 ②

たくさんのケヤキの柱で支えられていますが、驚くべきことに一本の釘も使わないで作られているのですよ。

① The stage is supported by a large number of (1)Japanese cypress tree pillars (2)using any nails, to our surprise.
   → (1) Japanese cypress tree は「ヒノキ」、ケヤキは zelkova。
   → (2)「一本の釘も使わずに」は、using any nails ではなく without using any nails あるいは using no nails。
② The stage is supported by a lot of zelkova tree pillars with no use of nails, believe it or not.
   → これが正解。「～をまったく使わずに」は without any use of ～、あるいは with no use of ～で表してもよい。believe it or not は「まさかと思うでしょうが、驚くべきことに」という意味。
③ The stage is supported by (1)numerous zelkova tree pillars (2)without no use of nails, (3)which you might be surprised.
   → (1) numerous は「数えきれないほど多くの」という意味で、原文の「たくさんの」とは同じではない。
   → (2) without no use は否定が重複している。
   → (3) which you might be surprised. では不十分。which you might be surprised to hear/know. などとする。
④ The stage is supported by a large number of (1)Japanese cedar tree pillars (2)with almost any use of nails, to the world's amazement.
   → (1) Japanese cedar tree は「スギ」。
   → (2) with almost any use of は「ほとんど使わずに」という意味で「まったく使わずに」ではない。

3-2 正解 ①

その方がいらしたらすぐに出発しないと電車に間に合いません。

① As soon as he comes here, we will have to leave, otherwise we cannot make it for the train.
   → これが正解。make it には「上手くいく、やり遂げる」という意味の他に「時間に間に合う」という意味があり、口語ではよく使われる。
   例）If you hurry, you can still make it.「急げばまだ間に合います」

② (1)When he will come here, we (2)have to leave as soon as possible in order to be in time.
　→ (1) When ... の部分は時を表す副詞節を作り、未来のことであっても現在時制を使うので when he comes here とする。
　→ (2) 主節では we have to ではなく we'll have to とする。

③ As soon as he (1)will come here, we have to go or we won't be in time (2) for.
　→ (1) as soon as は時を表す副詞節をつくるが、未来のことであっても現在時制を使うので as soon as he will come ではなく as soon as he comes とする。
　→ (2) for の後ろには間に合わない目的を入れる。今回は the train を入れ、we won't be in time for the train. とする。

④ When he arrives here, (1)we may have to leave at once, or we will be late for the train.
　→ (1) we may have to leave は「出発しなくてはいけないかもしれない」という切迫感がない意味になり、原文とニュアンスが違っている。

3-3　正解 ③

「一期一会」という言葉ですね、出会いの大切さを表していて、茶の湯では亭主と客が共にその時間を大切にするべきだ、という意味です。

① It is a phrase (1) "once in a while meeting," which (2)express (3)the significance of tea ceremony, so, the host and guest (4)has to show the utmost friendship in each tea gathering.
　→ (1) once in a while は「時折」という意味。
　→ (2) express は expresses とする。
　→ (3) the significance of tea ceremony だと「出会いの大切さ」ではなく「茶の湯の重要性」という意味になってしまう。
　→ (4)the host and guest という複数形に対し has になっている。

② It is a phrase "a meeting that will never come again," which indicates the each meeting should be treasured, therefore, (1)we have to do our best in any kind of encounters in lifetime.
　→ (1)「生涯のどのような出会いにも全力を尽くすべきだ」という原文とは違う意味になり茶の湯から離れてしまっている。

③ It is a phrase "once in a lifetime occasion," which expresses we treasure every encounter with others, therefore, both the host and guests should make the most of each tea ceremony.
　→ これが正解。make the most of は「〜を最大限に活用する、楽しむ、大切にする」という意味で頻出表現。ちなみに「一期一会」は once-in-a-lifetime occasion/ chance/encounter と訳されることが多い。

④ It is a phrase "(1)once and for all meeting," which means our meeting is so important that the host and the guest have to treasure the very moment of the tea meeting.

　→ (1)once and for all は「今回かぎりで、これっきり」あるいは「きっぱりと、今回こそ」という意味で、出会いの大切さを説く「一期一会」とはニュアンスが違う。
　例文：We've got to settle things once and for all.「完全に決着をつけなくてはいけない」

3-4　正解 ①

ガイドはお客様がバスを降りる際に、自分のバスの形と色とナンバーをご自分で確認頂くようにしています。

① A guide makes it a rule to have the guests check the shape, the color and the number of their bus by themselves when they get off the bus.
　→ これが正解。使役動詞の have は仕事・流れとして「～してもらう」というイメージ。
② It is a must for a guide to (1)inform the guests of the shape and the number plate of their bus by them (2)at the time they get on the bus.
　→ (1)inform the guests of ～は「お客様に～を知らせる」という意味で「確認してもらう」という意味ではない。
　→ (2)at the time they get on the bus「バスに乗る時に」になっている。
　→「(バスの)色」が訳に入っていない。
③ For a guide (1)it is crucial to (2)make the guests confirm the color and the number of their own bus by themselves after they get off the bus.
　→ (1)it is crucial to ～は「～することが必須である」という意味で、「～するようにしている」という意味ではない。
　→ (2)使役動詞 make は強制的にさせるというニュアンス。
　→「(バスの)形」が訳し入れられていない。
④ It is important for a guide to (1)have the guests remember the figure, the color and the number of their bus before they leave the bus.
　→ (1)have the guests remember は「お客様たちに確認してもらう」ではなく「お客様たちに憶えてもらう」にという意味で原文とは違う。

COLUMN

茶道の禅語について

「**一期一会**」という言葉は茶道に由来し、千利休が使ったと伝わります。利休自身ではなく、利休の弟子の山上宗二の著書に千利休の言葉として記されています。英語表現もいろいろあります。文字通りには one time, one meeting でしょうし、once in a lifetime encounter/meeting とか every moment in our life takes place only once のようにも訳すことができます。初めて出会う人との出会いだけに限らず、いつも会う人でもその時の出会いは二度とないものだから大切にする、という意味です。ガイドの仕事はまさに「一期一会」ですね。通常、同じお客様とは二度と会うことはありませんが、それだからよけいに、誠心誠意ご案内したいものです。

「**日々是好日**」は読み方がいくつかあります。「にちにちこれこうにち」「にちにちこれこうじつ」「ひびこれこうじつ」など。中国の唐時代の禅僧の言葉とされます。文字通りの解釈では「毎日毎日が素晴らしい」という意味ですが「毎日を素晴らしくすべきだ」という解釈もできます。『日々是好日（にちにちこれこうじつ）―「お茶」が教えてくれた15のしあわせ―』という素敵なエッセイは黒木華さん主演で映画化もされました。

「**行雲流水**」は「こううんりゅうすい」と読みます。「空を雲が行き、水が流れるように物ごとに執着せず、逆らわず、自然の成り行きにまかせる」という意味です。中国の宋で生まれた言葉で、もともとは「文章は雲や水のようなもので形が決まっている物ではない。自然にまかせて筆をすすめなさい」という意味だったそうです。この四  語を略した「雲水」は修行行脚中の禅僧を指します。茶道では「山や岩にぶつかっても形を変えて流れていく雲や水のように物事に柔らかく対処する」という心構えを示すそうですが、通訳案内士試験の口述試験でも面接官とのやり取りは、その心構えを思い出して臨機応変に柔らかく対処しましょう。

Chapter 3 英文和訳選択問題

演習問題 6　制限時間内に辞書を使わないでやってみましょう！

次の日本語で書かれた下線部の内容を英語にする場合、最も適切なものを選びなさい。
（各5点×4＝20点）[制限時間15分]

3-1 A: この部屋をもっと使いやすくするにはどうすればいいでしょう。
B: より快適で効率的にするには、家具をあちこちに動かすだけでいいですね。

① In order to make your room more comfortable and efficient is to move the furnitures around.

② If you'd like to make your room more comfortably and efficiently, you just have to move furniture around.

③ You should've moved the furniture around so as to make your room more comfortable and efficient.

④ All it takes to make the your room more comfortable and efficient is to move the furniture around.

3-2 A: 日本では朝食によく納豆が出ますが、最初は匂いと見た目に驚きました。
B: 独特な匂いとねばねばした食感がありますが、安全で健康に良い食品なんですよ。

① Although natto has a peculiar smell and stickiness, it is safe and healthy food.

② Natto has a distinctive smell and a sticky texture, but it is safe to eat and good for you.

③ Natto may have bad smell and particular stickiness, it is safe and sound to eat and good for your health.

④ Even though Natto smells distinctive and sticky, it is safe to eat and good for your health.

3-3 A: 日本人は寝る時に頭を北の方にするのは縁起が悪いと考えているのですか？
B: そう思っている人が多いのは事実です。お釈迦様が亡くなる時に北枕にしたから、と言われますが、俗信とは逆に縁起がいいことかもしれませんね。

① They say it because the real Buddha died with his head to the direction of north, but when we think about it, it can be a good luck.

② It has been said it is because of the original Buddha lied with his head to the direction of north, it might be a good omen against the general belief.

③ It is said that it is because the historical Buddha died with his head facing north, however, it could be considered auspicious contrary to the common belief.

④ According to the common belief, the historical Buddha died with his head facing north, it could be considered auspicious on reflection, although.

3-4 A: 五月の鯉のぼりには男子の出世を願う意味があるそうですが、なぜ鯉なのですか。

B: 中国の伝説から来ています。中国の黄河上流にある龍門という滝をのぼることができた鯉は龍になるという伝説です。

① It is a folktale which go that if a carp can go up the waterfall called the Dragon Gate at the mainstream of the Yellow River in China, it can become a dragon.

② It is a legend that if a carp succeeds in ascending the cataract called the Dragon Gate at the headwaters of the Yellow River in China, it will turn into a dragon.

③ It is legendary which goes that if a carp can climb the waterfall called the Dragon Gate at the upper stream of the Yellow River in China, it can transform itself into a dragon.

④ It is a legend that if a carp challenges in climbing up the waterfall called the Dragon Gate at the upper stream of the Yellow River in China, it changes into a dragon.

 正解

 ④　　 ②　　 ③　　 ②

解説

3-1 正解 ④

より快適で効率的にするには、家具をあちこちに動かすだけでいいですね。

① In order to make your room more comfortable and efficient is to move the (1)furnitures around.
→ (1) furniture は不可算名詞なので -s はつかない。数える際には、ひとつなら a piece of furniture、いくつかあるなら a few pieces of furniture のようにする。

② If you'd like to make your room more (1)comfortably and efficiently, you just have to move furniture around.
→ (1)SVOC の文では O＝C なので、your office ＝ more comfortable and efficient が正しい。

③ You (1)should've moved the furniture around so as to make your room more comfortable and efficient.
→ (1) should have p.p. (past participle 過去分詞) は「～すべきであったのに（しなかった）」という意味になる。

④ All it takes to make the your room more comfortable and efficient is to move the furniture around.
→ これが正解。all it takes ～は「必要なすべては～」という意味から「～だけが必要、～だけでよい」という意味で、よく使われる表現。
例）All it takes is a bit of courage.「必要なのはちょっと勇気を出すことだ」
ちなみに、他動詞の move something around は「物をあちこちに動かす」だが、自動詞で move around の場合は「（住所や仕事を）転々とする」という意味にもなる。

3-2 正解 ②

独特な匂いとねばねばした食感がありますが、安全で健康に良い食品なんですよ。

① Although natto has a (1)peculiar smell and stickiness, it is safe and healthy food.
→ (1) peculiar は「奇妙な」という意味で「独特な」とは違う。
→ 「食感」が訳し入れられていない。

② Natto has a distinctive smell and a sticky texture, but it is safe to eat and good for you.
→ これが正解。distinctive は「独特の、特色を示す」という意味。
ちなみに、「ねばねばする」にはいくつか表現がある。slimy「ぬるぬるした」、

sticky「ねばねば、べたべたした」、adhesive「（くっついて離れない）粘着性の」、clammy「湿っぽく、じとじとして、冷たい」、glutinous「表面が粘着質の（glutinous rice＝もち米）」など。

③ Natto may have (1)bad smell and particular stickiness, it is (2)safe and sound to eat and good for your health.
　→ (1) bad smell and particular stickiness は「ひどいにおいと独特のねばねば」という意味で、原文とはニュアンスが大きく違う。
　→ (2) safe and sound は「無事に」という意味で、原文のニュアンスとは異なる。
　　例）Just a few lines to let you know I'm home safe and sound.「簡単ですが無事に帰宅したことをお知らせします」

④ Even though Natto smells (1)distinctive and (2)sticky, it is safe to eat and good for your health.
　→ (1) distinctive は形容詞なので不適切だが、ly を付けて副詞化しても distinctively は「明確に、はっきりと」という意味なので原文と離れてしまう。②の正解のように Natto has a distinctive smell とする。
　→ (2) sticky の前に is を補う。

3-3　正解 ③

お釈迦様が亡くなる時に北枕にしたから、と言われますが、俗信とは逆に縁起がいいことかもしれませんね。

① (1)They say it because (2)the real Buddha died with his head to the direction of north, but when we think about it, it can be a good luck.
　→ (1) They say it is とする。
　→ (2)お釈迦様（ゴータマ・シッタールダ）を概念上の釈迦と区別する際には the historical Buddha、the original Buddha などと表現する。
　→「俗信とは逆に」が抜けている。

② It has been said it is (1)because of the original Buddha lied with his head to the direction of north, it might be (2)a good omen against the general belief.
　→ (1)because of の後ろに SV が来ている。
　→ (2)omen は「縁起がいいこと」ではなく「予兆、お告げ」、a good omen は「良い前兆」

③ It is said that it is because the historical Buddha died with his head facing north, however, it could be considered auspicious contrary to the common belief.
　→ これが正解。

④ (1)According to the common belief, the historical Buddha died with his head facing north, it could be considered auspicious on reflection, (2) although.

→ (1)「俗信によれば、仏陀は頭を北に向けて亡くなった」という意味になり、原文とは違っている。

→ (2) although は文頭にしか置けないので、though とする。

3-4 正解 ②

中国の黄河上流にある龍門という滝をのぼることができた鯉は龍になるという伝説です。

① It is a (1)folktale (2)which go that if a carp can go up the waterfall called the Dragon Gate at the (3)mainstream of the Yellow River in China, it can become a dragon.

→ (1) folktale は「伝説」ではなく「民話」。

→ (2) which go ではなく which goes とする。

→ (3) mainstream は「主流」という意味で原文の「上流」ではない。

② It is a legend that if a carp succeeds in ascending the cataract called the Dragon Gate at the headwaters of the Yellow River in China, it will turn into a dragon.

→ これが正解。cataract は「瀑布、大滝」、headwaters は「（通常複数形で）川の源流、上流」、turn into 〜「〜に姿を変える」

③ It is (1)legendary which goes that if a carp can (2)climb the waterfall called the Dragon Gate at the upper stream of the Yellow River in China, it can transform itself into a dragon.

→ (1) legendary は形容詞「伝説的な」という意味で、次に名詞が必要。

→ (2) climb は「（人や動物が手足を使って山、木、塀、崖、坂道などを）よじ登る、あるいは（車が坂道や丘を）上る」という意味で、魚が滝を上がる場合には不適切。

④ It is a legend that (1)if a carp challenges in (2)climbing up the waterfall called the Dragon Gate at the upper stream of the Yellow River in China, it changes into a dragon.

→ (1)「もし鯉が滝をのぼる挑戦をすれば」になっていて「滝をのぼることができたら」ではない。

→ (2) ③と同様に、魚が滝を上るのに climb up は不適切。rise、ascend、go up を使う。

COLUMN

数えられる名詞と数えられない名詞

名詞の種類

普通名詞	table, chair, house, apple, cat, dog など 目で見え、形があるもので可算名詞
固有名詞	Mt. Fuji などの場所の名や人の名など固有のもの
物質名詞	water, ice, fire, air, sugar, salt, money など形のないもので、不可算名詞
抽象名詞	information, love, friendship, intelligence など概念や考え方で、不可算名詞
集合名詞	police, class, family, furniture, audience など人や物の集合体で、単複両用ある

この中で特に注意が必要な、単複両用ある集合名詞には 3 つのパターンがあります。

① **場合により単数・複数両方の扱いをする family 型**

family を一つのまとまりとして見る場合：The Tanaka family consists of four people.「田中家には 4 人います」は単数扱いです。

家族を一人一人として見る場合：My family are all well.「私の家族は全員元気です」は複数扱いになります。

staff も同様で、一つのまとまりとする場合：Our staff is always at your service.「私どもの従業員に何なりとお申しつけください」は単数扱いです。

スタッフを一人一人とする場合：Staff, all wearing kimono, speak English.「従業員は全員が着物を着ていて英語を話します」は複数扱いになります。

② **不可算名詞で常に単数扱いする furniture 型**

furniture の他に、baggage, luggage, clothing, food, jewelry, mail, foliage などがあります。

物が複数あっても常に単数扱いになります。量を表す時は a little/some/much などを使い、数を表す時には a piece of ～ /a few pieces of ～を使います。

例）I bought a piece of British furniture.「私は英国の家具をひとつ買いました」

例）There was some food on the table.「テーブルの上にいくらかの食べ物がありました」

③ **常に複数形の police 型**

police の他に cattle, poultry, people, deer, sheep などがあります。

「警察」という意味の police は複数扱いです。

例）The police are investigating the matter.「警察は現在その事件を調査中です」
ただし、「警察官」という意味の police は単数扱いになります。

例）A police (officer) was patrolling the neighborhood.「一人の警官が近所をパトロールしていました」

Chapter 4

日本事象選択問題
演習問題１〜６

演習問題 1　制限時間内に辞書を使わないでやってみましょう！

次の用語を英語で説明する場合、内容および文法において最も適切なものはどれか。
（各5点×4＝20点）[制限時間15分]

4-1　三社祭

① It is a traditional folk event, which is held every year for three days from September the first. All men and women in the town stop working during the days of this festival and they dance all night to folk songs handed down in Toyama region.

② It is a festival held in October. The main features of this festival is the 3-meter-tall watch fires placed along the streets and the pine torches which total more than 250. This is for receiving the deity of Kurama and the festival ends a little past midnight.

③ It is one of Tokyo's three great festivals. It started in the early 17th century as a celebration of Tokugawa Ieyasu's victory at the battle of Sekigahara. It is held on the Saturday and Sunday closest to May 15th in odd-numbered years.

④ It is a festival attracting more than one million spectators over three days and considered one of the major festivals of Tohoku region. Dancers in the same costume per group wear a hat decorated with artificial safflowers and parade through the streets of Yamagata City.

⑤ It is one of the largest festivals of portable shrines held in Asakusa. Men carry several dozens of portable shrines on their shoulders and jolt them vehemently. Jolting is believed to intensify the power of the deities mounted on the portable shrines.

4-2　違い棚

① It refers to staggered shelves of the shoin style room. There is an ornamental piece called brush-stop placed at the end of the top shelf.

② It is a small cabinet with sliding doors at the bottom of open staggered shelves, constructing beside tokonoma alcove, in a shoin style room. It may have a floorboard as its base, this is usually raised with the alcove flooring level.

③ It refers to forked finals which are found on most Shinto shrines. Some people say if the ends are cut horizontally, it symbolizes a female deity, and if the ends of them are cut vertically, it symbolizes a male deity, but not always.

④ It is a decorative open panel in an interior upper wall between the lintel and the ceiling. It allows light and ventilation. There are many styles of the panel with a simple lattice work, with small sliding panels that can be opened and closed or with decorative open works.

⑤ It is an ornamental post at either side of the tokonoma alcove. It is generally square, but visual interest can be added through the use of round post, post with bark left on the corners, and post with chamfered edges.

4-3　権現造

① It is a sort of construction style of a building. Logs are cut in triangular shape, for example. They are laid so that they interlock with each other at the corners. The flat side faces inward to make a smooth wall. There are no corner pillars in the building.

② It is an architectural style for a complex of Shinto shrine structure. Worship Hall and Main Hall are interconnected under the same roof in the shape of the letter H. It is also called "Ishino-ma-zukuri."

③ The features of this architectural style can be seen in today's Japanese style rooms. The oldest existing example of this style is the Togu-do at Ginkaku in Kyoto. The style was adopted in the original form of tea ceremony room.

④ It is related to tea ceremony house, but was also developed interacting with the Imperial Court in the 17th century. The freedom is recognized with ornaments such as nail covers, door catches and irregular shaped decorative transoms.

⑤ It is an architectural style of "the overhang method of construction" or "the construction style like a stage." The building is constructed on a slope or a cliff, and part of its floor is supported by a number of long columns.

4-4 氷見うどん

① It is said to be one of three best udon noodles in Japan, characterized by its square shape with chewy texture. Sometimes noodles are boiled and then picked up and served in plain hot water and enjoyed with dipping sauce.

② Traditionally, chefs take long time and many steps with their hand to make this delicate udon, so it requires 3 to 4 days to be done. It was born in today's Akita prefecture almost 350 years ago as a gift for the shogun or other lords.

③ This udon is characterized by its special ingredients. Only natural ingredients from the Goto Islands are used: selected flour, spring water, oil from camellia that grow in the mountains of the islands, and salt from the surrounding seas.

④ It is traditional udon, made of wheat flour. It is a specialty of Toyama prefecture with its roots in Wajima Somen noodles. The noodles have an excellent chew and smooth slippery texture.

⑤ It is broad, flat and thin noodles, unlike other udon. The most common way to enjoy this noodle is by pouring hot soup on it. Then you can add other ingredients such as meat, green onions, and bonito flakes.

✎ 正解

 ⑤   ①   ②   ④

講師から
ひと言
問題 4 では、選択肢の英文を速く正確に読む力と、日本事象や観光名所に関する知識が問われます。内容は邦文科目の「地理」「歴史」「一般常識」を横断するような、いわゆる日本事象に関わるもので、知識がないと手も足もでないように思えるかもしれません。しかし、英文の中に手掛かりは必ずあるので、あきらめないで粘りましょう! 消去法も有効です。

この日本事象問題ではトピックを的確に短く説明してありますので、おぼえておくと二次口述試験に役立ちます。一次対策をしながら同時に二次対策にもなります。
なにより、日本人なのに知らなかった日本事象が詰め込まれた演習に、クイズ感覚で挑戦しながら「昨日知らなかったことを、今日知る愉しみ」を味わっていただきたいと思います。

4-1 三社祭　正解 ⑤

① 「9月1日から3日間続く」「すべての男女がその間は働くのをやめて、富山地方に伝わる民謡に合わせて夜中踊り続ける」という内容から「おわら風の盆」。
おわら風の盆は富山県富山市八尾(やつお)地区の年中行事である。この民謡とは「越中おわら節」で演奏に三味線、太鼓、囃子方、胡弓が入っているが、胡弓が入るのは民謡では珍しく、悲しげな独特の調子を生みだす。町中を踊りながら練り歩くことを「町流し」というが、この形が古来のおわらの姿を伝えるものだとされる。

② 「10月の祭り」「3メートルの大かがり火と250のその他のかがり火が特徴」「鞍馬の神を迎えるためのもの、真夜中すぎに終了」というヒントで鞍馬の火祭りだと分かる。
文法的に The main features of this festival is ではなく are とするべきである。
鞍馬の火祭りは京都市左京区鞍馬の由岐(ゆき)神社(鞍馬寺の鎮守社)の祭礼で、京都三大奇祭の一つ。他の2つは「今宮神社のやすらい祭り(4月、疫病退散)」および「広隆寺の牛祭(不定期、五穀豊穣、牛に乗った摩多羅(まだら)神と四天王)」である。
鞍馬の火祭りでは、集落のあちこちに置かれたかがり火の中を氏子が剣鉾と神輿の綱と松明をもって練り歩き、山門前を目指す。起源は940年、時の朱雀天皇の命により、それまで平安京の内裏にあった由岐明神を北方の守りとして鞍馬寺の麓に移したが、その際に鴨川に生えていた葦をかがり火として道中に置き、遷宮の行列が長々と続いたと伝わる。この火祭りは鞍馬の住民がその様子に感激して始まった

ものとされる。例年 10 月 22 日、平安神宮の時代祭りの夜に行われる。

③「東京の三大祭の一つ」「徳川家康の関ヶ原の戦いの勝利を祝って始まった」「奇数年の 5 月 15 日に近い土日」というヒントで神田祭だと分かる。

神田祭は、偶数年に行われる山王祭、三社祭と並んで江戸三大祭の一つ。また、京都の祇園祭、大阪の天神祭と並んで日本の三大祭の一つにも数えられる。昔は 5 月ではなく、旧暦の 9 月 15 日に行われていた。

④「3 日間で百万人以上が訪れる」「東北の主要な祭のひとつ」「団体で揃えた衣装に紅花の造花で飾った帽子をかぶって山形市の通りを練り歩く」というヒントで「山形花笠祭」だとわかる。

山形花笠は比較的新しい祭で、山笠音頭は大正期に誕生、それに紅花摘みの作業歌からパレード用に振り付けがされたのが 1963 年のことだと言われている。戦前から行われている東北三大祭（青森のねぶた、秋田の竿灯、仙台の七夕）に、この山形花笠祭を加えて東北四大祭と言うこともある。

⑤ これが正解の「三社祭」。「浅草の神輿がたくさん出る最大の祭りのひとつ」「何十という神輿が担がれ、ゆさぶられる」「ゆさぶられることで神威が増すと考えられている」がヒントである。三社祭は浅草寺と同じ敷地にある浅草神社の祭。

COLUMN

「三社祭」の「三社」とは？

浅草寺と浅草神社は切っても切れない関係があります。浅草寺の方が先に創建されました。

飛鳥時代、推古天皇 36 年（628 年）のこと、浅草浦（今の墨田川です）のほとりに住む檜前浜成・竹成（ひのくまのはまなり・たけなり）兄弟が漁をしている最中、投網の中に小さな像を発見しました。それを水中に投じて場所を変えて何度か網を打っても魚はとれず、そのたびに同じ像が網に入ってきました。

不思議に思った兄弟はこの像を土地の長である土師中知（名前には諸説あります）に見てもらうと、観音菩薩の像だと分かりました。土師中知はやがて自分の家を寺に改め、自分は僧になり、観音菩薩の礼拝供養に生涯を捧げたと伝わります。

その後、観音堂は、ご利益を求めて時の将軍や武家をはじめ庶民にいたるまで、多くの参詣者を得ました。そのおかげで寒村であった浅草は発展しまし

た。ちなみに、この観音像は秘仏で、現在は「お前立ち」と言われる像を拝みます。

一方、浅草神社の成り立ちですが、土師中知の子孫が、ある時に観音様の「観音堂の傍らに神として親たちを鎮守し、名付けて三社権現と称し、祀れば子孫は繁栄する」というお告げの夢を見たことから、浅草神社が建立されたと伝わります。実際には、正確な創建年代は不明であるものの、「仏が本地であり、神は仏が姿を変えたもの」という権現思想が流行り始めた平安末期から鎌倉初期以降ではないか、とされます。

つまり、「三社祭」の「三社」とは観音像を引き上げた檜前浜成・竹成の兄弟と観音像を祀った土師中知の三人を三柱の神として祀る「社」のことなのです。

神田祭は、なぜ天下祭？

「神田祭」の起源ははっきりとはしていませんが、江戸時代の文書には、1600年に家康が上杉景勝との合戦に臨んだ時や関ヶ原の合戦において、神田明神に戦勝の祈祷を命じた、と記されています。神社では毎日祈祷を行ったところ、旧暦9月15日（現在の10月21日）の祭礼の日に、家康が関ヶ原の戦いに勝利しました。これによって、特に家康が神田明神を崇敬することとなり、社殿、神輿、祭器などを寄進し、神田祭が徳川家縁起の祭として盛大に行われるようになったと伝わります。

「天下祭」は「御用祭」とも呼ばれ、江戸の総鎮守と称された神田明神の「神田祭」と、徳川家の産土神とされた山王権現の「山王祭」を指します。このふたつの神社は江戸城を守護する神社として将軍家からも崇敬され、祭礼行列は特別に江戸城内に入り、将軍に拝謁することが許されていました。

「山王祭」は山の手の日吉山王権現、今の日枝神社の祭です。日吉山王権現は徳川家との結びつきのため、諸大名や幕臣の支援を受けましたが、下町にある神田明神の「神田祭」では、日本橋あたりの商人の氏子が多いため、お互いに面子と意地をかけて張り合い、隆盛を極めたと伝わります。

4-2 違い棚　正解 ①

① これが正解の「違い棚」。staggered shelves という表現を覚えておこう。brush-stop は「筆返し」という、筆が落ちないように取り付けられた木のことを指す。

② 「地袋」のこと。「茶室の床の間の違い棚などがある部分の一番床に近いところにある収納」「床の間の床と共に床よりも少し上げてある」文法的に constructing ではなく constructed とするべき。

③ 神社の屋根の端に見られる交差した形の装飾材のことで「千木（ちぎ）」という。「神社の上に見られる forked finals」「端が水平に切ってあれば女性の神を、垂直であれば男性の神をしばしば象徴すると言う人がいるが、そうとは限らない」。
例えば、伊勢神宮では内宮の祭神はアマテラスオオミカミで千木は内削ぎ（水平のカット）だが、外宮の祭神もトヨウケノオオミカミという女性の神、しかし千木は外削ぎ（垂直にカット）である。

④ 「欄間（らんま）」のこと。「lintel（鴨居）と ceiling（天井）の間の壁の上方にあるオープンパネル」「格子があるもの、閉めたり開けたりできる引き戸があるもの、装飾的な透かし彫りのあるものなどがある」などがヒント。

⑤ 「床柱」のこと。「床の間のどちらかの側にある装飾用の柱」「通常四角だが、丸い柱、木の皮を角に残した柱、あるいは chamfered（面取りをした）柱などで視覚的興味を加えることもある」という説明がある。

4-3 権現造　正解 ②

① 校倉造（あぜくらづくり）のこと。ヒントは「例えば木材は三角にカットされ、お互いが角のところで組み合わされる」「平たい面が壁の内側になり、隅に柱はない」
校倉造は、高床式の伝統的な倉庫の建築様式で、校木（あぜき）と呼ばれる木材を井桁（いげた）に組んで壁とする。東大寺の正倉院、唐招提寺の経蔵などが奈良時代から今も残る校倉造で、非常に保存性が良いのが特徴。

② これが正解の「権現造（ごんげんづくり）」。ヒントは「神社の建築様式」「拝殿と本殿が H の形に同じ屋根の下で繋がっている」「石の間造とも言う」。
拝殿と本殿をつなぐ一段低い部分は「石の間」あるいは「相の間」と呼ばれることから「相の間造」とも言う。権現造の神社としては久能山東照宮（静岡）、日光東照宮（栃木）、北野天満宮（京都）など。

③ 「書院造」のこと。「今日の和室にこの建築様式の特徴が見られる」「最も古い現存の例は京都の銀閣の東求堂」「この様式は茶室に取り入れられた」
書院造は室町時代から織豊時代にかけて大成した住宅様式。付け書院、違い棚のある慈照寺銀閣の東求堂（1486）の同仁斎が現存する最古の書院造（の源流）とされる。

④ 「数寄屋造（すきやづくり）」のこと。「茶室に関係」「17 世紀に朝廷と共に発展」「釘隠し、取っ手、変わり欄間（らんま）などの飾りのデザインが自由」がヒント。
数寄屋造は書院造を基本とし、素朴でありながら洗練された美しさを持ち、自由に

選択した素材の良さを生かした造りと言える。桂離宮新書院、修学院（しゅがくいん）離宮、西本願寺飛雲閣などが例として挙げられる。

⑤「懸造（かけづくり）」という建築様式。「建物は坂や崖の上に建てられる」「床の一部は多くの長い柱で支えられる」という描写でイメージできる。

懸造（かけづくり）は、高低差が大きい土地に、長い柱や貫で床下を固定して、その上に建物を建てる建築様式で、主に寺社建築に見られ、「舞台造」「崖造」とも呼ばれる。建築例としては京都の清水寺、奈良の長谷寺、滋賀県の石山寺（すべて国宝）などだが、現存最古の懸造として憶えておきたいのが、これも国宝の鳥取県の三佛寺投入堂である。断崖絶壁のくぼみに建てられた平安時代の密教建築だが、伝説によれば役小角が法力で投げ入れたとされる。今の技術でも建築は難しいといわれる驚異的な建築物である。

COLUMN

数寄屋とはどういう意味？

数寄屋の「数寄」とは、和歌、茶の湯、生け花などの風流を好むという意味なのです。つまり「数寄屋」は「好みに任せて作った家」というような意味になります。

数寄屋と呼ばれる草庵風の茶室が出現したのは安土桃山時代で、書院建築が重んじた格式や様式は排して、虚飾を嫌い、質素ながらも洗練された意匠が特徴です。竹や杉丸太などを好んで使い、床柱には紫檀など多彩な木材を使います。襖や障子などの建具のデザインにも工夫を凝らし、雪見障子、猫間障子、組子障子などには職人の技術の粋が見られます。

このように、数寄屋は草庵風といいながらお金のかかる建築なのです。

山下和美さんという漫画家が借金までして数寄屋を建てるストーリーをマンガにした『数寄です！』はおすすめです。数寄屋を含む日本建築に関するうんちくが詰まっています。

4-4 氷見うどん　正解 ④

① 「讃岐うどん」のこと。「日本五大うどんのひとつ、麺は四角くシコシコしている」「ゆがいて上げて、ただの湯に入れ、付けつゆで食べることもある（釜揚げのこと）」讃岐うどんは「うどん県」とも称する香川県の特産品。2006年に映画『UDON』がヒット、また、2016年のハートフルファンタジーアニメの『うどんの国の金色蹴鞠』Poco's Udon World でも讃岐うどんがフィーチャーされ、2016年に主人公のポコが香川県の「うどん県広報部長（観光大使の一種）」に任命された。

② 「稲庭うどん」のこと。「手で3日か4日かけて作るデリケートなうどん」「約350年前に現在の秋田で将軍や他の大名への贈り物として生まれた」。
稲庭うどんは、秋田県湯沢市稲庭町が発祥の、手延べ製法による細い干しうどん。作り方はそうめんに近く、同じ作り方の稲庭そうめんもある。当時の久保田藩の稲庭村の佐藤市兵衛によって作られたのが始まりとされるが、他藩への贈答品であり庶民の口には入らないものだったが、名前は名品として知られていたようだ。秘伝とされていた製法が公開されたのは、1972年（昭和47年）のことで、全国に知られるようになった。

③ 「五島うどん」のこと。長崎県五島列島で作られていて「五島手延うどん」とも呼ばれる。出汁には五島近海で獲れるトビウオ（アゴ）を焼いたものがよく使われる。細麺だが、椿油を生地に練り込み、また表面にも塗って熟成するので強いコシがあり、細麺でも茹でても伸びないとされる。讃岐うどん、稲庭うどん、水沢うどん、きしめんと並び「日本五大うどん」ともされる。起源には諸説あるが、一説には遣唐使から中国の製法が伝えられたとも。

④ これが正解の「氷見うどん」。作り方は稲庭うどんと同じで、細くのどごしのよい麺。ルーツは輪島そうめんで、1751年に輪島から技法を取り入れて作り始めたとされる。元は「糸うどん」という名前で、加賀藩御用達のうどんで創業者の高岡家の家伝だった。
もし、「氷見うどん」を知らなくても、諦めずに消去法で正解にたどりつこう。

⑤ 名古屋の「きしめん」のこと。「他のうどんとは違い平たく細い」「最も普通の食べ方は熱いつゆをかけて、肉、ネギ、鰹節を乗せる」で分かる。

COLUMN

きしめんの名前の由来は？

きしめんは「平打ちうどん」のひとつで、他に群馬の「ひもかわ」、岡山の「しのうどん」などがあります。うどんと比較すると腰は弱く、表面はなめらかなのが特徴です。

名前の語源には諸説あります。「中世に禅僧が中国から伝えた碁子麺・棊子麺（きしめん）から」「紀州の人が作ったので紀州麺からきしめんになった」あるいは「雉の肉を具にして領主に献上したことから雉麺からきしめんになった」など色々とあるのですが、名古屋市教育委員会は「東海道の 39 番目の宿場である三河の鯉鮒宿（ちりゅうしゅく）で、雉に肉をいれたうどんが好評で「雉麺（きじめん）」と呼ばれて名古屋に伝わった」という説をとっています。

Chapter 4 日本事象選択問題

演習問題 2 制限時間内に辞書を使わないでやってみましょう！

次の用語を英語で説明する場合、内容および文法において最も適切なものはどれか。
（各5点×4＝20点）［制限時間15分］

4-1 しめ飾り

① It decorates doors at New Year and serves as a charm against evil spirits. It is made by attaching good luck charms, such as bitter oranges, ferns, and lobster to the sacred Shinto rope.

② It is the dream that you have during the night of New Year's Day to the morning of the second day. It is said that if it is an auspicious dream, the new year will be a good one.

③ It is rice porridge eaten on the 7th of January. Prepare rice, add lots of water, boil until soft and add seven spring herbs to the porridge. It is said to ward off all kinds of diseases.

④ It is an event that occurs when round mirror-shaped rice cakes, which have been on show in the alcove, are taken down on the 11th January and eaten. Since it is a good luck charm, you never cut it but split open by hand or with hammer.

⑤ It is special dishes eaten on the first three days of the new year. Lacquer boxes are loaded with multi-hued side dishes, such as grilled, boiled, and vinegared dishes. It is splendid to look at and also out of consideration for reducing housewives' work.

4-2 松江城

① This was the castle residence of Ii family, built at the beginning of the 17th century during the heyday of castle building in Japan. It is built on a hill facing Lake Biwa with defensive structures of stone walls, turret towers, and gates.

② This castle is one of twelve completely original castles in Japan. At the north of this castle, former residence of Lafcadio Hearn, who wrote about Japanese culture, legends and ghost stories, and his memorial museum are located.

③ This three-story castle is famous for its over 2,600 cherry trees. It was moved about 70 meters for renovation works on its foundation as well as the stone walls.

④ This castle, located in Fukui prefecture, is one of twelve original castles in Japan. Its castle keep claimed to be the oldest in Japan, but it seems that it was built during the Edo period.

⑤ This is one of only twelve original castles in Japan. It stands on the top of a small hill next to Kiso River, where you can enjoy traditional cormorant fishing in the season.

4-3 　沖ノ島

① This island is about 15 kilometers off Nagasaki. It had undersea coal mines which was established in 1887. At its peak, more than 5,000 people lived on this island.

② This island is a coral reef with rocks enlarged with cement structures. It belongs to the Ogasawara Islands and is the southernmost part of Japan. It is the only Japanese territory south of the Tropic of Cancer.

③ This island in the Seto Inland Sea is known for its modern art museums, architecture and sculptures. At the time of Setouchi Triennale Art Festival, this island serves as a main venue.

④ This island of Hiroshima prefecture is included in the Seto Inland Sea National Park and has been designated as a kyukamura, a village of rest and recreation. It is known as Rabbit Island, attracting thousands of animal lovers from all over the world.

⑤ This is an island in the Genkai sea where the powerful Munakata family performed rituals for the safety of traders travelling to and from the continent. About 80,000 votive offerings found on the island are all National Treasures.

4-4 　もんじゃ焼き

① It is a dumpling in flour wrapper filled with minced meat and vegetables. It can be enjoyed pan-fried or steamed. Utsunomiya, Hamamatsu, and Miyazaki are places famous for this dumpling.

② It is a type of grilled dumpling, made up of what flour, soup stock, eggs and pieces of bite-sized octopus. It can be enjoyed with a special salty-sweet sauce, mayonnaise, and dried bonito flakes.

③ It is a sort of hot pot dish, cooked with tender and thinly-sliced beef, vegetables, tofu, white stringy konjak in a shallow iron pot. The ingredients are seasoned with soy sauce, sweetened sake, and/or sugar.

④ It is a kind of savory runny pancake, made up of wheat flour, soup stock, seafood, meat and vegetables. Tsukishima, a man-made island in Tokyo Bay, is famous for this cuisine.

⑤ It is a small waffle-like cake, filled with sweet red-bean paste. Usually, it is cooked in a fish-shaped mold. The batter is made from what flour, milk, eggs, and sugar. The cake is cooked on both sides until it becomes golden brown.

✎ 正解

 ①   ②   ⑤   ④

4-1 しめ飾り　正解 ①

① これが正解の「しめ飾り」。「正月に戸に飾る魔除け、注連縄に橙、シダ、イセエビなどの縁起物をつけて作る」というヒントで分かる。

② 「初夢」のこと。昔はよい初夢が見られるように、七福神の乗った宝船を枕の下に置いたり、悪い夢を食べてくれるように獏の絵を置いたりする習慣があった。
良い初夢として「一富士二鷹三茄子」が有名だが、由来は徳川家康が好んだもの、だとか、「富士」は「曽我兄弟の仇討が富士裾野で行われた」、「鷹」は浅野内匠頭の家紋が鷹なので赤穂浪士」、「茄子」は「名を成す」で荒木又右衛門が有名になるきっかけとなった「鍵屋の辻の決闘（これも仇討）」を意味する、など諸説ある。

③ 「七草粥」のこと。この日に七草を入れた粥を食べると万病を遠ざけると言われている。地方によっては雑炊や雑煮にしたり、小豆を入れたりするところもある。

④ 「鏡開き」の行事のこと。「床の間に飾られていた鏡のような形の餅が、1月11日に降ろされ食べられる」「縁起物なので、（刃物で）切るのではなく、手か槌で割る」というヒントで分かる。鏡開きはもともと1月20日の行事だったが、徳川第三代将軍家光が1651年4月20日に亡くなったため、月命日を避け11日になったとされる。

⑤ 「おせち料理」のこと。「漆塗りの重箱に焼き物、煮物、酢の物などが色とりどりに盛り付けられている」「見た目に豪華」「主婦の家事を軽減する配慮からきている」というヒントで分かる。ちなみに out of consideration for は「〜を考慮して、〜を配慮して」

4-2 松江城　正解 ②

① 「彦根城」のこと。「井伊家の居城」「17世紀初頭の城郭建築の最盛期に築城された」「琵琶湖に面した丘に建ち、石垣、櫓、門などの防御構造がある」などヒントはたっぷり。三重天守の彦根城は姫路城ほどの規模はないが国宝5城の中では人気が高い。その理由として「切妻破風」「入母屋破風」「唐破風」「千鳥破風」の4種類の破風が18も設えられていて、華やかであることがあげられる。

② これが正解の「松江城」。松江城は現存12天守の一つであり、国宝でもあるが、国宝のことはわざと伏せられている。ラフカディオ・ハーンは「小泉八雲」のことで、一時期松江に滞在していた。「小泉」は妻の「小泉セツ」の苗字であり、「八雲」は出雲国の枕詞「八雲たつ」「八雲さす」から取られた。日本最初の和歌は、スサノオが出雲で読んだと言われる「八雲たつ　出雲八重垣　妻ごみに　八重垣つくる　その八重垣を」という歌であるとされる。「八雲」とは幾重にも重なりあった雲を指す。

③ 青森の「弘前城」のこと。弘前城の本丸の石垣が外側にふくらむ「はらみ」という現象が見られ、本丸のすぐ下の部分も修理が必要なため、2015年に「曳家工法」で、

人力で3カ月かけて城が動かされた。ちなみに1897年から1915年にかけて同様の石垣修復工事が行われたが、その時も曳家工法で城が動かされた。

④ 現存12天守の一つ、福井の「丸岡城」のこと。北陸地方に残る唯一の現存天守で重要文化財。別名「霞ヶ城」とも言うが、その名前の由来は合戦の時に大蛇が現れて霞を吹いて城を隠したと伝わることから。掘っ立て柱など、古式の形状を踏襲して建てられていて人気が高いが、実際は江戸の寛永年間（1624-1644）に建立されたとされる。

⑤ 愛知の「犬山城」。現存12天守の一つであり、国宝。別名を「白帝城」、2004年まで犬山成瀬家という個人で所有されていた最後の城。現在は公益財団法人「犬山城白帝文庫」の所有で木曽川沿いの高さ約88メートルの丘に建つ白く美しい城である。

4-3 　沖ノ島　正解 ⑤

① 「端島」、いわゆる「軍艦島」のこと。「長崎沖15キロにある」「1887に海底炭鉱として開始」「最盛期には5千人以上がこの島に暮らしていた」がヒント。
1974年に閉山され、住民は島を離れてからは無人島になった。2015年に「明治日本の産業革命遺産」の一つとして世界文化遺産に登録された。

② 「沖ノ鳥島」のこと。「沖ノ鳥島」は小笠原諸島に属する孤島で、サンゴ礁で出来ている。
日本の領土としては最も南にあり、英文にあるように、北回帰線 the Tropic of Cancer の南に位置する唯一の日本領土。この島があることで、日本の領海と排他的経済水域が大きく拡大されるため、護岸工事が施されている。

③ 近年、インバウンド観光客にも人気の「直島」のこと。「瀬戸内海に位置する」「現代美術館、建築、彫刻で知られる」「瀬戸内トリエンナーレの主会場」がヒント。
直島はベネッセコーポレーションにより地中美術館、ベネッセハウス、家プロジェクト、草間彌生のカボチャなどインスタレーションアートの島になり、現在では「ベネッセアートサイト直島」として、3年に1度の瀬戸内国際芸術祭の中心的存在。

④ 広島県竹原市、瀬戸内海にあるうさぎの島「大久野島」のこと。かつては毒ガス工場があったことから「地図から消えた島」と呼ばれていたが、現在は瀬戸内海国立公園に含まれており、温泉を利用できる「国民休暇村」になっている。1971年に、小学校で飼われていたイエウサギ8羽が放たれたのが最初で、うさぎの島となった。うさぎと触れ合うことを目的としたインバウンド観光客も増え続けている。

⑤ これが正解の「沖ノ島」。「玄界灘に浮かぶ島」「宗像氏により大陸との交易と航海の安全を祈願する祭祀が行われた」「約8万点の神への捧げものが発見され、そのすべてが国宝」がヒント。

COLUMN

沖ノ島はなぜ「海の正倉院」と呼ばれる？

九州本土から60km離れ、玄界灘の真っ只中にある周囲4キロの沖ノ島では、4世紀後半頃から祭祀が行われていたことが分かっています。沖ノ島で発見された約8万点の神への捧げものには、ササン朝ペルシャ由来のガラス片や緻密に作られた金の指輪、水晶やメノウの勾玉なども含まれ、その約8万点の文物のすべてが国宝に指定されています。これが「海の正倉院」と呼ばれるゆえんです。沖ノ島は島そのものが御神体で、女人禁制が今も守られており、男性も神職や研究者以外は原則立ち入り禁止となっています。また、「島で見たり聞いたりしたことは一切口外してはいけない」「一木一草一石たりとも持ち出してはいけない」という禁忌があり、現在、沖ノ島を擁する宗像大社の神職が10日に一度交代で常駐していますが、その神職も上陸前には着衣を脱いで海に浸かり心身を清めます。

「神宿る島」の沖ノ島を含む宗像大社（本土の辺津宮・沖合の大島の中津宮・沖ノ島の沖津宮の総称）と、宗像氏の墳墓である新原・奴山古墳群は2017年にユネスコ世界文化遺産に登録されました。島への上陸はできませんが、辺津宮近くにある「海の道むなかた館」では巨大スクリーンに映し出される沖ノ島をヴァーチャル体験できます。

4-4 もんじゃ焼き　正解 ④

① 「餃子」のこと。「小麦の皮の中に引き肉と野菜が入った団子」「フライパンで焼くか蒸して食べる」「宇都宮、浜松、宮崎が有名」がヒント。以前は宇都宮と浜松が餃子の街として有名だったが、宮崎が一世帯あたりの餃子の支出額 No.1 として知られるようになり「3 強時代」に入ったとされる。

② 「たこ焼き」のこと。「小麦粉、出汁、玉子、一口大のタコが入った焼き団子」「甘辛のソース、マヨネーズ、鰹節で食べる」がヒント。

③ 「すき焼き」。「鍋の一種」「薄切り牛肉、野菜、豆腐、糸状のコンニャクが浅い鉄鍋で料理される」「味付けは醤油、味醂、砂糖」がヒント。

④ これが正解の「もんじゃ焼き」。savory runny pancake「塩味の液状のパンケーキ」「小麦粉、だし、海産物、肉、野菜でできている」「東京湾の月島が有名」がヒント。「もんじゃ焼き」は、江戸時代末期から明治時代に東京の下町の駄菓子屋が発祥、が定説である。駄菓子屋に集まったこどもたちは水に溶いた小麦粉で文字をおぼえながら食べていたことから「文字焼き」という言葉が変化し「もんじゃ焼き」になった、という。また、ヘラで文字を書くようにかき回して焼いたことから、あるいは「しゃもじ」で落として焼いたから、という説もある。異説としては「もんじゃ焼き」はとらえどころがない食べ物であるので「なんじゃもんじゃ」に由来した、というものもある。

⑤ 「鯛焼き」のこと。「ワッフルのようなケーキで中身は小豆餡」「魚の形の型で調理」「練粉は小麦粉、牛乳、卵、砂糖でできている」「黄金色になるまで両サイドから焼く」というヒントでイメージできる。

COLUMN

もんじゃ焼きのルーツとは？

安土桃山時代に「麩の焼き」という菓子がありました。小麦粉を水で溶いて薄く焼き、ケシの実などを入れて山椒味噌や砂糖を塗った生地を巻物のように巻いて作ります。千利休も茶会用の茶菓子として作らせていたそうです。この菓子が江戸に伝わり寛永年間に味噌ではなく甘い餡を巻く「助惣焼（すけそうやき）／助惣ふの焼（すけそうふのやき）」というものが創案され、これが現在の「あんこ巻き」として残っています。この「助惣焼」は現在の「どら焼」の元祖とも言われます。文献からも江戸時代や明治時代の文字焼は甘味のある駄菓子だったことがわかっています。

現在のもんじゃ焼きのスタイルは、戦後すぐの東京都台東区浅草近辺で生まれたという説が有力です。下町の駄菓子屋には1970年代までは、もんじゃ焼きの鉄板が置いてあるところが多く、こういった駄菓子屋は近所のこどもたちの社交場で、鉄板上での陣取り合戦がゲーム的な遊びとして親しまれていたといいます。戦後の食糧不足の時代はうどん粉を水で溶いたものにソースや醤油をかけて食べるという具無しのものでしたが、だんだんとキャベツや麺が入るようになりました。

月島の「もんじゃストリート」

現在では東京都中央区の月島の「もんじゃストリート」が人気で、80店以上あります。食材も豊富で店ごとに工夫してさらに美味しいメニューを開発しています。新木場桟橋から出てお台場や墨田川を巡る「もんじゃ屋形船」は、もんじゃ焼きが食べ放題のクルーズで、国内外の観光客に人気があります。生クリームやフルーツを使ったデザートもんじゃも美味しいです。

Chapter 4 日本事象選択問題

演習問題3 制限時間内に辞書を使わないでやってみましょう！

次の用語を英語で説明する場合、内容および文法において最も適切なものはどれか。
（各5点×4＝20点）［制限時間15分］

4-1 屏風

① It is originally contrived as a sunshade. It was in the Kamakura period that it come to be used as a sign to hang over the shop entrance-way. It may be divided up into two, three, or four panels.

② It is a marsh reed blind, brought out and erected in front of traditional shops to provide shade as well as partitioning in beer gardens. It is associated with summer in Japan.

③ It allows air to circulate, but also provides shelter from drafts. It became more common during the Edo period and further developed by painters such as Ito Jakuchu with his remarkable animal and bird designs.

④ Its origin goes back to ancient India where pagodas became popular. It was hung at each corner of the pagoda to frighten away evil spirits. In Japan, it is associated with summer with its melodious tinkling sound caused by breeze.

⑤ It is covered with thick paper, functioning as room dividers or cupboard doors. Some are magnificently adorned by master painters in the past.

4-2 味醂

① It is an alcoholic beverage made mainly from rice and water. First rice is polished to remove the bran, then boiled and fermented. It is often served with special ceremony. The recommended serving temperature of it varies greatly by type.

② It is a sort of mold on boiled rice, barley, soybeans, and so on used as a starter for fermentation in the process of making alcoholic beverages, soy sauce and soybean paste.

③ It is a soup stock used in Japanese cuisine. It forms the base for clear broth soup, miso soup, noodle broth soup, and for many simmering dishes to accentuate the savory flavor.

④ It is a common ingredient in Japanese cooking. It is similar to rice wine, but with a lower alcohol content and higher sugar content which forms naturally during the fermentation process.

⑤ It is a sort of fish sauce and is a local specialty in Akita prefecture, Ishikawa prefecture, and Kagawa prefecture. It has a long history which goes back to Nara period. The same sort of fish sauce can be found in other countries in Asia.

4-3　黒文字

① It is used for cutting the main sweets served at tea ceremony. There is long one which is also used in pair at tea ceremony as the serving chopsticks.

② It is a small entrance of a tea room. In order to enter the room, you are supposed to crouch yourself, put your knees on tatami mat, and crawl into the room.

③ It is a sunken hearth built into the floor of a tea room, used to boil water in the colder season. From May to October, the sunken hearth is closed and a brazier is set on tatami mat to boil water.

④ It is a tea scoop used in a tea ceremony, originally handcrafted by a tea master. So, it reveals the tea master himself. When a guest has a close look, he/she gets in touch with the tea master.

⑤ It is a double-layer 30cm square silk cloth used by a host for purifying the utensils with. It is also used as a cushion for the utensils when the guests have a close look of the utensils.

4-4　橋掛かり

① This is the back wall of the Noh stage decorated with a painting of an aged pine tree. The origin of this tree can be traced back to the days when the ritual dance was performed within the precincts of Shinto shrines where pines were planted as a place for deities to descend to earth.

② This is the wood steps leading up from the audience seating area to the stage. It is located at the center of the stage's front edge. In feudal times, officials would ascend these stairs to announce the beginning of the program or to give gift to the actors.

③ It is the elevated passage through the audience built as an extension of the stage of Kabuki. In addition to being used for actor's entrance and exits, important scenes take place on it.

④ This is the second entrance to enter the Noh stage situated in the back corner of the right wall of the stage. It is a low sliding door which requires the actors to lower their heads and bend their knees to pass through.

⑤ This is a long corridor connecting to the main stage of Noh at an angle at the rear left corner, which also has a function as a part of the stage. Spectators can view the drama not only from the front but from the side.

✏ 正解

 ③　　 ④　　 ①　　 ⑤

4-1　屏風　正解 ③

① 「のれん」のこと。ヒントは「もともとは日よけとして考案された」「鎌倉時代に店のしるしとして店先に吊るされるようになった」「2, 3, 4 枚に分かれる」文法的に、it come to be ではなく時制一致で it came to be とするべきである。

② 「ヨシズ」。ヒントは「葦でできたブラインド」「ビアガーデンの区分けや日除けに店先に持ち出して立てられる」「日本の夏を連想させる」

③ これが正解の「屏風」のこと。ヒントは「空気は循環するが、隙間風は防ぐ」「江戸時代に伊藤若冲のような絵師によりさらに発展した」

④ 「風鈴」のこと。英語では wind-bell あるいは wind-chime。ヒントは「起源はパゴダが広まった古代インド」「元は塔の隅に吊るされ悪霊を追い払うためのものだった」「日本では、夏を連想させ、そよ風でチリンチリンと鳴る」

⑤ 「襖（ふすま）」のこと。ヒントは「厚紙で覆われている」「部屋の間仕切りや押し入れの戸として機能する」「過去の巨匠によって壮大に飾られているものもある」

4-2　味醂（みりん）　正解 ④

① 「日本酒」のこと。「主に米と水でつくられる」「まず米はぬかを除くために研磨され、次に炊かれ、発酵される」「特別な儀式で提供される」「温度はタイプによりかなり異なる」というヒントでイメージできる。

② 「麹」のこと。mold はカビや糸状菌のことで、それが「米や大麦、大豆に生え、アルコール飲料、醤油、味噌の製造過程で発酵のスターターとして使われる」とある。
麹は米、豆、麦などにコウジカビを繁殖させてつくる。コウジカビは菌糸の先端からデンプンやタンパク質を分解する様々な酵素を生産し増殖する。この作用を利用して、日本酒・焼酎・味噌・酢・漬物・醤油発酵食品を製造する。ニホンコウジカビ、ショウユコウジカビ、アワモリコウジカビなどは 2006 年に日本醸造協会により国菌に指定された。

③ 「出汁」のこと。ヒントは「和食のスープストック、澄まし汁、みそ汁、麺料理のスープ、多くの煮物の奥深い味の効果を高める基本となる」

④ これが正解の「味醂」。「日本酒に近いがアルコール度数は低く、発酵過程で自然に作られる糖分の度数は高い」という内容でイメージできる。
みりんの起源に関しては、中国伝来説と日本発祥説がある。1466 年の書物には「練酒」という甘いお酒が博多にあったという記述がある。江戸中期には、酒が苦手な人や女性向けの甘い酒として製造されるようになった。1760 年頃には日本料理、懐石料理がほぼ完成され、鰻屋や蕎麦屋などの和食店が大繁盛し始めた。江戸時代後期の書物には、関東でウナギのたれや蕎麦つゆに「みりん」が使われていたことが明確に書かれていることから、みりんが調味料として欠かせない存在になってい

たことが分かる。

⑤ 「魚醤」という調味料のこと。英文にあるように、秋田県の「ハタハタのしょっつる」、石川県の「いしる」、香川県の「いかなご醤油」は日本三大魚醤と言われている。

COLUMN

魚醤は日本独特の調味料？

他の国にもあります。たとえば、東南アジアではタイの「ナンプラー」、ベトナムの「ヌクマム」、カンボジアの「タクトレイ」など、魚醤は古くから存在していました。日本でも『延喜式』という諸制度を記した書に「鯖醤（さばびしお）」「鯛醤（たいびしお）」などが記されていて、平城京や平安京の市でも売られていたことが分かっています。

西洋料理と魚醤は結びつきにくいようですが、実は古代ローマにも魚醤はあり「ガルム」と呼ばれていました。「ガルム」は、魚の内臓を細切りにして塩に漬けて作られた調味料で古代ローマのレシピによれば、ほとんどすべての料理に「ガルム」が使われていたことが分かっています。サバ、マグロ、カツオ、イワシなどの油が多い魚の内臓から製造されたとされますが、西暦79年に噴火したベスビオ火山の火砕流により埋まったポンペイで2008年に発見された製造中の「ガルム」は、タイ科の魚から作られていたことが判明しています。

4-3 黒文字　正解 ①

① これが正解。「黒文字」はクスノキの仲間の樹木の名前でもあり、その樹木から作った高級な爪楊枝の名前でもある。この樹木が若いうちは樹皮がダークグリーンで、そこに文字のような黒い斑点があることから「黒文字」と名付けられた。短い「黒文字」の爪楊枝は主菓子をいただくための菓子楊枝、長い方の「黒文字」は、取り回しの菓子鉢に一対で添えられていて、取り分ける箸として使われる。

② 茶室の「躙り口（にじりぐち）」のこと。高さは約66cm、幅は約63cm。躙り口は千利休が草庵茶室である待庵（たいあん）に設けた小さな入り口が原点と言われている。利休の生きた封建社会での身分の上下関係は厳しいものだったが、茶室に入る時は誰でも頭を低くして入らなければならないので、茶室では身分の差を捨てて一人の人間として対峙することになる。躙り口はそんな利休の哲学が表されているとされる。

③ 茶室の「炉（ろ）」のこと。茶の湯では季節によって湯を沸かす装置を使い分ける。茶室には炉が切ってあり、11月から4月はこの中に灰と炭を入れて釜を掛け、湯を沸かす。5月になると炉をふさぎ、畳の上に「風炉（ふろ）」を置いて湯を沸かす。

④ 「茶杓」のこと。本来、茶人自らが竹の材料を選び、手造りしたものだったので、茶杓は茶人その人を表すと言われている。拝見する時には造った茶人の造形技術と人となりに触れるという感覚を大事にする。

⑤ 帛紗「ふくさ」のこと。約30センチ角の絹で出来た布で、三方を縫い、一方には縫い目がない。茶道具を拭き清めるため、また、お道具を拝見する時にその下に敷くために使われる。

4-4 橋掛かり（はしがかり）　正解 ⑤

① 能舞台正面奥の大羽目板で「鏡板（かがみいた）」と言う。大きな老松の絵が描かれているが、この松は春日大社の「影向（ようごう）の松」を写したものと言われる。松は芸能の神の依り代とされる。

② 能舞台の「階（きざはし）」あるいは「白洲梯子（しらすばしご）」というもの。舞台正面手前についている階段で、その昔、舞台開始を寺社奉行が命じる時などに使われたなごり。

③ 歌舞伎の「花道」のこと。おそらく能舞台の「橋掛かり」から着想されたものだろうとされているが、名前はこの通路で役者に祝儀を渡したことからついたと思われる。役者は舞台から7対3の、3分の位置で動きを止め、短い演技を見せる。また、この3分の位置には「すっぽん」という「セリ」の装置が付いていて、ここから、人ならざる者、妖怪や妖術使いなどが現れる。

④ 能舞台の「切り戸口」という舞台右壁にある、楽屋に通じるくぐり戸。

⑤ これが正解の能舞台の「橋掛かり（はしがかり）」。能舞台の左に延びている長廊下で、演者が出入りする空間でもあるが、同時に舞台の延長としての重要な演劇空間でもある。能では、舞台は「すでに過ぎ去りし、あの世」であって、「橋掛かり」という名前は「あの世」と「この世」をつなぐ橋という意味。

演習問題4　制限時間内に辞書を使わないでやってみましょう！

次の用語を英語で説明する場合、内容および文法において最も適切なものはどれか。
（各5点×4＝20点）［制限時間15分］

4-1　木曽川

① It is the 3rd longest river in Japan, originating from the mountain in the Daisetsuzan Volcanic Group and flows through Asahikawa and Sapporo.

② It is the longest river in Japan. It is located in northeastern Honshu and empty into the Sea of Japan. It changes its name according to the regions in which it flows.

③ It is Japan's 7th longest river, which serves as the border between Aichi and Gifu prefectures. One of twelve completely original castles in Japan overlooks this river.

④ It is the second longest river in Japan. It originally flowed into Tokyo Bay. For the sake of transportation and flood control, the course of the river was changed in the Edo period.

⑤ It is the principal river in Osaka prefecture. The source of this river is Japan's largest lake in Shiga prefecture. When it flows into Kyoto, it changes its name to the Uji River.

4-2　草津温泉

① This hot spring resort produces more hot spring water than any other hot spring resort in Japan. The wide range of bath types can be enjoyed here, such as sand baths, steam baths, mud baths besides conventional baths.

② This is one of the oldest hot spring resort situated behind Mount Rokko, having two kinds of springs. One is "gold spring," which has water colored yellow-brown from iron. The other is "silver spring," which is colorless containing radium and carbonate.

③ This hot spring resort with a long history is famous for its main buildings of communal bathhouse. The Michelin's two-star-winning magnificent castle like wooden buildings are designated Important

Cultural Property.

④ This famous hot spring resort is one of three oldest hot spring resorts in Japan. Actually, it is more than 1300 years old. Among its other attractions is a splendid white sandy beach, one of the cleanest in the whole of Japan.

⑤ The water of this hot spring resort is acidic and very hot. In order to cool the water, process called "yumomi," mixing the water with long and thin wood panel is practiced. The visitors can observe the performance.

4-3　高山祭

① It is held during the first half of July, and reaches its climax with a spectacular time trial race in the early morning hours of July 15th. In the race, seven neighborhoods of Hakata compete in pushing beautifully decorated tall floats along a five-kilometer-long course in the town of Hakata.

② It is said to have its root in Azuchi-momoyama period, when the first son was born to the lord of Nagahama Castle. He gave money to people in Nagahama and they used it to build 12 floats in celebration. Every year in mid-April magnificently decorated floats parade in the streets with a miniature Kabuki troupe of young boys.

③ The floats are ornately decorated with lanterns, tapestries and gilded wood carvings and parade through the night town with accompaniment of drum and flute music. Its other attraction is fireworks display, which lasts almost two and a half hours. The streets are lined with stands selling festival foods and rice wine as it is held in December.

④ This festival is said to be ranked as one of Japan's three most beautiful festival. It is held twice a year, in spring and autumn. The festival floats are displayed in the streets of the town from morning to late afternoon of both festival days.

⑤ This spectacular festival, which goes throughout July, culminates in a great parade on the 17th. It has its origins in a procession to ward off the plague in the late 9th century. The evening before, the streets are lit with lanterns and filled with crowds.

4-4　安倍川餅

① It is a Japanese dumpling made from rice flour mixed with uruchi rice flour and glutinous rice flour. It is round shaped, and three to five dumplings are often served on a skewer.

② It is mochi rice cake coated with roasted soybean flour, originated in the early Edo period. It is said that it was first created in Shizuoka City in Shizuoka Prefecture, but now it is widely enjoyed throughout Japan.

③ It is a Japanese confectionery made by doubling a flatly rounded rice cake. Sweet bean jam, or sweet bean jam with miso paste is put in the middle and it is wrapped in an oak leaf.

④ One theory says it was named after the bubbles of the pond at the Shimogamo Shrine in Kyoto. Another theory says it imitates a human body; the top dumpling represents the head, and the remaining four represent the arms and legs.

⑤ It is a Japanese confectionery consisting of a pink-colored rice cake containing red bean paste, which is wrapped with a cherry leaf pickle in salt.

✎ 正解

 ③　　 ⑤　　 ④　　 ②

4-1　木曽川　正解 ③

① 「源流は大雪山系の山、旭川と札幌を流れる」という部分で北海道だと分かる。これは「石狩川」のこと。石狩川は日本で３番目に長い川で、日本三大河川のひとつ。大雪山系石狩岳の西斜面が源流で、ここから石狩平野を経て石狩湾に注ぐ。

② 「日本で最長」と言えば「信濃川」。「本州の東北に位置し、日本海に注ぐ」「流れる地域で名前が変わる」とあるが、新潟県側は信濃川で、長野県を流れている部分は千曲川。源流は奥秩父の甲武信ヶ岳（こぶしがたけ）、河口は新潟港。

③ これが正解の「木曽川」。ヒントは「愛知と岐阜の境を流れる」「現存 12 天守のひとつが見下ろす」という部分。これは犬山城のこと。木曽川では鵜飼が楽しめる。

④ 日本で二番目に長く、その流れが人工的に変えられた大河川と言えば「利根川」である。利根川は「坂東太郎」というニックネームを持つ暴れ川だった。江戸時代初期から、江戸湾を河口としていた利根川を東へ付け替え、現在の銚子市を新たな河口とする江戸時代最大級の治水事業である利根川東遷事業が行われた。しかしその後もたびたび洪水が起こり、昭和に入っても何度も利根川改修計画が行われた。

⑤ 「淀川」のこと。日本最大の湖琵琶湖から流れ出る唯一の川で、上流部では瀬田川、中流部では宇治川、京都と大阪の境界付近では桂川、その後木津川と合流した後は淀川になり、大阪湾に注ぐ。

4-2　草津温泉　正解 ⑤

① 湧出量日本一の温泉は「別府温泉」。湧出量とは一分間に源泉から採取できる湯量のことで、ポンプで汲み上げる量も含まれる。ちなみに、自然湧出量が最も多いのは草津温泉。
「従来型の湯の他に砂湯、蒸し湯、泥湯など色々な種類のものが楽しめる」という部分で草津ではなく別府のことだと分かる。別府八湯には 144 ものバラエティ豊かな温泉がある。

② 「六甲山の背後の日本最古の温泉のひとつ」「二つの種類の湯」「ひとつは鉄分のある金泉、もうひとつはラジウムと炭酸の入った銀泉」というヒントで「有馬温泉」だと分かる。文法的には one of the oldest hot spring resorts が正しい。

③ 場所のヒントは与えられていないが「共同浴場、長い歴史がある」「ミシュランガイドの２つ星を獲得、重要文化財、城のような木造建築物」と述べられている。このような建物といえば「道後温泉」の本館である。

④ 場所のヒントはないが「日本三古湯のひとつ、1300 年の歴史」「白い砂浜は日本中でも最も清浄なもののひとつ」とある。日本三古湯には２つの説があり、ひとつは『日本書紀』や各地の『風土記』によるもので「道後（愛媛）、有馬（兵庫）、白浜（和歌山）」もうひとつは『延喜式神名帳（10 世紀の全国の神社リスト）』に基づくもので「道後、

有馬、いわき湯本（福島）」ということになっている。「白い砂浜がある」のは南紀「白浜温泉」。

⑤ これが正解の「草津温泉」。英文にあるように草津の湯は強酸性で温度が高く50-90度もある。草津には湯畑があるが、湯樋はこの熱すぎる源泉水を水で薄めることなく低温にするためと、湯の華を採取するための施設。湯は硫化水素の臭いが強く「臭水（くさみず、くそうず）」が「草津（地元ではくさづと読む）」の語源とされる。

ちなみに草津の「時間湯」という入浴法では、下記のプロセスを上限一日4回として繰り返す。

　　① 「湯もみ」板で湯をかきまわし48度以下にする。同時に温泉の蒸気を吸い込むことで準備運動になる。

　　② 「かぶり湯」足に湯をかけることから始まり、頭頂部にもかけてのぼせを防ぐ。上半身には湯をかけず、下半身だけにかけて清める。

　　③ 決められた時間ごとに掛け声を発し、複式呼吸で3分間だけ「入湯」する。

　　④ 蒸しタオルを体にかけ、汗を出し切り、デトックスする。

4-3　高山祭　正解 ④

① ヒントは「7月15日の早朝」「美しく飾られた floats」「博多の街中の5kmを競争」。「博多祇園山笠（はかたぎおんやまかさ）」のことで、2016年にユネスコ無形文化遺産に登録された「山・鉾・屋台行事」の日本全国33件の祭のひとつ。博多の総鎮守である櫛田神社に山笠という作り山を奉納する神事、国の重要無形民俗文化財にも指定されている。

② ヒントは「安土桃山時代」、「長浜城」、「4月中旬」「少年の歌舞伎」という部分。滋賀県の「長浜曳山まつり」のこと。長浜八幡宮のお祭りで、ユネスコ無形文化遺産に登録された「山・鉾・屋台行事」の日本全国33件の祭のひとつ。英文にあるように、当時の長浜城主（羽柴秀吉）に男子誕生の祝いに町の人たちに砂金を贈り、町人たちはこれを原資にして曳山を造って、八幡宮の祭礼に曳いたのが「長浜曳山まつり」の始まりだと言われている。絢爛豪華な山車を舞台に子供歌舞伎が演じられるのが特徴。

ちなみに長浜城は琵琶湖ほとりの水城。当時の地名は「今浜」だったが、秀吉が信長の一字を拝領し「長浜」に改名した。1586年の天正地震で倒壊。1615年の大阪の陣後に廃城となり、資材は彦根城の築城に使われたという。現在の長浜城は1983年に犬山城や伏見城をモデルとした復興天守で、長浜市の歴史博物館になっている。

③ 「屋台」「夜の祭り」「花火」「12月に開催される」がキーワード。埼玉の「秩父夜祭り」のこと。ユネスコ無形文化遺産に登録された「山・鉾・屋台行事」の日本全国33件の祭のひとつ。

④ これが正解の岐阜県の「高山祭」。もちろんユネスコ無形文化遺産に登録された「山・鉾・屋台行事」の日本全国33件の祭のひとつ。ヒントは「日本三大美祭のひとつ」「年に2回催される」「朝から午後遅くまで祭り屋台が披露される」。

日本三大美祭は、祇園祭、高山祭、秩父夜祭りとされる。高山祭では飛騨の匠の技

が屋台に表されており、また屋台のからくり人形が大きな特徴である。春の山王祭では屋台が 12 台、秋の八幡際では 11 台が曳き揃えられる。屋台の大半が 4 輪形式だが、どれもが戻し車とよばれる小さい 5 つめの車輪を屋台の下部に持っている。通りの辻に来るとこの車輪を出し、屋台の 4 輪の車輪のうち前後どちらかの 2 輪を持ち上げ、一時的に 3 輪の状態になって回転するという仕組みになっていて、これは江戸時代から続く高山独特のもの。秋の屋台は特に美麗で動く陽明門と呼ばれる。

⑤ 「祇園祭」のこと。「7 月いっぱい続く壮麗な祭り」「17 日に壮大な行列」「9 世紀後半の疫病退散の行列が発端」「17 日の前夜は提灯と人で町がいっぱいになる」というヒントで分かる。

祇園祭は、9 世紀の疫病流行が八坂神社の祭神スサノオノミコト（牛頭天王と同一視された）の祟りとして、勅命により全国の国数に準じて鉾を 66 本立てて神輿を奉じ、神泉苑で御霊会を開き疫病退散を祈ったことが起源とされる。16 日の「宵山」には鉾と山に提灯が吊るされ、翌 17 日が「山鉾巡行」。祇園祭という名称は、八坂神社が神仏習合の時代に祇園社と呼ばれていたことに由来。この祭りは「祓い」を中心とする夏祭りの形式の源流とされる。もちろんユネスコ無形文化遺産に登録された「山・鉾・屋台行事」の日本全国 33 件の祭のひとつ。

4-4　安倍川餅　正解 ②

① 「団子」のこと。dump は「塊」という意味で、それに -ling「小〜、子〜」という意味を持つ接尾辞がついて「小さなかたまり」つまり、「だんご」を意味する。「3 個や 5個の dumpling（だんご）を skewer（串）に」で、何のことか分かる。他に、-lingの例としては duck, duckling や goose, gosling などがある。
ちなみに、うるち米とは普通に炊いてご飯として食べる米のことで、それを粉状にしたものを上新粉と言う。glutinous rice は餅米のこと。

② これが正解の「安倍川もち」のこと。「きな粉にまぶされた餅」「起源は江戸初期」「静岡で誕生したが、今では全国で食べられている」がヒント。

③ 「柏餅」のこと。「平たく丸い餅を二つ折りにして作ってある」「中に餡子や味噌餡があり柏の葉でくるんである」がヒント。

④ 「みたらし団子」。起源は下鴨神社の「御手洗祭（みたらしまつり）」「葵祭（あおいまつり）」とされる。これらの祭で、神社境内の御手洗池（みたらしのいけ）の水面に浮かぶ泡を模して氏子の家庭で作られていた団子が、やがて境内の店で売られるようになった。串に 5 個の団子が刺してあるがこれには 2 説あり、ひとつは後醍醐天皇が御手洗池で水を掬おうとしたところ、一つの大きな泡が出て、続いて 4 つの泡が出てきたという逸話によるという説、もうひとつは境内の店が人体を模して団子を売り、名物になったという説である。

⑤ 「さくら餅」のこと。「ピンク色の餅」「中に餡子」「塩漬けの桜の葉でくるまれている」で、分かる。pickle は pickled が正しい。

COLUMN

安倍川もちの名付け親はあの人？

安倍川もちは東海道五十三次の「府中宿」（静岡）の時代から名物でした。安倍川の上流には金山があり金の採掘で栄えていました。安倍川のほとりの茶店では、つきたての餅にきな粉をまぶしたものを出していましたが、ある日安倍川を訪れた徳川家康にこの餅を献上した際に餅の名前を聞かれ、店主はとっさに「安倍川の砂金をまぶした金粉（きなこ／きんこ）もちです」と言いました。家康はその美味しさと店主の機転に感心し、改めて「安倍川餅」と命名した、と言う説が愛されているようです。

通訳案内士試験の2次口述試験で出題されやすい文例と語彙を今から入れておきましょう。

① 日本は数えきれないほどの温泉に恵まれていますが、温泉は火山活動の副産物です。

Japan is blessed with numerous hot springs, which are by-products of volcanic activities.

> 「数えきれないほどの」numerous / countless
> 「～に恵まれている」be blessed with ～ / be favored by ～ / be endowed with ～
> 「副産物」by-product

② マンガの起源は12世紀の絵巻物に遡れます。アニメ・マンガ関連の産業は今や日本の基幹産業になりました。

The origin of manga can go back to the picture scrolls in the 12th century. Today the industries related to anime and manga have become the key industries in Japan.

> 「～に遡る」go back to ～ / date back to ～ / be traced back to ～
> 「絵巻物」picture scrolls　　「基幹の」key / major / mainstay / essential

③ 神社を訪れた時には、拝殿で拝む前に手水舎で手と口を清めることになっています。

When you visit a Shinto shrine, you are supposed to purify your mouth and hands at the purification fountain before praying at a worship hall.

> 「拝殿」worship hall　　「手水舎」purification fountain
> 「～することになっている」be supposed to ～

④ 日本で最も有名な龍安寺の石庭は、平安時代の公家の山荘の跡地に造られました。

Japan's most famous rock garden of Ryoanji temple was constructed at the former site of an aristocrat's villa in the Heian Period.

> 「石庭」rock garden / dry (landscape) garden
> 「山荘」villa　　「～の跡地に」at the former site of ～

⑤ 日本刀は日本の代表的な伝統工芸で、刀鍛冶職人が作り続けてきました。平和が確立された江戸時代には武士の象徴として美しく装飾されました。

The Japanese swords are representative of traditional art craft in Japan, and have been created by swordsmiths. In the Edo period, when peace was established, swords were decorated beautifully as the symbol of samurai warriors.

> 「代表的な」representative of / notable / typical　　「工芸」craftwork / art craft
> 「刀鍛冶職人」swordsmith　　cf. blacksmith「鍛冶屋」

演習問題5　　　制限時間内に辞書を使わないでやってみましょう！

次の用語を英語で説明する場合、内容および文法において最も適切なものはどれか。
（各5点×4＝20点）[制限時間15分]

4-1　大内宿

① This village is located on the historic Edo period Highway called Kiso Kaido and known as "one-thousand houses." The whole preserved area is about 1 kilometer long and 200 meters wide.

② This is the largest and the most visited Tea House District in Kanazawa. The area is well-preserved including tea houses open to the public and a shop selling gold leaf products.

③ This village is famous for the traditional thatched roof houses that line its main street. During the Edo period the street was an important transportation route connecting Aizu-Wakamatsu and Nikko area.

④ This village was a post town on the Nakasendo route between Kyoto and Edo during the Edo period. It is known as one of the best-preserved post towns in Japan where cars are prohibited.

⑤ This town in Tohoku region is famous for its samurai district as well as the merchant district. It is also well known as one of the most popular locations of cherry blossom spots.

4-2　東寺の五重塔

① This is the only five-storied pagoda in Tohoku region which is designated a National Treasure. There is a one-thousand-year-old cedar tree close to this beautiful pagoda.

② This is the oldest wooden structure in Kyoto, built in the Heian era. The precinct in which this pagoda stands is famous for the historical cherry blossom viewing gathering held by Toyotomi Hideyoshi in the year he died.

③ This five-storied pagoda stands by a pond in a Buddhist temple in the old city called "nishi-no-Kyo." This magnificent building is said to be one of the three best five-storied pagodas in Japan.

④ This is the tallest five-storied pagoda in Japan. It actually was burnt down four times in its long history. The present structure is built in 1644 by the donation from Tokugawa Iemitsu, the third shogun of Tokugawa Shogunate.

⑤ This five-storied pagoda in Nara is one of the world's oldest wooden towers. It is about 32.5 meters high from its base and the central pillar which runs through the five tiers helps absorb seismic energy.

4-3 枯山水

① It developed during the Edo period. Elements of this garden style include trees, stone lanterns, ponds, islands, artificial hills, and even tea houses in a spacious ground.

② It reached the height of the development during the Azuchi-Momoyama period when the tea masters perfected the way of tea with the spirit of rustic simplicity. The elements of this gardens include a stepping stone path, stone lanterns, and a special wash basin.

③ It is a large garden built at the palaces and villas of aristocrats. It was used for elaborate parties and for recreational activities. The large ponds in the garden were connected by arched bridges under which boats could pass. This type of garden is described in detail in the classic novel 'Tale of Genji.'

④ It became popular in the late Heian period when Pure Land Buddhism gained popularity. This type of gardens was built to resemble the Paradise of the Amida Buddha or Pure Land in this Buddhism. It had large ponds with lotus flowers and islands, as well as beautiful pavilion buildings housing the image of Amida Buddha.

⑤ It became popular in Kamakura and Muromachi periods with newly introduced Zen Buddhism. This type of gardens was often built on temple grounds to help monks in meditation with rocks, gravel and sand.

4-4 いちご煮

① It is a local cuisine originating from Iwate prefecture, particularly Morioka and Hanamaki.

It is a small serving of noodles in small bowls. You are supposed to eat your noodles quickly and get your bowl immediately refilled in repetition.

② It is a local specialty around Hachinohe in Aomori prefecture. The name derived from the look of this cuisine, which is clear soup with sea urchin roe and abalone.

③ It is a famous hot-pot dish in Hokkaido. The ingredients such as salmon, tofu, mushrooms and vegetables are cooked in broth flavored with soybean paste. Sometimes sake lees or butter is added to the cuisine.

④ It is a local specialty in Kyoto. It is served as buckwheat noodles in hot soup topped with cooked dried herring. It is often enjoyed as "buckwheat noodles eaten on New Year's Eve" in Kyoto.

⑤ It is a hot-pot dish commonly eaten by sumo wrestlers as weight-gain diet. Ingredients are dashi soup stock, chicken or beef, fish, tofu and vegetables. It is served in restaurants which are run by retired sumo wrestlers specializing in this cuisine.

✎ 正解

 ③　　 ④　　**4-3** ⑤　　**4-4** ②

4-1 大内宿 正解 ③

① 「江戸時代の木曽街道」「千軒の家」「保存地区は 1 キロの長さで幅 200 メートル」という描写がヒント。長野の「奈良井宿 (ならいじゅく)」。中山道の宿場町で、かつては「奈良井千軒」とよばれたほど賑わっていた。木曽にある宿の中では最も標高が高い。

② 「金沢の茶屋地区」「金箔製品を売る店」がヒント。古都金沢の「ひがし茶屋街」のことで、格式ある割烹、おしゃれな町屋カフェ、セレクトショップなどが立ち並び、着物をレンタルしてそぞろ歩きが楽しめる。国内外の旅行者に人気である。

③ これが正解の「大内宿 (おおうちじゅく)」。「茅葺屋根の家が街道に並ぶ」「江戸時代には会津若松と日光を結ぶ街道だった」がヒント。
大内宿は江戸時代には会津西街道の重要拠点だった。茅葺の家が軒を連ねる日本の原風景を残す町並みは国の重要伝統的建造物群保存地区。箸の代わりに長ネギを使って食べる「ねぎそば」が有名。

④ 中山道の「妻籠宿 (つまごじゅく)」のこと。再建された本陣や博物館になっている重要文化財の脇本陣も見どころ。国の重要伝統的建造物群保存地区に選定されているが、町だけではなく周囲の農地など、宿場を支えた環境全体を保全するため、国有林を含めた広範囲が指定されているのが特徴。宿場内は 10 時から 16 時までは歩行者専用となっていて車は入れない。インバウンド観光客に大人気である。

⑤ 秋田県の「角館 (かくのだて)」のことである。「サムライと商人の地域」「桜の名所」がヒント。角館も国の重要伝統的建造物群保存地区に選定されている。「みちのくの小京都」とも呼ばれ、武家屋敷としだれ桜のコンビネーションが美しい。

4-2 東寺の五重塔 正解 ④

① 「東北地方で唯一の国宝の五重塔」という描写で東寺ではないことが分かる。これは、山形県鶴岡市「羽黒山五重塔」のこと。木立の中に立ち、高さは 29 メートル、東北では最古で唯一の国宝五重塔である。創建は平安中期、平将門によるものとされるが定かではなく、現存する塔は室町時代のもので、1608 年に山形出羽藩藩主の最上義光が修造。羽黒山五重塔のそばには、英文にあるように、樹齢千年、幹の周囲 8 メートルの「爺杉 (じじすぎ)」がある。

② 「平安時代に建てられた京都では最古の建造物」というヒントではピンとこなくても「境内は豊臣秀吉が亡くなった年に花見を催したことで有名」という部分で分かるのではないか。京都伏見区の「醍醐寺の五重塔」である。醍醐寺は豊臣秀吉が亡くなる 5 カ月前に催した醍醐の花見で知られている。五重塔は高さ 38 メートル (内、相輪が 13 メートル)、951 年建立、国宝。京都府では最古の木造建築で、応仁の乱でも奇跡的に残った。内部の曼陀羅や壁画もまた平安絵画の遺品として国宝である。

③ 「瑠璃光寺の五重塔」。「西の京」とは山口県山口市を指す。法隆寺の五重塔、醍醐寺の五重塔と並ぶ日本三名塔の一つである。瑠璃光寺の境内は香山（こうざん）公園と呼ばれ、梅や桜の名所で五重塔は池のほとりに建っている。塔は室町時代 1442年頃の建立、高さ 31 メートル、和様ながら唐様の部分もあるのが特徴。夜間はライトアップされる。ちなみに、瑠璃光寺資料館では日本の主要な五重塔 55 基を模型とパネルで紹介してある。

④ これが正解の東寺の五重塔。ヒントは「日本最高の高さの五重塔」「4 回焼失」「現在のものは徳川家光の寄進により 1644 年に建立」。

　　東寺の五重塔は、高さが 54.8 メートルあり、木造の塔としては日本一の高さ。今まで雷や不審火で 4 回消失しているが、地震で倒れたことはない。現在の東寺の五重塔は 1644 年に徳川家光の寄進により再建された 5 代目である。

⑤ 「法隆寺の五重塔」。法隆寺は 7 世紀創建の聖徳太子ゆかりの寺。金堂と五重塔を中心とする西伽藍は現存する世界最古の木造建築群で、国宝であり世界遺産。法隆寺の五重塔の特徴として、初重（最も下の層）から五重までの屋根の大きさの減少率が高いことが挙げられる。初重の屋根の辺は五重の約半分の大きさになっている。

COLUMN

五重塔のすごい免震構造

法隆寺の五重塔をはじめ、日本の木造五重塔では、心柱と他の部分の骨組みとは関係していません。法隆寺など古い建築では、心柱は地面に穴を掘り礎石を置いてその上に置かれていますが、地上の礎石の上にただ置かれたものや、途中の階から立てられたものもあります。

江戸時代に建てられた日光東照宮の五重塔は石鳥居をくぐった左側にある高さ 36 メートルの美麗な塔で、その心柱は直径 60 センチメートルあります。この心柱は懸垂式といって、第四層から吊され、基部では 10 センチメートルほど宙に浮いているのですが、その様子は縁の下から目視できます。ガイドの新人研修では必ず紹介されるところ！

こういった工夫のおかげで、地震があっても五重塔の各層はお互いにクネクネと横揺れし（これをスネークダンスといいます）振り子のような状態になって、揺れが軽減されます。このことが、五重塔は雷などの火災で倒壊はしても地震ではほとんど倒壊した例がない理由だと言われています。この仕組みは東京スカイツリーの「心柱制震」に生かされています。

4-3　枯山水　正解 ⑤

① 江戸時代でこれだけ色々な要素を含んでいる庭園は「大名庭園」。形式で言えば回遊
式庭園 stroll (landscape) garden である。

② 「安土桃山時代」「茶の湯と関連する庭」なので「茶庭」、「露地」。

③ 「貴族の宮殿や別荘にある大きな庭」「大きな池が反り橋で結ばれる」「源氏物語に
出てくる」がヒント。この形の庭園は「寝殿造庭園」で、日本庭園の原点とも言える
庭園様式だが、この様式の庭園がそのまま現在まで残っているものはない。再現し
たものは福井県「紫式部公園」で観られ「釣殿（つりどの）」と呼ばれる池に面した建
物も再現されている。

④ 「平安時代後半、浄土教、阿弥陀仏の浄土に似せた」というヒントから「浄土庭園」
のこと。現在も見られる浄土庭園の遺構としては平等院鳳凰堂の庭、毛越寺の庭な
ど。

⑤ これが正解の「枯山水」である。「鎌倉から室町時代で禅寺の僧が瞑想する助けに
なった」「石、砂利、砂で出来ている庭園」で分かる。枯山水は Zen garden, dry
(landscape) garden, rock garden などと英訳される。

4-4　いちご煮　正解 ②

① 「わんこ蕎麦」のこと。「岩手県発祥、特に盛岡、花巻」「小さなお椀に入った少量
の蕎麦」「すぐに食べて、お代わりが続く」というヒントで分かる。

② これが正解の「いちご煮」。古くから大事なお客に出すウニとあわびの吸い物で、
赤っぽい色のウニが野イチゴのように見えることから、「いちご煮」の名前がついた。

③ 「石狩鍋」のこと。「石狩鍋」はよく「三平汁」と混同されるが、「石狩鍋」は味噌味、
「三平汁」は塩味。sake lees は「酒粕」のこと。「石狩鍋」は石狩川の河口近くにあ
る 1880 年創業の「金大亭」（現在も営業中）という割烹が、地元漁師の賄い料理だっ
たものを玉ねぎ、キャベツなどの西洋野菜を使い、店で出したものが発祥と言われ
る。

④ 「ニシン蕎麦」のこと。「ニシン蕎麦」は、掛け蕎麦の上に身欠きニシンの甘露煮を
乗せたもので、北海道や京都の名物料理だが、発祥は京都市四条大橋近くの「松葉」
という店だとされる。もともと北海道から輸送されたニシンを使用するが、京都は
山に囲まれているので乾燥させた保存食を使う技術がある。京都市民は年越し蕎麦
として「ニシン蕎麦」を食べることも多い。

⑤ 「ちゃんこ鍋」のこと。「体重を増やすために相撲取りが食べる」「食材は出汁、鶏
肉か牛肉、魚、豆腐、野菜」「引退した相撲取りがやっている店がある」というヒン
トで分かる。

演習問題6　制限時間内に辞書を使わないでやってみましょう！

> 次の用語を英語で説明する場合、内容および文法において最も適切なものはどれか。
> (各5点×4＝20点)[制限時間15分]

4-1 　お守り

① You can get this by drawing lots in which the good or bad luck of events is indicated. Random fortunes are written on strips of paper at Shinto shrines or Buddhist temples. It is usually scrolled up or folded.

② A wooden or papier-mache roly-poly doll modeled after Bodhidharma, the founder of Zen Buddhism. People buy it as a good luck charm or a gift of encouragement. The doll's eyes are both blank white.

③ It is held in the hands when praying to Buddha or when counting the number of times a mantra is recited, or repetitions of a Buddha's name. Buddhist tradition counts the beads at 108, signifying the worldly desires of mankind.

④ It is said to summon good fortune and expel evils. The names of the divinities or of temple and shrine are written on pieces of wood or scraps of paper. People put them in pouches, hung in cars or attach to pillars.

⑤ A wooden plaque on which prayers or wishes are written. You can obtain it at temples or shrines. In those days, people offered horses when praying for something, but later it changed to offering votive pictures of horses. Now other pictures besides horses are seen.

4-2 　合気道

① One of the traditional martial arts in Japan, originally used in man-to-man combat. It has later become the weapon for warrior monks or women. The length of the weapon used in competition today is about two meters.

② A martial art without weapons. The techniques including throwing opponents by grasping and twisting their hands, feet or joints, can be more efficient if one learns the art of breathing.

③ One of Japan's traditional martial arts. About one hundred years ago, Kano Jigoro reshaped and developed it as a sport. It has spread in the world and become an official Olympic event.

④ It originated in the Edo period among warriors. In a match, the two wearing protective outfits resembling armor, try to get points by hitting their opponent's head, trunk, forearms or charging at their throat with the bamboo sword.

⑤ It is a martial art which values manners and formality. The bow is made of laminated wood and bamboo with the length of just over two meters. The distance to the target can be 28 meters to 60 meters.

4-3 　毛越寺
もうつうじ

① This temple was first founded in Nikko in the Nara period. Its main hall enshrines three Buddhist holy statues measuring 8.5 meters in size. Their shining gold appearance illuminates the dim interior of the hall.

② This temple was originally built in the private residence of Fujiwara family and then moved to its current location and renamed. The Buddhist statures including Ashura in the National Treasure Museum here is a must-see.

③ This temple once surpassed the another famous temple in Hiraizumi in scale. Its pond at the center of the garden represents a style of Pure Land Garden, incorporating natural scenery.

④ This temple, which is glittering gold colored, was originally a villa constructed by the third shogun of the Muromachi shogunate. The pond in its garden is called Kyoko-chi, meaning "mirror pond."

⑤ This temple was extensively developed in the 12th century. It is known for its Golden Hall which is entirely covered with gold leaf both inside out, except for the roof.

4-4 　金平糖
こんぺいとう

① The original form of this confection came from China. Outside is made from flour, rice powder, kudzu and buckwheat, with a filling of sweet red bean paste.

② This confectionery was originally brought into Japan by Portuguese merchants in the 16th century. The batter is poured into large molds, baked in an oven, and cut into long rectangular shape.

③ It is a Japanese confectionery made from red bean paste, agar, and sugar. It is usually sold in a block form and eaten in slices.

④ This confectionery was introduced to Japan by Portuguese traders. In 1569, a Portuguese missionary presented a glass flask of this sweet to Oda Nobunaga, a powerful warlord at the time.

⑤ This was introduced from Portuguese to Japan in the 16th century. It is basically made with wheat flour, eggs, milk and sugar, but buckwheat flour or starch powder are also used in some places. The one made in Saga prefecture is especially famous.

正解

 ④   ②   ③   ④

4-1 お守り 正解 ④

① 「おみくじ」のこと。ヒントは「幸運か不運が示してあるくじ」「神社か寺」「たいてい丸めてあるか折りたたんである」

② 「だるま」のこと。papier-mache とは、ヨーロッパで用いられていた、紙や布を砕いたり溶かしたりして粘土状にしたもの。それを圧縮・乾燥させ、人形に成型し塗装した。「混凝紙（こんくりがみ）」（混凝とはコンクリートのこと）と訳されるが、日本の伝統技法では「張り子紙」と呼ばれる和紙を使う。roly-poly doll は「起き上がりこぼし」のことである。ヒントは「張り子の人形」「禅の開祖、達磨大師の姿を模した」「縁起もの、激励の贈り物」「両目が白い」。

③ 「数珠」のこと。ヒントは「ブッダに祈る時や唱える真言の回数、仏陀の名前を唱える回数を数える時に手に持つ」「玉の数は人の煩悩と同じ108」。

④ これが正解のお守り。ヒントは「幸運を呼び、邪悪を遠ざける」「神様の名前が木片や紙片に書いてある」「小袋に入れたり、車に吊るしたり、柱に貼ったりする」。

⑤ 「絵馬」のこと。ヒントは、「祈りや願いが書いてある木製の板」「寺や神社で入手」「昔は本物の馬を納めたが、絵に代わった」「今では馬の絵以外も見られる」。

COLUMN

絵馬はコミュニケーション手段？

最近は「イタ絵馬」といわれるものが人気です。「イタ絵馬」とは、アニメやゲームなどのキャラクターが描かれた絵馬で、特に作品中に登場する神社のモデルになった神社で多く見られます。「聖地巡礼」の記念として奉納するケースが多いわけですが「神様に対してそれはどうなのか」という声もあります。しかし、実は江戸時代には、浮世絵師に大枚を払って絵馬に絵を描かせて奉納する商人もいました。意外と昔からイタ絵馬っぽいことはあったわけですね。同じく江戸時代には、ある人が和算の問題を絵馬に書いて奉納し、答が分かった人が解を絵馬に書いて神社に奉納するという面白いブームもありましたから、絵馬はある意味コミュニケーションツールでした。

「ガールズ＆パンツァー」という人気アニメは舞台が茨城県の大洗ですが「大洗磯前神社」は積極的に「ガルパン」のイタ絵馬を置いています。「ラブライブ！」で知られる神田明神は「ラブライブ！」のヒット以前から秋葉原の人たちがイタ絵馬を奉納していました。「らき☆すた」でフィーチャーされた埼玉県の鷲宮神社（わしのみやじんじゃ）では、関連のイベントが行われたこともあります。また、原作マンガは累計１億部越え、アニメ映画「無限列車」だけで2020年の年間興行収入世界第１位となった「鬼滅の刃」の聖地とされる宝満宮竈門神社には、ファンが登場キャラクターの似顔を描いた絵馬が所狭しとぶら下げてあります。このように、イタ絵馬を若い世代を積極的に受け入れる一つの方策とする神社が増えています。

4-2 合気道　正解 ②

① 「薙刀（なぎなた）」のこと。ヒントは「もとは一騎打ちに使われた」「後に僧兵や女性のための武器となった」「現在競技で使われるこの武器の長さは約２メートル」。It has later become と完了形になっているが、過去の内容なので誤り。

② これが正解の「合気道」。「武器を使わない武道」「手足や関節を掴んだりひねったりして投げる」「呼吸法を会得すると更に効果的」という部分がヒント。

③ 「柔道」のこと。「伝統的武道のひとつ」「約百年前に嘉納治五郎がスポーツとして形を整えた」「世界中に広がり、オリンピック競技の一つとなった」。

④ 「剣道」のこと。ヒントは、「江戸時代に生まれた」「競技では甲冑のような防具の２人が相手の面、胴、小手を竹の刀で叩いたり喉を突いたりして得点する」。

⑤ 「弓道」のこと。ヒントは「作法や型に重きが置かれる」「弓は薄い層になった木と竹で出来ており、長さは２メートル余り」「的への距離は28メートルから60メートル」。

4-3 毛越寺（もうつうじ）　正解 ③

① 「輪王寺」のこと。ヒントは「日光、奈良時代に開山」「8.5メートルの金色の三体の仏像があるお堂」。輪王寺を開いたのは勝道上人、三仏堂は日光山最大の伽藍で輪王寺の本堂。千手観音、阿弥陀如来、馬頭観音が祀られている。三仏堂に隣接する小堀遠州作と伝えられる池泉式回遊庭園の「逍遥園（しょうようえん）」も見どころ。

② 奈良の「興福寺」のこと。「元は藤原氏の私邸内にあった寺」「国宝館にある阿修羅像を含む仏像は必見」がヒント。興福寺の前身は藤原鎌足邸内にあった「山階寺」で、710年の平城京遷都に伴って現在の位置に移され「興福寺」と名前が変わった。

③ これが正解の「毛越寺」。ヒントは「かつて、大きさは平泉のもう一つの寺を上回っていた」「庭の真ん中の池が浄土庭園様式を表している」という部分。毛越寺は世界遺産。現在、建物は残っていないが、土塁や礎石などの遺構から、当時は中尊寺をしのぐ規模の伽藍建築があったことが分かっている。庭園にある大泉ヶ池は、北にある「塔山」を背景に、州浜、荒磯、石組など、日本最古の作庭書である「作庭記」の思想や技法を今に伝える浄土式庭園である。

④ 「金閣」のこと。ヒントは「金色に輝いている」「もとは室町第3代将軍の山荘」「庭に鏡湖池がある」。金閣は第3代将軍足利義満の没後に鹿苑寺という禅寺に改められた。鏡湖池を中心に池泉回遊式庭園が広がり、その北側に金閣が建っている。鏡湖池はどの角度から見ても金閣が湖面に映るように設計されているとされる。

⑤ 平泉のもうひとつの世界遺産構成資産である「中尊寺」のこと。「12世紀に拡張された」「屋根以外、中も外も金箔が貼られた Golden Hall で有名」という表現がヒント（ちなみに京都の金閣は Golden Pavilion）。中尊寺は850年に比叡山延暦寺の高僧である慈覚大師円仁が開山、12世紀初めに奥州藤原氏初代清衡により大きくされた。当時は堂塔が40以上、僧房が300以上あったと伝えられる。創建当時の姿を伝えているのが金色堂である。

4-4 金平糖（こんぺいとう） 正解 ④

① 「饅頭（まんじゅう）」のこと。饅頭はこの文にある通り、中国からもたらされたもので、肉まんじゅうが原型。
一説によれば諸葛孔明が、人の首のかわりに小麦粉を練った皮で羊や豚の肉をくるみ蒸したものを、荒れた河を鎮めるために河の神に捧げたのが始まりとも伝わる。日本では肉食禁忌の考えから肉まんじゅうは衰退し、菜まんじゅう（長野のおやきに面影が残っているとされる）や、小豆餡の入ったまんじゅうに分かれていった。

② 「カステラ castella」のこと。「16世紀にポルトガル商人によって日本にもたらされた、練粉をおおきな型に流し込み、オーブンで焼いて長方形に切る」というヒントで想像がつくのではないだろうか。
ちなみに本家ポルトガルには「カステラ」という名前のお菓子はなく、おそらくイベリア半島にあったカスティーリャ王国のポルトガル語発音である「カステラ」で、Bolo de Castella「カスティーリャ王国の菓子」が「カステラ」になったのではという説がある。

③ 「羊羹」のこと。「材料は小豆餡、寒天、砂糖」「ブロックの形で売られており、スライスして食べる」がヒント。agar は「寒天」のこと。
made from ～は、出来上がったものが元の原材料と形が変わっているものに対して使う。例）Butter is made from milk.「バターは乳から作られる」。それに対して made of ～は、原材料が分かるものに対して使う。例）The table is made of wood.「この机は木で出来ている」。本文「羊羹」の場合は red bean paste「小豆餡」で出来ていることが分かり、「小豆餡」から変化しているわけではないので、made of ～を使う方が適切である。

④ これが正解の「金平糖」。「ポルトガル商人によって日本にもたらされた」「1569年にポルトガル人の宣教師がガラスのフラスコに入ったこの菓子を有力戦国武将であった織田信長に贈った」というくだりは有名なエピソードで、大きなヒント。

⑤ 「ボーロ」のこと。Bolo とはポルトガル語でケーキのような菓子の総称だが、日本では小麦粉、鶏卵、牛乳、砂糖を使った焼き菓子を指し、小粒の離乳食ボーロもある。本文にあるように佐賀の「丸ぼうろ」はよく知られている。

COLUMN

信長はスイーツ男子だった？

映画やドラマで何十回となく映像化されている信長ですが、強く厳しいリーダーのイメージが強いのではないでしょうか。しかし、近年ではそのイメージとは裏腹にお酒はあまり飲めない下戸だったのでは、と考えられているようです。

信長に贈呈されたポルトガルの砂糖菓子コンフェイトは植物の種子を核にして砂糖の層でおおったものです。この英文にある宣教師とはルイス・フロイスのことで、足利義昭のために建設中の二条城で信長に謁見した際に、ガラス瓶に入ったコンフェイトを献上したと伝わります。また「有平糖」も献上された記録があり、こちらは砂糖菓子の中に色とりどりの筋が入ったハードキャンディでポルトガルのアルフェロア（糖蜜菓子）、あるいはアルフェニン（砂糖菓子）から来た名前ではないかとされています。

信長は甘党だったらしく干し柿が大好物で、ルイス・フロイスにも干し柿を贈りましたし、コンフェイト以外にもビスコートという堅くて甘い航海用のパンも大好きで、大阪や堺の商人から何度も取り寄せたと伝わります。ルイス・フロイスはバナナも献上していて、日本で最初にバナナを食べたのは信長だったとされます。また家康をもてなすために「ふりもみこがし」というお菓子を手ずから作ってふるまったという記録があります。これは米や麦を炒って粉にして、砂糖やハチミツを混ぜて形を整えたもので、「麦こがし」とも言う素朴なお菓子ですが、自分で作れるということは、もう何度も作っていたはず。つまり、信長は今でいう、立派な「スイーツ男子」だったのではないでしょうか。

このようなこぼれ話を、二次面接で「戦国武将」などのトピックに入れこむと面接官を喜ばせることができます。ガイドの仕事においても、ガイドブックには書いていないようなこぼれ話や雑学があると強いですね。

さらに合格を確実なものにするために

～ 3 step advice ～

　本書で演習問題に取り組み、解説を熟読された皆さん、いかがでしたか？ 本書1冊分の問題をしっかり学ばれたことで、確実に皆さんには問題解決の基礎力が備わったことと思います。しかし、皆さんの1次試験の英語筆記試験合格をさらに確実なものにするためには、あともう少し必要なことがあります。

　本書冒頭の「はじめに」でもご説明したように2018年に通訳案内士法が改正され、全国通訳案内士の質の確保の一環として試験制度も見直されました。試験科目に新科目が追加されただけでなく、合格基準も従来以上に厳格化されました。その結果、法改正後初めて実施された2018年度の全国通訳案内士試験では、全言語の最終合格率が9.8％と、直近10年間で最も低い合格率となりました。そして2019年度の試験では、全言語で8.5％、英語で9.2％とさらに低い合格率となりました。

　私たち新日本通訳案内士協会では、毎年合格したての新人ガイドさん向けに新人研修を実施していますが、9.8％（全言語）の壁を乗り越えた2018年度の新人ガイドさん達は、語学力・知識力・プレゼンテーション力・臨機応変力・モチベーションなど、一段レベルの高い選りすぐりの人材であるというのが、私たち現場の講師の実感です。そして、この1年目の新人ガイドさんたちが2019年の春の繁忙期に全国通訳案内士として日本全国で活躍されました。試験制度や合格基準は確かに厳しくなりましたが、その結果として本当に実力のある方や、ガイドとしての適性のある方が合格する試験になったといえるのではないでしょうか。

　以上のことから、これからの全国通訳案内士試験は、これまで通りの対策では合格が難しくなると言えます。そこで皆さんが1次試験の英語筆記試験に合格し、2次口述試験という次のステップに進めるようにするために以下の3 step adviceをさせていただきます。

▶ 1st Step：練習あるのみ！実践的な問題演習で本番力を養おう

　本書で問題演習をすることで、皆さんには基礎的な問題解法能力が身に付いたと思います。その力をさらに高めて、本番の問題に対応する確実な力とするためには、なるべく多くの問題にあたることが重要です。そして、その問題は本番形式のものであることが理想です。

　そのためには公開模試を受験する事をお勧めします。全国通訳案内士試験対策講座を行っているどこの団体でも良いのでなるべく多くの問題にトライしましょう。なお、本

書を監修した True Japan School では 2024 年は、1 月、3 月、5 月、7 月と公開模試を年に
4 回開催しています。本番の試験を徹底的に研究した講師が作成する、本番さながらの
公開模試で力試しをすることをお勧めします。遠隔地の方のための通信添削システムも
充実しています。

▶ 2nd Step：語学は毎日の積み重ね！スキマ時間も活用しよう

これは語学学習全般に言えることですが、語学力の習得は毎日の積み重ね無くしては
あり得ません。少しずつでも良いので毎日英語に触れる環境を整えることが重要です。
本書の巻末に付属している必勝英単語を単語帳に書き写して通勤電車の中で確認します。
あるいは、毎日寝る前に長文問題の 1 パラグラフを音読します。そういった日々の積み
重ねが 1 次試験突破の力を養うだけでなく、ひいては 2 次試験の突破力にも繋がるのです。
ちなみに、True Japan School では安河内志乃先生の 1 次試験対策の英語 e ラーニング
講座を配信しています。e ラーニングはネット環境さえあれば場所を選ばず、スキマ時間
を活用して自分のペースで学習できるので多くの受験生が利用しています。

▶ 3rd Step：今日の苦手を明日の得意に！分野別にしっかり対策しよう

本書でも解説しているとおり、英語の 1 次筆記試験は 4 つの大問で構成されており、
それぞれ出題形式が異なります。もし苦手な分野がある場合は、その分野に集中した学
習をして苦手を克服することで、効率的な得点アップを狙えます。
本書の共著者である安河内志乃先生は、True Japan School で 1 次試験の英語筆記試
験対策の講座を開講しています。毎年 7 月には全 5 回のスケジュールで、大問別に徹底
的に問題演習と解説を行う夏期集中コースも開講しています。
日々の学習の総仕上げとしてこういった試験直前の集中コースを利用することで、皆
さんの知識の定着を促すことができます。

全国通訳案内士試験の学習は、ただ単に試験に突破するためだけの学習に留まりませ
ん。皆さんが時間をかけて学習した内容は、そのまま合格後のガイドとしての糧になる
ものです。この機会に確かな語学力、そして日本文化や観光に関する知識を身に付けて
下さい。そして、皆さんがしっかりと 1 次試験、2 次試験と合格して、満を持して全国
通訳案内士としてデビューされる日を私たちは心待ちにしています。

必勝！ 英単語 必須バイブル

音声ダウンロード・ストリーミングをご利用いただけます（使い方の説明は奥付をご覧ください）。

① 産業関連

第一次産業	primary industry
第二次産業	secondary industry
第三次産業	tertiary industry
養殖	aquaculture / aquafarming
沿岸漁業	coastal fishing
遠洋漁業	deep-sea fishing
穀倉地帯	farm belt
酪農業	dairy farming
養蚕業	sericulture
家内工業	cottage industry / domestic industry
石油化学コンビナート	petrochemical complex
独自技術	proprietary technology
業界再編成	shakeout（不況、暴落の意味もある）
頭脳流出	brain drain
頭脳流入	brain gain
契約条件	contract terms
契約違反	breach of contract
産業スパイ活動	industrial espionage
特許	patent
賄賂	bribe / payoff / price

② 政治・時事

立法府	legislative branch
行政府	executive branch
司法府	judiciary branch
国会議事堂	the Diet building（日本）
衆議院	the House of Representatives / the Lower House
参議院	the House of Councilors / the Upper House
通常国会	ordinary Diet session
延長国会	prolonged [extended] Diet session
強行採決	steamrolling / railroading
法案	bill
与党	the ruling party
野党	the opposition party
有権者	eligible voter
選挙区	constituency / electoral zone
選挙管理委員会	the Election Administration Committee
出口調査	exit poll
投票箱	ballot box
比例代表制	proportional representation system
無党派層	nonaffiliated voters / unaffiliated voters
政令指定都市	ordinance-designated city
消費税	consumption tax
増税	tax hike [increase] / higher tax
景気対策	stimulative measures
成長戦略	growth strategy
領土紛争	confrontation [dispute] over territorial claims
領海侵犯	violation of territorial waters / intrusion into territorial waters
武装解除	disarmament
集団的自衛権	the right to [of] collective self-defense
国勢調査	census
マークシート式テスト	computer-scored test
おたく	geek / nerd / mania / anorak（英）

振り込め詐欺	phishing scam / remittance-soliciting fraud
裁判員	lay judge / citizen judge
ひきこもり	social withdrawal
不登校	school refusal
児童虐待	child abuse
いじめ	bullying
嫌がらせ	harassment
夫婦別姓	dual surnames
扶養家族	dependent
晩婚化	tendency to marry later
事実婚	de facto marriage
デキ婚	shotgun marriage
出産休暇	maternity leave
産休手当	maternity benefits / maternity pay
育児休暇	child-care leave
託児所	day nursery
老人ホーム	nursing home / old people's home
社会保障	social security
納税者	tax payer
税滞納者	tax delinquent
将来に備えての貯蓄	nest eggs
公的年金	national pension
24 時間介護	round-the-clock care

③ 省庁名

内閣府	Cabinet Office
宮内庁	the Imperial Household Agency
警察庁	the National Police Agency
金融庁	Financial Services Agency
総務省	Ministry of Internal Affairs and Communications
法務省	Ministry of Justice
外務省	Ministry of Foreign Affairs of Japan
財務省	Ministry of Finance
文部科学省	Ministry of Education, Culture, Sports, Science and Technology

厚生労働省	Ministry of Health, Labour and Welfare
農林水産省	Ministry of Agriculture, Forestry and Fisheries
経済産業省	Ministry of Economy, Trade and Industry
国土交通省	Ministry of Land, Infrastructure, Transport and Tourism
観光庁	Japan Tourism Agency
気象庁	Japan Meteorological Agency
海上保安庁	Japan Coast Guard
環境省	Ministry of the Environment
防衛省	Ministry of Defense

④ 環境・地震・地形

公害	environmental pollution
光化学スモッグ	photochemical smog
地球温暖化	global warming
京都議定書	Kyoto Protocol
砂漠化	desertification
産業廃棄物	industrial waste
被災地	disaster-stricken area
避難命令（勧告）	evacuation order [advisory]
緯度	latitude
経度	longitude
液状化現象	liquefaction
微震	tremor
余震	aftershock
群発地震	earthquake swarm
活断層	active fault
震央	epicenter
震源の深さ	focal depth
地盤沈下	land [ground] subsidence
火山の噴火	volcanic eruption
火砕流	pyroclastic flow
原子力規制委員会	Nuclear Regulation Authority
放射性物質	radioactive substances
放射能汚染	radioactive contamination
放射能除染	radioactive decontamination

太陽熱発電	solar thermal
太陽光発電	solar photovoltaics / photovoltaic power generation
地熱発電	geothermal power generation
風力発電	wind power generation
潮力発電	tidal power generation
再生可能エネルギー	renewable energy
入江	inlet
河口	estuary
砂嘴（さし）	spit
砂州	sandbar
砂丘	sand dune
高原	plateau
平野	plain
干潟	mud land / tidal flat / tidal land
川の支流	tributaries / streams
早瀬・急流	rapids / cataracts
岬	cape
渦潮	eddying current
海峡	strait / channel
氷河	glacier
氷山	iceberg
鍾乳洞	limestone cave / stalagmite cave

⑤ 気象

天気予報	weather forecast
気候変動	weather variations
天気図	weather chart / weather map
等圧線	isobars
風向計	weather vane / wind vane
風見鶏	weathercock
雹（ひょう）	hail
みぞれ	sleet
霜	frost
霜柱	ice column
つらら	icicle
雷雨	thunderstorm
稲妻	lightning
竜巻	tornado

土砂降り	torrential rain / downpour
突然の土砂降り	cloudburst
こぬか雨・霧雨	drizzle
夕立ち	shower
積乱雲	cumulonimbus

⑥ 宗教・信仰

宗教法人	religious corporation
新興宗教	new cult / new religion
開祖	founder of a sect
経典 / 教典	(holy) scripture
無神論	atheism
政教分離	separation of state and church / politico-religious separation
一神教	monotheism
多神教	polytheism
神仏習合	syncretization of Shinto and Buddhism
地鎮祭	Shinto ceremony of purifying a building site
神主	Shinto priest
巫女	shrine maiden
参道	approach to a shrine or a temple
神輿	portable shrine
山車	(festival) float
しめ縄	sacred rope
おみくじ	oracle
賽銭箱	offertory box
狛犬	stone guardian dogs
密教	esoteric Buddhism
托鉢	mendicancy
尼寺	nunnery
仏像	Buddhist statue
仏教徒	Buddhist followers / believer in Buddhism
仏僧	Buddhist monk
悟り	enlightenment
大仏	great statue / image of Buddha
如来	a Buddha

菩薩	a bodhisattva	油揚げ	fried thin bean curd
法事	memorial service	高野豆腐	freeze-dried bean curd
		おから	leavings of bean curd
		湯葉	thin-layered bean curd
		発酵食品	fermented products

⑦ 日本の食

賞味期限	best-before date / use-by date	しょうゆ	soy sauce
集団食中毒	mass food poisoning	みそ	fermented soybean paste
ノロウイルス	Norovirus / NV	ぬかみそ漬	rice-bran pickles
無農薬野菜	chemical-free vegetables	納豆	fermented soy beans
有機野菜	organically grown vegetables	塩漬け	salted and flavored vegetables
地産地消	local production for local consumption	大根おろし	grated Japanese radish
産地直送	farm-fresh / fresh from the field garden-fresh（家庭菜園の場合）	だし	soup stock
		鰹節	dried bonito
食育	dietary education	薬味	condiment / spice / seasoning
食料自給率	food self-sufficiency rate	たれ・つゆ	dipping sauce
～アレルギー	be allergic to ～	おつまみ	relish
食品保存添加物	food preservative	箸休め	refreshment during the meal
レトルトパウチ	retort pouch	精進料理	vegetarian dish
食材	ingredients	懐石料理	simple / light meal before tea ceremony
調味料	seasonings	回転寿司	revolving sushi / conveyor-belt sushi
小さじ1杯	a teaspoon of ～		
大さじ1杯	a tablespoon of ～	にぎり寿司	hand-formed sushi with a topping of seafood
塩ひとつまみ	a pinch of salt		
ふりかける	sprinkle	手巻き寿司	hand roll sushi with a variety of selected ingredients
調理法	recipe		
まな板	a cutting board	ちらし寿司	assortment of sliced fresh seafood, vegetables and thin egg omelet on seasoned rice
包丁	a kitchen knife		
薄切りにする	slice		
みじん切りにする	mince	揚げもの	deep-fried foods
千切りにする	julienne	煮物	simmered dish
オーブンで焼く	bake（パンやケーキ類）/ roast（肉）	～丼	bowl of rice topped with～
直火で焼く	broil / grill	おかゆ	rice porridge
煮る	simmer（弱火でことこと煮る）	駅弁	a box lunch sold at train stations
軟らかくなるまでゆっくり煮込む stew		日本酒	sake / rice wine
炒めた後で少量の水で蒸し煮する braise		清酒	refined sake
もち米	glutinous rice	おちょこ	a small sake cup
余剰米	surplus rice	こくがある	full-bodied
減反	reductions in paddy acreage	ふくよかな味、香り rich flavor	
豆腐	tofu / bean curd	渋味	astringency

247

辛味	hot / pungent / pungency	ほうれんそう	spinach
甘酸っぱい	sweet and sour	小松菜	Japanese mustard spinach / komatsuna
口当たりがよい、まろやか	smooth		
さわやか	refreshing	唐がらし	red pepper
生ビール	draft beer	白菜	Chinese cabbage
地ビール	local brand beer	なす	aubergine / eggplant
発泡酒	low-malt beer	もやし	bean sprout
第三のビール	the third-category beer	クレソン	watercress
食前酒	aperitif	モロヘイヤ	mulukhiya
緑茶	green tea	ブロッコリー	broccoli
ほうじ茶	roasted tea	カリフラワー	cauliflower
抹茶	powdered tea	あゆ	sweet smelt
番茶	unrefined tea	うなぎ	eel
玄米茶	brown rice-mixed tea	あじ	horse mackerel
いちじく	fig	あなご	conger eel
ざくろ	pomegranate	いわし	sardine
あんず	apricot	かたくちいわし	anchovy
ぎんなん	gingko nut	かじき	swordfish
里芋	taro	かれい	halibut（かれい・ひらめ共に flatfish）
山芋	yam		
とろろ	grated yam	かつお	skipjack / bonito
ひょうたん	gourd	さば	mackerel
しそ	beefsteak plant	たい	sea bream
山椒	Japanese pepper	たちうお	hairtail
ごぼう	burdock	たら	cod
れんこん	lotus root	タラコ	cod roe
ぜんまい	royal fern	ぶり	yellowtail
たけのこ	bamboo shoot	ふぐ	globefish
ふき	Japanese butterbur	にしん	herring
わらび	bracken	数の子	herring roe
わけぎ	scallion	いか	cuttlefish / squid
ねぎ	green onion / spring onion	うに	sea urchin
だいこん	Japanese radish	いせえび	spiny lobster
にんじん	carrot	くるまえび	prawn
かぶ	turnip	すっぽん	snapping turtle / fresh, water soft-shelled turtle
ゆず	aromatic citrus fruit		
三つ葉	trefoil leaves / Japanese parsley	かに	crab
芽キャベツ	Brussels sprout	たらばがに	king crab
わさび	Japanese horseradish	ずわいがに	snow crab / queen crab
春菊	garland chrysanthemum	たかあしがに	spider crab

たこ	octopus
ほや	sea squirt
しゃこ	squilla
くらげ	jellyfish
なまこ	sea cucumber

⑧ 住生活関連

首都圏	metropolitan area
首都機能移転	Capital Functions Relocation
借地権付き住宅	house built on leased land
プレハブ住宅	prefabricated house / manufactured housing
地上権	surface rights
空中権	air rights
眺望権・景観権	rights to scenery
屋上緑化	rooftop gardening / greening
地籍台帳	register of title deeds
不動産屋	real estate agency
地上げ屋	land shark / land price hiker
ベッドタウン	bedroom town / commuter town / suburb
集合住宅	collective housing
2世帯住宅	two-household house / two-family house
一戸建て	detached house
仮設住宅	makeshift houses
下宿	lodging house
マンション	condominium
敷金	deposit
リフォーム	renovation
耐震建築	earthquake-proof building
免震建築	base-isolated building
社宅	corporate residence
町内会	neighborhood association
回覧板	neighborhood bulletin board
大家	landlord / landlady
店子（借家人）	tenant
アルミサッシ	aluminum window frame
断熱材	insulation

屋根裏部屋	attic
出窓	bay window
天窓	skylight
中庭	courtyard
梁（はり）	beam / crossbeam
軒（のき）	eave
敷居	threshold / sill
手すり	handrail
とい	gutter / drainpipe / trough / run
踊り場	landing
トタン板	galvanized iron sheet
雨戸	rain shutter
網戸	screen door
鎧戸	louver door / Venetian shutter
間取り	room layout
水洗トイレ	flush toilet

⑨ 日本の風物

障子	sliding paper screen
ふすま	sliding paper door
格子	lattice work
違い棚	staggered shelves
たんす	chest of drawers
戸棚	cupboard
行灯（あんどん）	lamp with a paper shade
囲炉裏（いろり）	sunken hearth / sunken fireplace
竈（かまど）	cooking stove / kitchen range
火鉢	charcoal brazier
畳	straw mat
扇子	folding fan
団扇（うちわ）	round fan
香	incense
床の間	alcove
床柱	alcove post
屏風	folding screen
こたつ	table with a heater underneath
湯たんぽ	hot-water bottle
臼	mortar / hand mill millstone
福袋	lucky bag

孫の手	back scratcher	忍者	secret agent in feudal times
鴬張り廊下	squeaking security floor / nightingale floor	手裏剣	throwing-star / throwing-knife / dirk
下駄	wooden clogs	居酒屋	tavern / pub / bar / tap
鼻緒	clog thong		
蚊帳	mosquito net		

⑩ 日用品・家庭用品

桐たんす	chest of drawers made of paulownia	家庭用電気器具	household appliance
根付	miniature carving attached to the cord of a pouch	浄水器	water purifier
		加湿器	humidifier
欄間（らんま）	decorative transom	除湿機	dehumidifier
縁側	veranda / porch	IHクッキングヒーター	induction cooker
あずま屋	arbor / bower	脱水機	dehydrator
風鈴	wind-chime	（包装用の）ラップ	clingfilm
瓦	tile	あわだて器	whisk eggbeater（回転式）/ electric mixier
灯籠	Japanese stone lantern / stone garden lantern	ふるい	sieve / sifter / riddle
回り灯籠	revolving lantern	蚊取り線香	mosquito repellent
堀	moat	日用雑貨	miscellaneous / daily goods / everyday sundries
欄干（らんかん）	rails / balustrade / handrails / parapet	爪切り	nail clippers
古民家	traditional folk house	耳かき	earpick
蔵	storehouse	貯金箱	piggy bank
漆喰	plaster	輪ゴム	rubber band
土間	earth floor	瞬間接着剤	instant glue
神棚	Shinto altar	セロハンテープ	Scotch tape / adhesive tape
仏壇	household Buddhist altar	ガムテープ	packing tape
位牌	Buddhist memorial tablet	体脂肪計つき体重計	body fat analyzer scale
実印	registered seal	亀の子たわし	tortoise-shaped scrubbing brush
朱肉	red ink pad / seal stamp pad	ごみ入れ	garbage can
文鎮	paperweight	紙やすり	emery paper
帯	broad sash for a kimono	靴べら	shoehorn
袴	long pleated skirt worn over a kimono	貴重品	valuables
		換気扇	ventilation fan
紋付	crested kimono	洗面器	washbowl
振袖	long-sleeved kimono for unmarried women	カッターナイフ	retractable knife
		蛍光ペン	highlight pen
留め袖	formal kimono for married women	キーホルダー	key chain / key ring
足袋	Japanese split-toed socks	バリカン	clippers
履物	footwear		
ふんどし	loincloth		

⑪ 専門職の名称

公務員	public servant
税関職員	customs official
正社員	full-time worker / permanent employee / full-timer / full-time employee
派遣社員	temporary office staff [member] [worker]
フリーター	part-timer / job-hopping part-timer
窓際族	side-tracked employees / window-side workers
世襲議員	hereditary Diet member
ニュースキャスター	anchor
手話通訳者	sign language interpreter
同時通訳者	simultaneous interpreter
薬剤師	pharmacist
（劇場などの）案内係	usher
接客係	concierge
仕出し業者	caterer
学芸員	curator（館長を指すこともある）
オンブズマン	ombudsman（行政に対する苦情調査処理官）
声優	dubbing artist
便利屋	utility person

⑫ 医療関連

応急手当	first aid
救急箱	first aid kit
救急車	ambulance
救命救急士	paramedic（薬剤師・理学療法士を指す事も）
かかりつけ医	family doctor
開業医	general practitioner / practicing doctor
獣医	veterinarian
小児科医	pediatrician
産婦人科医	obstetrician and gynecologist（略 ob-gyn）
集中治療室 ICU	intensive care unit
人間ドック	complete medical checkup
レントゲン写真	X-ray film [picture]
松葉杖	crutch
体温計	thermometer
注射	injection / shot
点滴	drip infusion
治療	treatment
病気	illness / disease / sickness / affliction
ふつうの風邪	common cold
鳥インフルエンザ	bird flu / avian influenza
風評被害	harmful rumors / damage caused by rumors
肺炎	pneumonia
新型肺炎 SARS	Severe Acute Respiratory Syndrome
はしか	measles
胸やけ	heartburn
めまい	dizziness
貧血	anemia
吐き気	nausea
嘔吐	vomiting
便秘	constipation
下痢	diarrhea
虫歯	cavity
耳鳴り	ringing in the ear / tinnitus
じんましん	hives
水虫	athlete's foot
やけど	burn
脱臼	dislocation
肉離れ	pulled muscle
アレルギー	allergy
花粉症	hay fever
喘息	asthma
気管支炎	bronchitis
虫垂炎	appendicitis
心筋梗塞	myocardial infarction
くも膜下出血	subarachnoid hemorrhage
脳梗塞	brain stroke / cerebral infarction
肝炎	hepatitis
空気感染	aerial / airborne infection

接触感染	contact infection
心的外傷後ストレス障害 PTSD	
	post-traumatic stress disorder
鬱病	depression
パニック障害	panic disorder
自閉症	autism
自律神経失調症	autonomic imbalance
むちうち症	whiplash
遺伝子療法	gene therapy
iPS 細胞	induced pluripotent stem cell
組織培養	tissue culture

⑬ 花

一年草	annual plant
多年草	perennial plant
花弁	petal
茎	stem
スミレ	violet
タンポポ	dandelion
花菖蒲、アヤメ、カキツバタ	iris
アジサイ	hydrangea
牡丹	peony
朝顔	morning glory
ヒマワリ	sunflower
水仙	daffodil / narcissus
鶏頭	cockscomb
シャクナゲ	rhododendron
菊	chrysanthemum
ツツジ	azalea
ユリ	lily
リンドウ	gentian
シクラメン	cyclamen
アザミ	thistle
ダリア	dahlia
ヒヤシンス	hyacinth
ハス	lotus
彼岸花	red spider lily
蘭	orchid
ツバキ	camellia

スズラン	lily of the valley
シダ	fern

⑭ 樹木

常緑樹	evergreen tree
落葉樹	deciduous tree
針葉樹	conifer
幹	trunk
樹皮	bark
年輪	annual ring
ヒノキ	Japanese cypress
スギ	Japanese cedar
マツ	pine
ケヤキ	zelkova
シラカバ	white [silver] birch
ブナ	beech
ゲッケイジュ	bay laurel
クスノキ	camphor
ボダイジュ	linden
モクレン	magnolia
ニレ	elm
イチョウ	ginkgo
イチイ	yew
カシ	oak
キリ	paulownia
カキ	persimmon
ハナミズキ	dogwood
ヒイラギ	holly
クルミ	walnut
サルスベリ	crape myrtle

⑮ 鳥

ウグイス	Japanese bush warbler
ウ	cormorant
サギ	heron
ツル	crane
キジ	pheasant
カササギ	magpie

ウズラ	quail	
オシドリ	mandarin duck	
カッコウ	cuckoo	
カラス	crow / raven（大型）	
カワセミ	kingfisher	
コマドリ	robin	
トキ	Japanese (crested) ibis	
ヒバリ	lark	
ムクドリ	starling	

⑯ 虫

ホタル	firefly
テントウムシ	ladybird
カマキリ	(praying) mantis
スズメバチ	hornet
セミ	cicada
コオロギ	cricket
スズムシ	bell-ringing cricket
ミノムシ	bagworm

⑰ 観光関連

旅程	itinerary
世界一周旅行	around-the-world-trip
寝台車	sleeper / sleeping car
網棚	overhead rack
つり革	handstraps
景勝地	scenic spots
史跡 / 旧跡	historic spots / places of historical interest
風致地区	nature preservation area
日本三景	the scenic trio of Japan
世界文化遺産	World Cultural Heritage（site）
世界自然遺産	World Natural Heritage（site）
天然記念物	natural monument
重要無形文化財	important intangible cultural asset [property]
人間国宝	living national treasure
保養地	health resort

宿泊施設	accommodations
国民宿舎	inexpensive hotel operated by a local government
旅館	Japanese inn
浴衣	informal cotton kimono for summer
民宿	guest-house / private hotel
ビジネスホテル	budget hotel / no-frills hotel
一見の客	chance customer / first-time customer
舞妓	young apprentice geisha
民芸品	folkcraft
国立公園	national park
国定公園	quasi-national park
展望台	observatory
鯱鉾（しゃちほこ）	imaginary fish
茅葺屋根	thatched roof
鵜飼	cormorant fishing
流鏑馬	horseback archery
合掌造り	wooden house with a steep rafter roof
鐘楼	bell tower / belfry
天守閣	donjon
五重塔	five-storied pagoda
鳥獣保護区	wildlife sanctuary
枯山水	dry landscape garden
回遊式庭園	stroll garden
借景	borrowed landscape

⑱ 乗り物・交通関連

送迎サービスカー	courtesy car
キャンピングカー	camper
白タク	unlicensed taxi
地下鉄	tube / underground（英）/subway（米）
女性専用車両	women-only car
上り列車	up train
周遊観光船	tour boat / sightseeing boat
桟橋	pier / wharf / quay
屋形船	houseboat / roofed pleasure boat

定期船	liner
水中翼船	hydrofoil
みどりの窓口	reserved-ticket window
改札口	ticket wicket / ticket window
定期券	commuter pass
寝台券	berth ticket
周遊券	excursion ticket
往復切符	round-trip ticket
入場券	platform ticket
初乗り料金	flag drop / drop fee
乗り越し運賃	excess fare
運賃精算所	fare adjustment office
乗換駅	junction
交差点	intersection
中央分離帯	central reservation (英) / median strip (米・豪)
停車禁止	No Stopping / No Standing
通行止め	No thoroughfare
歩道橋	pedestrians' overpass
立体交差	solid crossing
有料道路	toll road
正面衝突	frontal clash / head-on collision
玉突き事故	multiple-car pileup / chain-reaction collision

⑲ 娯楽関連

改訂版	revised edition
簡易版	abridged edition
回顧展	retrospective exhibition
近刊書	forthcoming book
文庫本	pocketbooks
連載小説	serial novel
私小説	novel based on the author's own life
（映画の）封切り	first run of a film
字幕スーパー	subtitles
アニメ映画	animated movie
スパイ物語	cloak-and-dagger story
時代劇	period play / costume drama
どたばた喜劇	slapstick comedy

ホームドラマ	situation comedy
主演	leading role / starring role
（芝居や映画の）幕間	intermission
長寿番組	long-running program
売れっ子の歌手	sought-after singer
なつメロ	old hit songs / golden oldie
腹話術	ventriloquism
腹話術師	ventriloquist
物まね	mimicry
物まねをする人	mimic
世襲	nepotistic succession
名取り	accredited master

⑳ スポーツ

陸上競技	track and field
砲丸投げ	shot put
円盤投げ	discus throw
やり投げ	javelin throw
ハンマー投げ	hammer throw
走り幅跳び	broad jump
走り高跳び	high jump
棒高跳び	pole vault
助走	approach / runup
踏み切り	take-off
駅伝	Ekiden road relay
高校野球大会	the Senior High School Baseball Championships
安打	base hit
打率	batting average
満塁ホームラン	grand slam / bases-loaded home run
草野球	sandlot baseball
腕立て伏せ	push-up / press-up
逆立ち	handstand
なわとび	rope skipping / rope jumping
綱引き	tug of war
跳び箱	vaulting wooden box
平均台	balance beam
床運動	floor exercise

鉄棒	horizontal bar
吊輪	gymnastic rings
跳馬	long horse vault
鞍馬	pommel horse
新体操	rhythmic gymnastics
ラジオ体操	radio gymnastic exercises
予選	elimination / preliminary competition
決勝	final game / final match
表彰台	winner's podium
横綱	grand champion / the highest rank in sumo
大関	champion / the second highest rank in sumo
関脇	the third highest rank in sumo / junior champion
小結	the fourth highest rank in sumo
番付	the official listing of rank
幕内	the top division on the professional sumo ranking list
懸賞金	cash prize for winners
行司	sumo referee
太刀持ち	sword bearer
物言い	judge's conference
取り直し	rematch
星取表	a scorecard that indicates win / loss records
八百長相撲	[fixed] rigged sumo wrestling game
本場所	Grand Sumo Tournament
巡業	provincial tour held between Grand Sumo Tournaments
千秋楽	the last day of a Grand Sumo Tournament
弓取式	the bow twirling ceremony

㉑ 遊び関連

けん玉	cup-and-ball game
あやとり	cat's cradle
腕相撲	arm wrestling
輪投げ	quoits

鬼ごっこ	tag（鬼は it, tagger）
すべり台	slide
観覧車	Ferris Wheel
おはじき・ビー玉	marble
お手玉	beanbag
しりとり	Japanese word-chain game
なぞなぞ	riddle
にらめっこ	staring contest
パチンコ	vertical pinball game / slingshot
ままごと	play house
紙芝居	picture-story show
凧揚げ	kite-flying
竹とんぼ	bamboo dragonfly
竹馬	bamboo stilts
じゃんけん	game of scissors-paper-stone to decide order
羽子板	battledore
双六	Japanese backgammon

255

著者紹介及び関連組織紹介

著者

安河内志乃（やすこうち・しの）

全国通訳案内士（英語）

2011 年より通訳案内士試験受験指導に携わる。初年度は 2 次口述試験対策を山口和加子氏（新日本通訳案内士協会 会長）と二人で担当、受験生全員をみごと合格させるという伝説を達成。現在は 1 次英語筆記試験対策と 2 次口述試験対策の両方を担当し、毎年多くの受験生を合格に導いている。過去には 1 次英語筆記の長文をそのまま当てるという伝説を持つ True Japan School の人気講師。「精緻な問題分析、的確で体系的な指導、美しい発音」の三拍子に加え、神話、歴史、ポップカルチャーなど広範囲に及ぶディープなオタク知識を駆使する授業は「面白い！試験だけではなくガイドになってからも役立つ！」とファンも多い。

イギリス在住時代にケンブリッジ英検の CPE（最上級）および同英検の英語教師資格である CEELT（Cambridge Examination in English for Language Teachers）を AAA（満点）で取得した、日本では稀な有資格英語教師。

〈著書〉

「しっぽだらけのイギリス通信」（文芸社）

「イギリスの猫の羊のプディングの」（文芸社）

「ふくろうは魔法使いの友　ペットとの暮らし（英語教育 2003 年 10 月増刊号ハリー・ポッターのイギリス）」（大修館書店）

監修

True Japan School（TJS）

IJCEE 会員の出資により、通訳案内士の仕事の確保を目的とした True Japan Tour 株式会社（TJT）が設立されました。TJT の旅行会社としての活動により、2023 年の IJCEE 所属会員の年間総就業日数は述べ 5,000 日を超えました。

TJT は全国通訳案内士への就業機会の提供だけでなく、資格を取得しようとしている方

の合格へのサポート役として、2015年に予備校部門であるTJSを立ち上げました。

TJSでは全国通訳案内士試験対策講座を年間を通して行っています。英語(ガイド受験英語・通訳技術・模擬面接等)、日本地理、日本歴史、一般常識、通訳案内の実務などの講座を開いています。これらの科目について従来の通学受講だけでなく、eラーニングによる講座提供を可能にすることで、全国津々浦々の受験生を支援しています。

TJSの講座はトップクラスの現役全国通訳案内士が講師を務め、単なる試験対策としてだけではなく、ガイドとしてデビューしてからも役立つ情報が満載で大変好評です。2015年の設立以来、毎年多くの合格者を輩出しています。

［関連組織］

特定非営利活動法人日本文化体験交流塾（IJCEE）

NJGO、TJT、TJSの母体組織であるIJCEEは、日本文化の継承・発展・創造を目指して2008年に設立されました。主に訪日外国人ゲストに対する通訳案内士の派遣や文化体験プログラム（寿司づくり、茶道、着物着付け、折り紙、風呂敷等）の提供と、全国通訳案内士や日本文化の講師に対する教育を2本の柱として活動してきました。

現在会員数は1,800名を超え、その中には全国通訳案内士や日本文化の体験講師が含まれます。

［関連組織］

新日本通訳案内士協会（NJGO）

NPO日本文化体験交流塾（IJCEE）に所属する1,000名を超えるの全国通訳案内士資格保持者で結成された、日本最大の全国通訳案内士団体です。全国通訳案内士の新人研修や専門研修を随時開催しており、その開催数は年間で500回を超えます。このメンバーの中から、日本を代表する全国通訳案内士が多く育っています。

「必勝！英単語 必須バイブル」（P.244〜P.255）の音声ダウンロード・ストリーミング

① PC・スマートフォンで本書の音声ページにアクセスします。
　 https://www.sanshusha.co.jp/np/onsei/isbn/9784384050950/
② シリアルコード「05095」を入力。
③ 音声ダウンロード・ストリーミングをご利用いただけます。

英文作成・校正	AtoZ English
カバーデザイン	tobufune
本文デザイン・DTP	一柳　茂（クリエーターズユニオン）

改訂版

全国通訳案内士試験
「英語１次［筆記］」合格！対策

2024 年 3 月 20 日　第 1 刷発行

著　者	安河内志乃
監修者	True Japan School
発行者	前田俊秀
発行所	株式会社三修社

〒 150-0001　東京都渋谷区神宮前 2-2-22
TEL 03-3405-4511　FAX 03-3405-4522
振替 00190-9-72758
https://www.sanshusha.co.jp
編集担当　黒田健一

印刷製本	日経印刷株式会社

©Shino Yasukochi, True Japan School 2024 Printed in Japan
ISBN978-4-384-05095-0 C2080